Vaagt/Zulauf
Der Kanzleimarkt in Deutschland

Der Kanzleimarkt in Deutschland

Herausforderungen für die unterschiedlichen Kanzleisegmente

von

Christoph H. Vaagt

Rechtsanwalt und Kanzlei-Berater
in München

und

Thorsten Zulauf

Dipl. Kfm. und Kanzlei-Berater in München

2017

C.H.BECK

www.beck.de

ISBN 978 3 406 68190 5

© 2017 Verlag C. H. Beck oHG
Wilhelmstraße 9, 80801 München

Druck und Bindung: Nomos Verlagsgesellschaft mbH & Co.KG,
In den Lissen 12, 76547 Sinzheim

Satz: Fotosatz Buck, Zweikirchenerstr. 7, 84036 Kumhausen
Umschlaggestaltung: Ralph Zimmermann – Bureau Parapluie

Gedruckt auf säurefreiem, alterungsbeständigem Papier
(hergestellt aus chlorfrei gebleichtem Zellstoff).

Ohne Daten haben Menschen nur Meinungen.
(Without data, people have just an opinion)
William Deming, Erfinder des Qualitätsmanagements

Inhaltsverzeichnis

1	**Einführung**	1
2	**Analyse des Marktes für anwaltliche Dienstleistungen**	3
2.1	Der Rechtsmarkt im gesamtwirtschaftlichen Kontext	3
2.2	Der deutsche Kanzleimarkt im Überblick	4
	2.2.1 Wachstum der Anwaltszahlen im Anwaltsmarkt	4
	2.2.2 Anzahl Fachanwälte und Frauen an der Anwaltschaft	5
	2.2.3 Unterschied zwischen zugelassenen Anwälten und den unterschiedlichen Tätigkeitsprofilen	7
	2.2.4 Anwälte im DAV	10
	2.2.5 Rechtsformen	11
	2.2.6 Anteil Einzelanwälte an der Gesamtzahl an Anwälten	12
	2.2.7 Ökonomische Kennzahlen im Anwaltsmarkt	12
	2.2.8 Die Hypothesen von Herrn Winters zur Entwicklung des Marktes	14
	2.2.9 Die Prognos Studien 1997 und 2012 im Vergleich	16
	2.2.10 Die Studie der Law Society of England und Wales zum Anwaltsmarkt (2012)	18
3	**Die vier Marktsegmente im deutschen Kanzleimarkt**	21
3.1	Der Rechtsmarkt aus Sicht des statistischen Bundesamtes	21
	3.1.1 Unterteilungen des Rechtsberatungsmarktes nach der Umsatzsteuerstatistik	21
	3.1.2 Patentanwaltskanzleien	22
	3.1.3 Rechtsarme von Wirtschaftsprüferkanzleien	22
	3.1.4 Nur-Notariate	22
	3.1.5 Insolvenzverwaltungskanzleien	23
3.2	Analyse des Rechtsmarktes anhand des Segmentes Anwaltskanzleien mit/ohne Notariat	24
	3.2.1 Segmentierung des Gesamtmarktes aufgrund der Umsatzsteuerstatistik	26
	3.2.2 Finanzierung anwaltlicher Dienstleistungen	28
3.3	Zuordnung der Kanzleitypen nach Zielgruppen, wirtschaftlichen Rahmenbedingungen etc.	29
	3.3.1 Konzept der strategischen Gruppen	29
	3.3.2 Die Entwicklung der vier Marktsegmente in der historischen Entwicklung	31
	3.3.3 Ökonomische Kennzahlen und Trends der Marktsegmente im Vergleich	34
4	**Marktsegment Privatmandanten**	39
4.1	Klassifizierung der Anbieter	39
	4.1.1 Erstes Teilsegment mit Umsätzen von 17.500 bis 50.000 EUR: freie Mitarbeiter in anderen Kanzleien (ca. 17.000)	41
	4.1.2 Zweites Teilsegment mit Umsätzen von 50.000–100.000 EUR: Anwälte in Bürogemeinschaften, Existenzgründer, Einzelanwälte auf dem Land sowie freie Mitarbeiter in anderen Kanzleien (ca. 15.000 Anwälte)	43
	4.1.3 Drittes Teilsegment mit Umsätzen von 100.000–250.000 EUR: Vollzeit-Einzel-Rechtsanwälte in eigener Kanzlei (ca. 16.000)	46
4.2	Entwicklungen in diesem Segment	48
	4.2.1 Einkommensentwicklung nach STAR	49
	4.2.2 Herausforderungen der Zukunft	50
	4.2.3 Generische Strategien für dieses Segment	50
4.3	Optimierungsmöglichkeiten in diesem Segment	50

5 Marktsegment KMU 53
5.1 Klassifizierung der Anbieter 53
  5.1.1 Umsätze von 250.000–500.000 EUR: Lokale Sozietäten mit zwei bis drei Anwälten 55
  5.1.2 Umsätze von 500.000–1 Mio. EUR: Lokale Sozietäten mit drei bis fünf Anwälten 58
5.2 Entwicklungen in diesem Segment 60
  5.2.1 Herausforderungen der Zukunft 61
  5.2.2 Generische Strategien für dieses Segment 61
5.3 Optimierungsmöglichkeiten in diesem Segment 62

6 Marktsegment Mittelstand 65
6.1 Überblick über das Segment 65
  6.1.1 Hauptproblem Mitarbeiter 66
  6.1.2 Ausdifferenzierung 67
  6.1.3 Mandatsbasis 68
6.2 Klassifizierung der Anbieter 68
  6.2.1 Bis 2 Mio. EUR: lokale Sozietäten mit 4–10 Anwälten 68
  6.2.2 Bis 5 Mio. EUR: Regionale Sozietäten mit 8–15 Anwälten 71
  6.2.3 Bis 10 Mio. EUR: Überregionale Sozietäten mit 15 bis 30 Anwälten 74
  6.2.4 Weitere Ausprägungen in diesem Segment 77
    6.2.4.1 Generalisten oder Fokussierte Kanzleien unterhalb der größten 50 Kanzleien 77
    6.2.4.2 Büros ausländischer Kanzleien 78
    6.2.4.3 Spin offs 78
6.3 Entwicklung in diesem Segment 78
  6.3.1 Herausforderungen für mittelständische Kanzleien 79
  6.3.2 Beratungsqualität Mittelstand 81
  6.3.3 Geschäftsmodell 82
  6.3.4 Trends generell und deren Auswirkungen für diesen Kanzleityp 82
  6.3.5 Interne Struktur 83
6.4 Optimierungsmöglichkeiten in diesem Segment 83

7 Marktsegment Konzerne 85
7.1 Überblick über das Segment 85
  7.1.1 Regionales resp. überörtliches Angebot 86
7.2 Klassifizierung der Anbieter 87
  7.2.1 Bis 25 Mio. EUR: Überregionale/Internationale Sozietäten mit 30–75 Anwälten 87
  7.2.2 Über 25 Mio. EUR: Überregionale/Internationale Sozietäten mit 60–500 Anwälten 90
7.3 Benchmarking der Anbieter 93
  7.3.1 Strategische Gruppen im Konzernsegment 93
    - Die strategische Gruppe der Global Player 93
    - Die strategische Gruppe der Internationalisierer 94
    - Die strategische Gruppe der Nationalen Marktführer 94
    - Die strategische Gruppe der Fokussierten 95
    - Die strategische Gruppe der Generalisten 95
    - Die strategische Gruppe der Regionalisten 96
    - Die strategische Gruppe der Integrierten 97
  7.3.2 Finanzdaten lt. Juve seit 2008–2013 97
  7.3.3 Anzahl der Berufsträger in diesem Teil-Segment 98
  7.3.4 Wachstum der Kanzleien 99
  7.3.5 Anzahl und Wert der durchgeführten Transaktionen 100
  7.3.6 Art der Mandanten und Mandate 101
  7.3.7 Zahl der Berufsträger 102
  7.3.8 Zahl der Equity Partner 103

	7.3.9 Leverage	104
	7.3.10 Anzahl der Standorte und Länder	105
	7.3.11 Umsatz pro Berufsträger (UBT)	106
	7.3.12 Umsatz pro Equity Partner (UEP)	107
	7.3.13 Durchschnittlich realisierte Stundensätze je Gruppe	108
	7.3.14 Profit pro Equity Partner (PEP)	109
	7.3.15 Weitere Kriterien zur Differenzierung des Segments	111
7.4	Entwicklungen in diesem Segment	111
	7.4.1 Veränderung auf der Seite der Mandanten	112
	7.4.2 Konsolidierung des Rechtsmarktes	112
	7.4.3 Legal Project Management wird relevant	112
	7.4.4 Professionalisierung der Business Services	113
	7.4.5 Talentmanagement wird wichtiger	113
	7.4.6 Substitution der Dienstleistung droht	113
	7.4.7 Branding wird immer relevanter	114
7.5	Herausforderungen der Zukunft	114
	7.5.1 Regionales Wachstum	114
	7.5.2 Grenzen des Geschäftsmodells	115
7.6	Optimierungsmöglichkeiten in diesem Segment	115

8 Zusammenfassung und Ausblick 117

    8.1 Globale Trends (STEP) 117
        8.1.1 Gesellschaft 117
        8.1.2 Technologie 117
        8.1.3 Wirtschaft 118
        8.1.4 Politik 119

    8.2 Deutschlandspezifische Trends 119

    8.3 Branchentrends 120

    8.4 Ausblick 120

9 Glossar 121

10 Literaturliste 123

11 Abbildungsverzeichnis 125

12 Zu den Autoren 129

Sachregister 131

1 Einführung

Das Buch beschreibt die Herausforderungen der einzelnen Kanzleitypen im deutschen Kanzleimarkt. Basierend auf jahrzehntelanger Beratungsarbeit mit Kanzleien, umfangreichen Analysen zur wirtschaftlichen Situation sowie durch Zusammentragen der relevanten Trends werden die strategischen Herausforderungen für die Kanzleien definiert. Ausgehend von der jeweiligen Marktposition stellen sich diese unterschiedlich dar:

1. Für Einzelanwälte vor allem hinsichtlich ihrer Überlebenschancen in einem schrumpfenden Markt
2. Für kleine lokale Sozietäten in dem Erhalt der Profitabilität und eines Mandantenzuganges
3. Für mittlere Sozietäten hinsichtlich der Herausforderung, Wachstum zu organisieren und sich gegenüber Großkanzleien zu behaupten
4. Für die „großen" Sozietäten im Wettbewerb untereinander, insbesondere angelsächsischen Großkanzleien und nationalen Kanzleien, hinsichtlich des Aufrechterhaltens eines Geschäftsmodelles, welches von vielen Seiten unter Druck kommt

Für alle Teilnehmer im Rechtsanwaltsmarkt gilt, dass es spezifische, nur für sie geltende Herausforderungen gibt. Es gibt aber zugleich große, den gesamten Rechtsmarkt verändernde Trends und Entwicklungen, die bei der weiteren Entwicklung des Marktes für sie von überragender Bedeutung sind. Dieses Buch enthält Hinweise, wie sie die Zukunft meistern können, in dem sie sich mit den Umweltbedingungen beschäftigen.

Wir haben erstmals die Umsatzsteuerstatistiken (inkl. der Strukturerhebung) des Bundsamtes für Statistik ausgewertet, mit anderen Daten verglichen (insbesondere den sehr vergleichbaren Daten, die die DATEV regelmäßig erstellt, sowie den Daten der STAR-Analyse des Institutes für Freie Berufe, dem Juve Verlag, sowie Studien wie etwa PROGNOS, oder der Law Society). Wir haben diese Daten mit unseren Beratungserfahrungen verglichen, die wir seit 1997 gesammelt haben (zuerst im gesamten Kanzleimarkt inkl. Großkanzleien, seit 2000 zunehmend nur noch mittelständische und große Kanzleien im In- und Ausland). Aufgrund dieser Erfahrungen stellen wir dem Leser eine Darstellung des deutschen Kanzleimarktes zur Verfügung, die es in der Form noch nicht gegeben hat, und die vor allem der einzelnen Kanzlei helfen soll, sich zu verorten und strategische Entscheidungen zu treffen.

Überraschenderweise wurden bislang weder die umfassenden Mitgliederstatistiken oder ähnliche Befragungen der Bundesrechtsanwaltskammer (BRAK) sowie des Deutschen Anwaltvereins (DAV) ausgewertet. Die Gefahr, sich durch fehlerhafte Annahmen auch in der Formulierung der Berufspolitik leiten zu lassen, ist nicht nur groß, sondern wird immer wieder geäußert. Kein Verband erscheint so „realitätsfern" wie die BRAK.

So ergeben sich aus der betriebswirtschaftlichen Analyse der Umsatzsteuerstatistik, dass lediglich 15.000–20.000 Anwälte in Vollzeit in eigener Kanzlei als Einzelanwälte tätig sind, da nur diese einen ausreichend hohen Umsatz, d. h. ca. 100.000–250.000 EUR p.a., bei Kosten von ca. 50.000–70.000 EUR p.a.[1] haben, um eine solche Kanzlei unterhalten zu können. Dies sind also nur ca. 10–15 % aller zugelassenen Anwälte, und 7–12 % aller im Beruf tätigen Anwälte, und nicht 40–60 %, wie immer wieder behauptet wird. Entsprechend fehlerhaft sind die Ableitungen.

Anwälte, die weniger als 100.000 EUR p.a. Umsatz erzielen, können sich keine hohen Raum- und Personalkosten erlauben. Sie sind daher entweder in Bürogemeinschaft oder als freie Mitarbeiter tätig. Bis auf wenige Ausnahmen beschäftigen kleine und mittelgroße Sozietäten freie Mitarbeiter, unter Inkaufnahme aller sozialversicherungsrechtlichen Probleme, die damit verbunden sind.

Mit diesem Buch versuchen wir daher, der Anwaltschaft zu einem differenzierenden Blick auf sich selber zu verhelfen, sowie dem Anwalt zu helfen, zu verstehen, in welchem Markt er sich befindet, welchen Herausforderungen er sich gegenüber sieht, und wie sich im Durchschnitt der letzten Jahre sein Markt entwickelt und verändert hat und sich weiter verändern wird.

München, im November 2016

---

[1] Siehe unten zur STAR-Analyse.

2 Analyse des Marktes für anwaltliche Dienstleistungen

Wer den Rechtmarkt verstehen will, muss sich zuerst einmal mit den Strukturdaten und Rahmenbedingungen auseinander setzen[2].

2.1 Der Rechtsmarkt im gesamtwirtschaftlichen Kontext

Die Entwicklung des Rechtsmarktes ist relativ unabhängig von den Entwicklungen des Bruttoinlandsproduktes, wenn die Entwicklung über einen langen Zeitraum betrachtet wird.

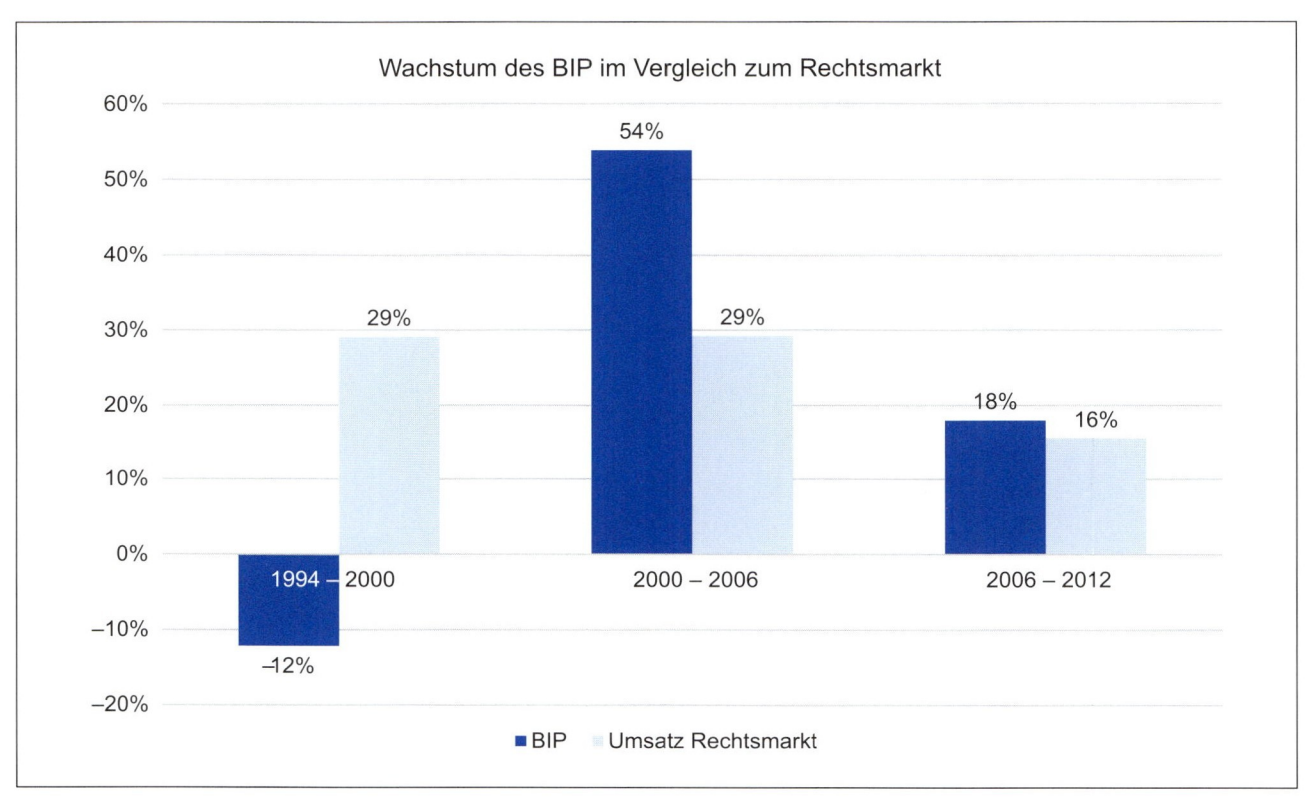

Abbildung 1: Wachstum des BIP im Vergleich zum Rechtsmarkt
Quelle: Eigene Daten, Statistisches Bundesamt, Umsatzsteuerstatistik Voranmeldung, Wirtschaftszweig 69.1 Rechtsberatung

Im Gegensatz zu den USA etwa hat sich der Rechtsmarkt in Deutschland noch nicht vom BIP abgekoppelt (Abbildung 2: GDP & Legal Sector Value Added). Dort sind die Marktsättigung und der Wettbewerbsdruck so groß, dass es zu wesentlichen Innovationen kam, die in Deutschland erst am Anfang stehen.

Diese Marktsättigung ist in den Marktsegmenten allerdings unterschiedlich verlaufen (Abbildung 22: Marktsegmentierung nach Umsatz 1994–2012). Diese ökonomischen Rahmenbetrachtungen sind in der Anwaltschaft nicht häufig anzutreffen, aber Grundlage der Marktentwicklung, und damit am Ende auch wichtige Eckpunkte für die einzelne Kanzlei. Denn diese Marktentwicklung sagt viel über die Anreize zu Innovation und Anpassung aus.

---

[2] Wir haben dazu alle verfügbaren Quellen untersucht, und daraus zitiert; am wenigsten wurden bisher die Statistiken des Bundesamtes für Statistik ausgewertet, was wir hiermit tun. Dabei sind sowohl die Umsatzsteuerstatistik, als auch die Strukturerhebung von Bedeutung.

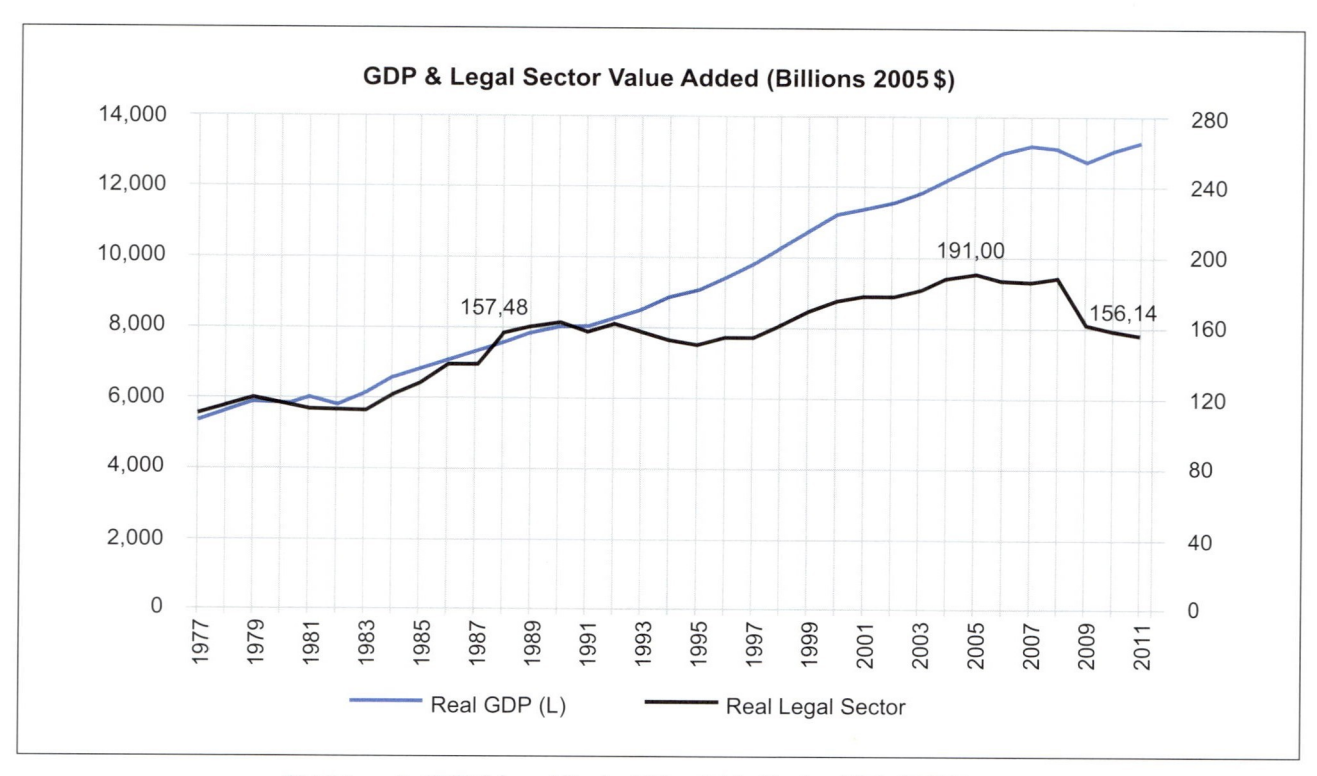

Abbildung 2: GDP & Legal Sector Value Added in den USA 1977 bis 2011
Quelle: https://lawschooltuitionbubble.wordpress.com/original-research-updated/a-profession-in-decline/am 5.3.2015 abgefragt)

2.2 Der deutsche Kanzleimarkt im Überblick

Die deutsche Anwaltschaft beschäftigt sich traditionell wenig mit den für ihre Entwicklung relevanten Zahlen. Ähnlich wie in anderen Ländern gibt es keine Institution, die diese aufbereitet und die Daten, die es gibt, werden unterschiedlich interpretiert.

Folgende „Urban Legends" gibt es, die näherer Betrachtung nicht standhalten:

1. Die Anwaltszahlen nehmen bedrohlich zu.
2. Der Großteil der Anwälte sind Einzelanwälte.
3. Die Anwälte sind alle im Wettbewerb miteinander.

2.2.1 Wachstum der Anwaltszahlen im Anwaltsmarkt

Die Zahlen sprechen eine eindeutige Sprache. Der Anstieg der Anzahl an Anwälten geht seit Beginn der 90er Jahre stetig zurück: von ehemals über 10% nun auf nur noch ca. 3% pro Jahr. Die Anzahl der Anwälte hat sich zwar seit 1990 verdoppelt, steigt aber derzeit nur iHv. ca. 2% pro Jahr an, also nur noch um 2.000 statt um 6.000 pro Jahr wie bis zum Jahre 2006. Die Zunahme ist sowohl prozentual als auch nominell rückläufig.

Der Großteil des Zustroms an neuen Anwälten hat wenig Bedeutung für den Anwaltsmarkt, da dieser kaum noch aufnahmefähig ist. Entweder werden sie in bestehenden Kanzleien tätig, oder sie werden gar nicht in dem Umfang als Anwalt oder Anwältin tätig, da sie nicht in der Umsatzsteuerstatistik auftauchen. Zum Beispiel, weil sie als Kleinunternehmer unterhalb der Erfassungsschwelle von 17.500 EUR tätig sind und damit keine Umsatzsteuer ausstellen müssen. Oder weil sie überhaupt nicht tätig sind, sondern nur des Versorgungswerkes, des Titels wegen oder wegen sonstiger Vorteile, die mit dem Anwaltsberuf verbunden sind, den Kammerbeitrag zahlen. Wir berücksichtigen daher im Folgenden nur die Vollzeitanwälte, die in eigener oder fremder Praxis tätig sind; sie sind aber nur teilweise als eigene Umsatzsteuerpflichtige erfasst, nämlich dann, wenn sie nicht angestellt tätig sind.

2 Analyse des Marktes für anwaltliche Dienstleistungen

Jahr	Anzahl zugelassener Anwälte[1]	Zuwachs in % zum Vorjahr[1]	Anzahl der Kanzleien[2]	Zuwachs in % zum Vorjahr[2]	Umsatz/ Kanzlei (€)	Steigerung in % zum Vorjahr	Gesamtumsatz (€ 000)[2]
1990	56.638	4,7	27.500	6,7	165.709	13,7	4.556.990
1992	64.311	13,5	31.761	15,5	186.171	12,3	5.912.977
1994	70.438	9,5	34.485	8,6	237.574	27,6	8.192.724
1996	78.810	11,9	36.390	5,5	251.485	5,9	9.151.526
1997	85.105	8,0	37.974	4,4	246.878	−1,8	9.374.948
1998	91.517	7,5	39.821	4,9	246.608	−0,1	9.820.188
1999	97.791	6,9	40.235	1,0	249.756	1,3	10.048.940
2000	104.067	6,4	41.109	2,2	251.639	0,8	10.344.635
2001	110.367	6,1	41.991	2,1	260.148	3,4	10.923.854
2002	116.305	5,4	42.976	2,3	262.479	0,9	11.280.282
2003	121.420	4,4	43.793	1,9	263.136	0,3	11.523.498
2004	126.793	4,4	45.299	3,4	261.997	−0,4	11.868.194
2005	132.569	4,6	47.306	4,4	270.361	3,2	12.789.699
2006	138.104	4,2	48.748	7,6	274.272	4,7	13.370.230
2007	142.830	3,4	49.643	1,8	282.940	3,2	14.045.971
2008	146.910	2,9	50.332	1,4	292.484	3,4	14.721.280
2009	150.377	2,4	51.544	5,7	279.771	2,0	14.420.494
2010	153.251	1,9	53.249	3,3	275.501	−1,5	14.670.131
2011	155.679	1,6	53.017	−0,4	284.837	3,4	15.101.187
2012	158.426	1,8	53.374	0,7	289.613	1,7	15.457.828
2013	160.880	1,5	53.224	−0,3	297.486	2,7	15.833.409

[1] aus BRAK Mitgliederstatistik
[2] aus Statistisches Bundesamt Umsatzsteuervoranmeldungen, Rechtsberatung ohne Notariate, Patentanwaltskanzleien und sonstige juristische Dientsleistungen

Abbildung 3: Entwicklung der Anwaltszulassungen und Umsätze
Quelle: BRAK, Statistisches Bundesamt, Umsatzsteuerstatistik Voranmeldung, Wirtschaftszweig 69.1 Rechtsberatung ohne Notariate, Patentanwaltskanzleien und sonstige juristische Dienstleistungen

2.2.2 Anzahl Fachanwälte und Frauen an der Anwaltschaft

In Deutschland gibt es ca. 163.500 zugelassene Rechtsanwälte (Stand 1.1.15, BRAK). Dies entspricht etwa einer Verdreifachung seit 1990. Es ist festzustellen, dass sich der Zuwachs in den letzten fünf Jahren stark verringert hat. Jedes Jahr kommen nach Schätzungen des DAV ca. 3.000 neue Anwälte auf den Markt. Dies kann auch zu wirtschaftlichen Schwierigkeiten in der Anwaltschaft führen, da die Aufnahmefähigkeit des Marktes beschränkt ist.

Eine vergleichbare Entwicklung gilt für den Anteil Anwältinnen an der Gesamtzahl, jede dritte Zulassung wird von einer Anwältin gehalten. Hier gibt es keine weiteren Steigerungen in den letzten Jahren (s. Abb. 5).

In den Jahren seit 2009 hat sich auch der Anteil Fachanwälte stärker als die Gesamtzahl Anwälte entwickelt (s. Abb. 4).

Die Zahl der Fachanwälte wird dominiert von Arbeitsrecht, Familienrecht und Steuerrecht, die zusammen knapp die Hälfte der Fachanwaltstitel ausmachen. Es gibt aktuell 21 Fachanwaltstitel, der große Zuwachs fand zwischen 2005 und 2009 statt, wo die zu erlangenden Titel von acht auf 19 angestiegen sind. Ein Fachanwaltstitel Nr. 22 – Fachanwalt für Migrationsrecht – wurde lt. DAV Mitteilung 47/15 beschlossen, die erste Ausbildung fand 2016 statt, eine Änderung der Fachanwaltsordnung ist umgesetzt.

Die Verteilung der Fachanwälte stimmt nicht überein mit der Anzahl von Verfahren vor Gerichten: dort sind die Verkehrsdelikte dominant vorhanden. Die Spezialisierungsmöglichkeit wird marktwirksam wahrgenommen. Die höheren Umsätze, die mit einem Fachanwaltstitel einhergehen, sind, wie schon in der PROGNOS Studie von 1987 vorhergesagt, eine wichtige Voraussetzung für das Marketing der Anwälte geworden. Ob eine weitere Ausdifferenzie-

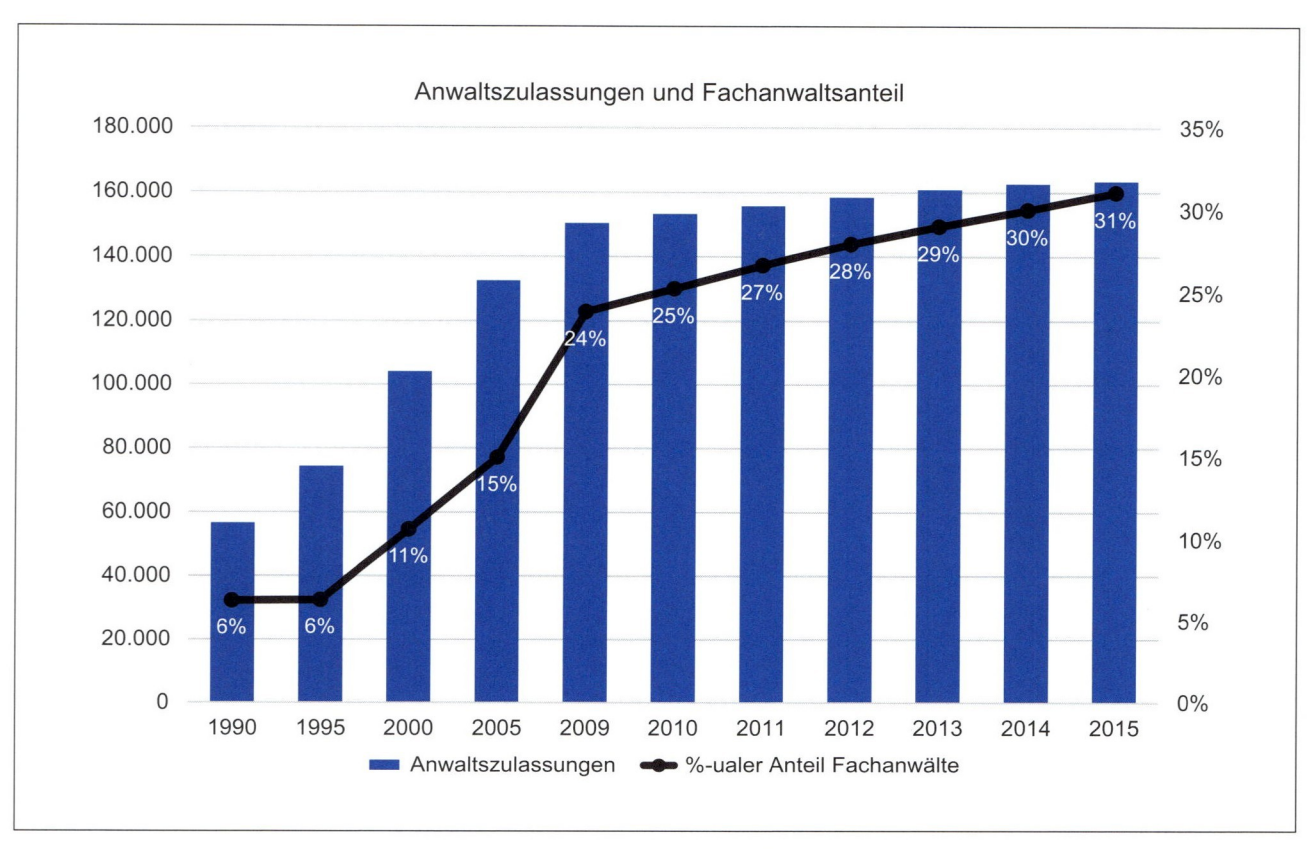

Abbildung 4: Anwaltszulassungen und Fachanwaltsanteil
Quelle: BRAK

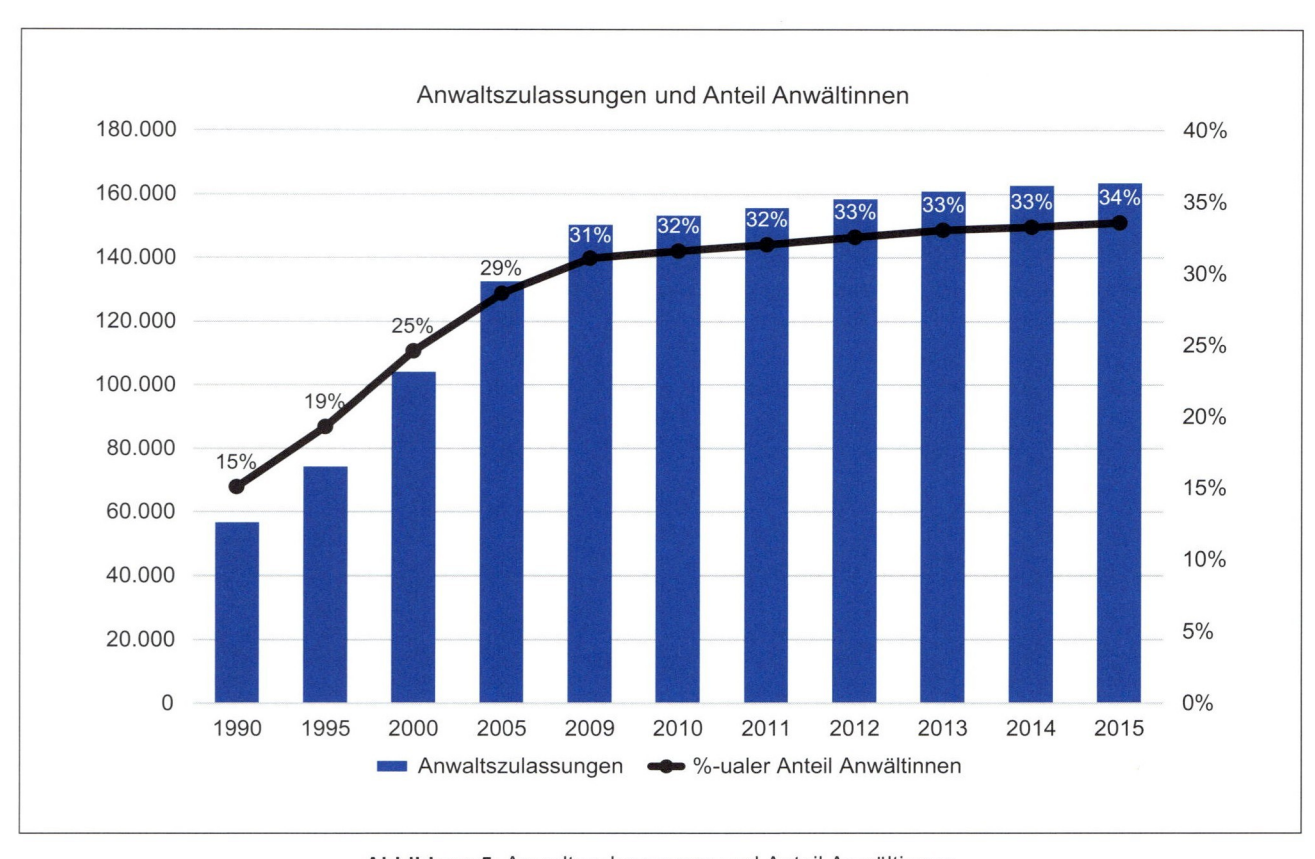

Abbildung 5: Anwaltszulassungen und Anteil Anwältinnen
Quelle: BRAK

Struktur der Fachanwaltschaften 2015

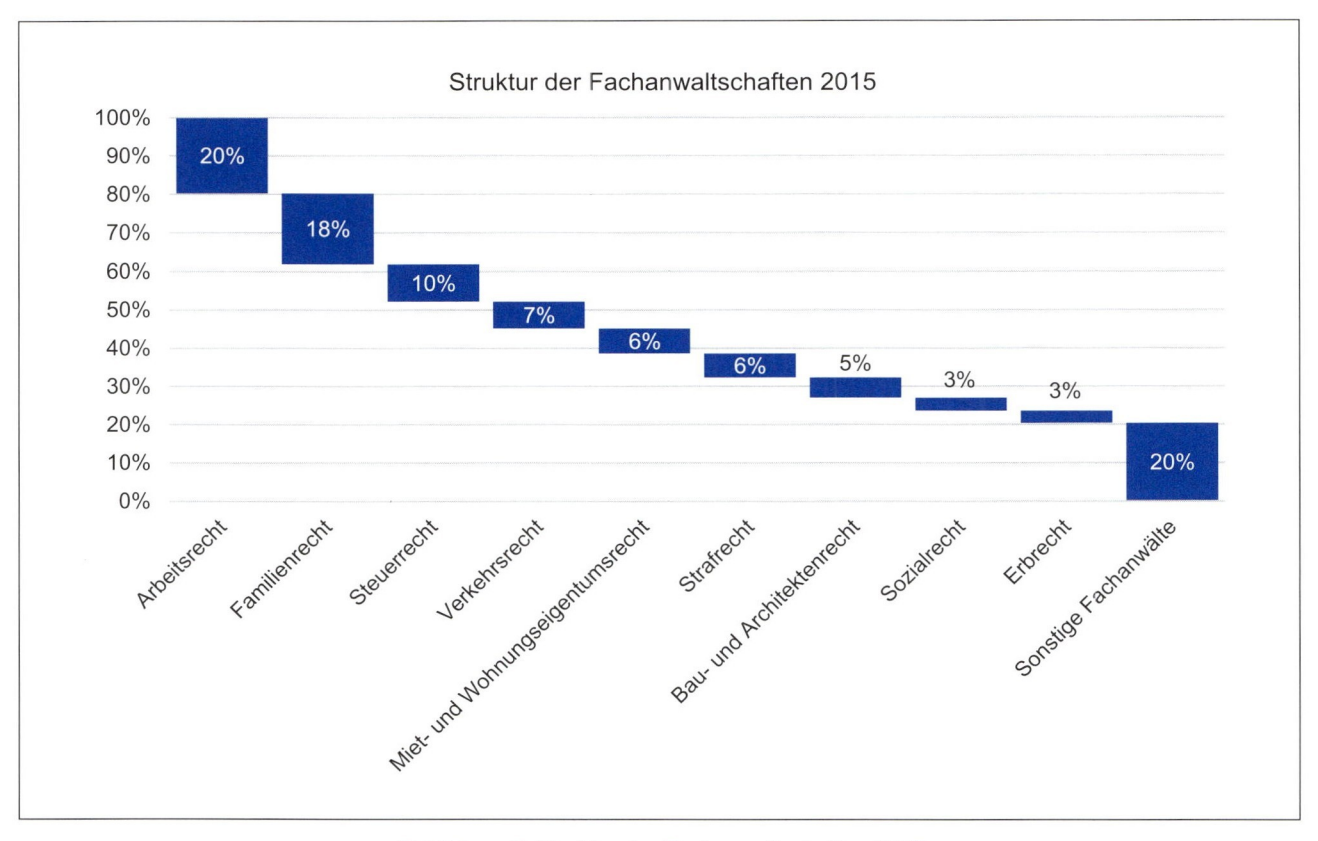

Fachgebiet	Anteil
Arbeitsrecht	20%
Familienrecht	18%
Steuerrecht	10%
Verkehrsrecht	7%
Miet- und Wohnungseigentumsrecht	6%
Strafrecht	6%
Bau- und Architektenrecht	5%
Sozialrecht	3%
Erbrecht	3%
Sonstige Fachanwälte	20%

Abbildung 6: Struktur der Fachanwaltschaften 2015
Quelle: BRAK

rung noch weitere Umsatzpotenziale erreichen kann, erscheint angesichts der fehlenden Wachstumsmöglichkeiten im Segment der Privatmandanten und der KMU fraglich. Denn in diesen Märkten machen die Anwälte primär sich selber über ihre Qualifikation auffindbar, während die Anwälte, die im Mittelstandssegment oder im Konzernsegment tätig sind vor allem aufgrund der Tatsache, dass sie in diesen Kanzleien tätig sind, mit Mandaten beauftragt werden. Das „Markenversprechen" dieser Kanzleien ist zunehmend relevant für die Beauftragung.

2.2.3 Unterschied zwischen zugelassenen Anwälten und den unterschiedlichen Tätigkeitsprofilen (Anwälte mit Umsätzen unter 17.500 EUR: Nebenberuflich tätige, selbstständige Teilzeitanwälte, Justiziare und Titularanwälte)

Die Frage, wie viele als Rechtsanwälte zugelassen, aber als solche nicht oder kaum tätig sind, wird bisher durch keinerlei Studien dargelegt. Die Kammern scheinen dies zu scheuen, wie sie überhaupt keinerlei sinnvolle Daten erheben, um zukunftsgerichtete (statt vergangenheitsorientierte) Vorgehensweisen zu pflegen.

Unsere Analyse ergibt folgendes:

1. Wir können relativ gut die Anzahl an Anwälten in Vollzeitäquivalenten aufgrund der dort gemachten durchschnittlichen Umsätze pro Anwalt den einzelnen Segmenten zuordnen. Diese zeigt zum einen die Produktivitätsreserve an, zum anderen erlaubt es, der Differenz zwischen Vollzeitanwälten und solchen, die nur pro forma zugelassen sind, nachzuspüren. Demnach sind ca. 109.000 Anwälte (in Vollzeitäquivalenten) wie folgt auf die einzelnen Kanzleitypen verteilt (→ Abb. 7).
2. Die Differenz zwischen zugelassenen Anwälten und in Kanzleien tätigen beträgt somit bis zu ca. 30 %, wenn alle Anwälte in Vollzeit tätig wären. Wir haben dabei von den durchschnittlichen Umsätzen, die in den jeweiligen Umsatzklassen von Anwälten erarbeitet werden, auf die wahrscheinliche Anzahl an Vollzeitanwälten rückgeschlossen.

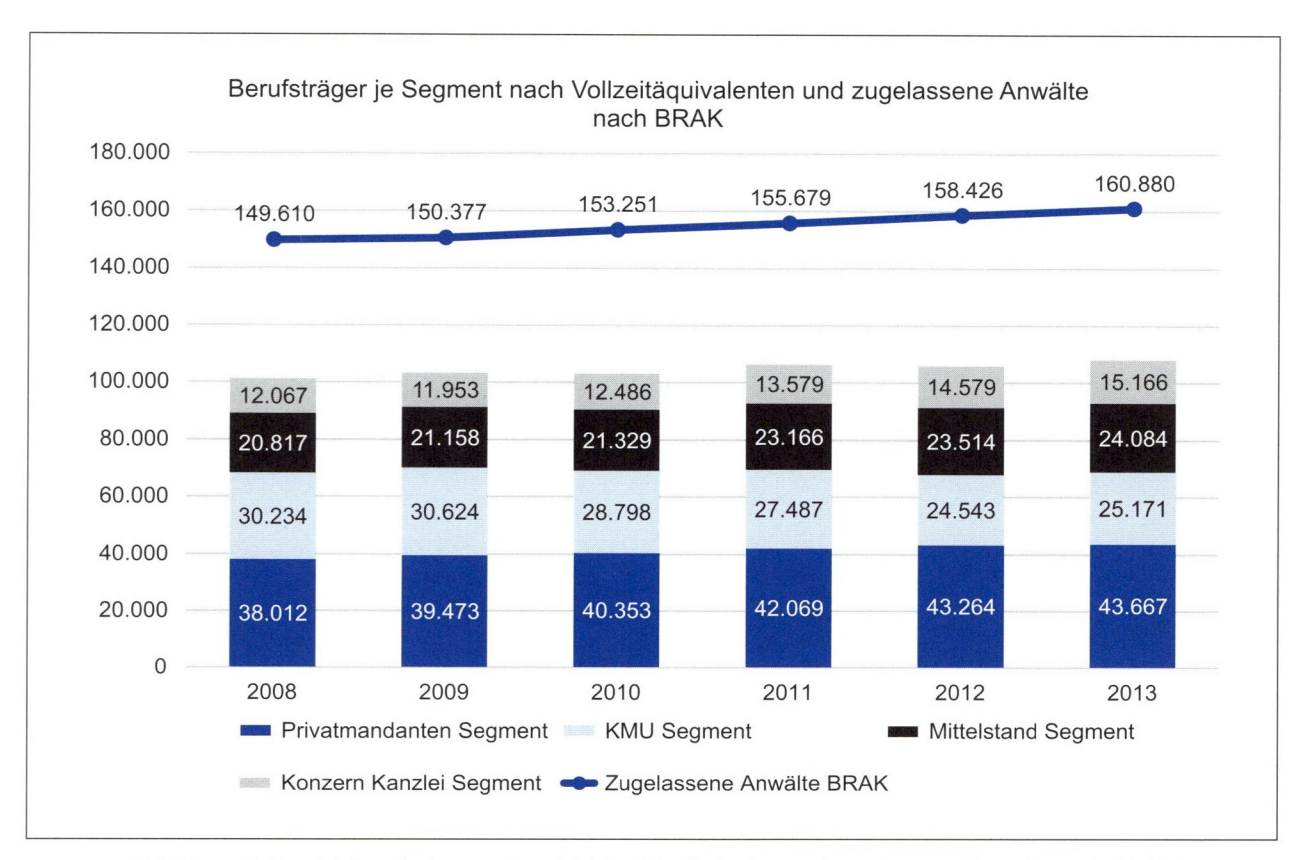

Abbildung 7: Berufsträger je Segment nach Vollzeitäquivalenten und zugelassene Anwälte nach BRAK
Quelle: BRAK, Statistisches Bundesamt, Strukturerhebung im Dienstleistungsbereich 2008–2013, Wirtschaftszweig Rechtsberatung 69.1, eigene Berechnungen

3. Der Anteil von Teilzeitanwälten lag zwischen 7 und 31%, je nach Bezugsgröße[3] (Kanzleigröße, Zulassungsjahrgang, Einzelanwalt, lokale oder überörtliche Sozietät). Wir können also davon ausgehen, dass eine nicht unerhebliche Anzahl an Anwälten und Anwältinnen in Teilzeit tätig ist, und somit die Erhebung der tatsächlich in Vollzeit tätigen Anzahl an Anwälten schwierig ist. Wir gehen davon aus, dass die Differenz zwischen den von uns ausgerechneten Daten (ca. 109.000 Anwälte) und denen der Kammern (ca. 125.000 Anwälte) durch die Teilzeittätigkeit abgedeckt wird. Somit wären ca. 16.000 zugelassene Anwälte noch nicht eindeutig zuordbar.
4. Auf Basis der gesamten Zulassungszahlen gehen die Kammern (→ Fn 6) davon aus, dass ca. 20–30% der zugelassenen Anwälte im Nebenberuf tätig sind, da dies durch die Zulassungsanträge nachvollzogen werden kann. Dies deckt die klassische Wohnzimmerkanzlei ab, wie auch den Beamten, der im Zweitberuf anwaltlich tätig ist, soweit dies zulässig ist. Viele von diesen sind nicht umsatzsteuerpflichtig, tauchen also in den Statistiken der Umsatzsteuer nicht auf.
5. Zu den Einzelanwälten sind aber auch jene Anwälte zu rechnen, die Kanzleien gegenüber als selbstständig tätige Anwälte Rechnungen stellen. Sie tauchen also zwei Mal in der Umsatzsteuerstatistik auf: einmal als umsatzbringender Anwalt in der Sozietät, und dann noch einmal als ihr gegenüber durch Rechnung abrechnender (Einzel)Anwalt. Lt. Kilian sind dies immerhin zwischen sieben und 18% (je nach Zulassungsjahrgang), durchschnittlich ca. 13% aller Anwälte![4] Diese wären also als doppelt gezählte Anwälte wieder abzuziehen.
6. Die Verteilung der zugelassenen Anwälte in Kanzleien bzw. in Unternehmen tätige ist aufgrund der Datenlage nicht eindeutig, da Syndizi nicht in allen Kammern als Syndikusrechtsanwälte iSd Gesetzes systematisch erfasst werden, sondern im wesentlich solche, die nur im Nebenberuf Anwalt sind und eine Freistellungserklärung von der gesetzlichen Rentenversicherung beantragt haben. Aus einer Umfrage der Juve[5], wie auch aus einer Darstellung in der Zeitschrift Unternehmensjurist[6] kann aber eine Annäherung gemacht werden (→ Abb. 8).

---

[3] BRAK-Mitteilungen 4/2000 (S. 166–169): STAR: Entwicklung der Strukturen und Beschäftigtenzahlen in Rechtsanwaltskanzleien, von Alexandra Schmucker, Institut für Freie Berufe, Nürnberg http://www.ifb.uni-erlangen.de/fileadmin/ifb/doc/forschung-star/10_star.pdf.
[4] Kilian AnwBl. 12/2015, S. 939 ff., hier Abb. 3, S. 940.
[5] Juve 03/2015, S. 53.
[6] Unternehmensjurist 01/2013.

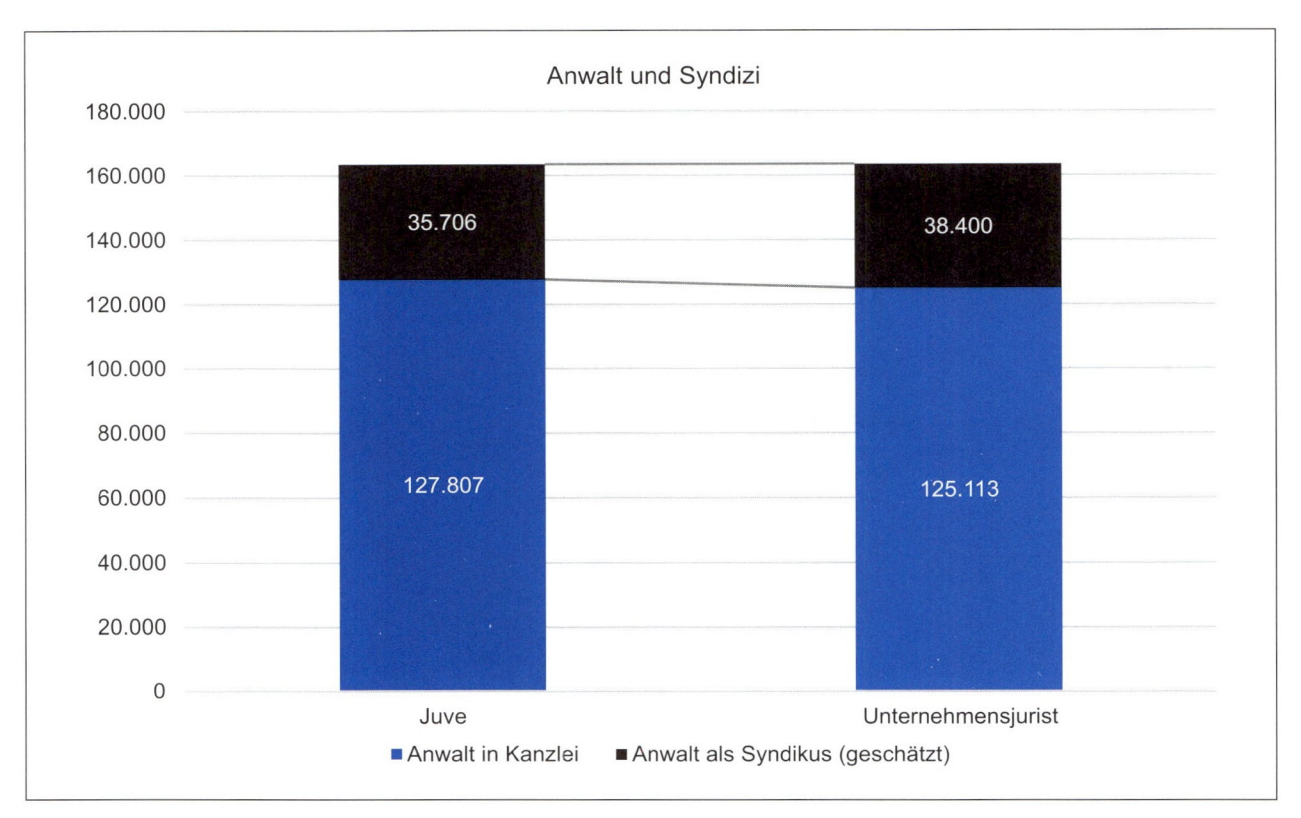

2 Analyse des Marktes für anwaltliche Dienstleistungen

Anwalt und Syndizi

	Juve	Unternehmensjurist
Anwalt als Syndikus (geschätzt)	35.706	38.400
Anwalt in Kanzlei	127.807	125.113

Abbildung 8: Unterschied zwischen wirtschaftlich tätigen Anwälten und sog. „Syndizi" von allen zugelassenen Anwälten in Deutschland 2013
Quelle: Juve 03/2015 S. 53, Unternehmensjurist 01/2013, BRAK Anwaltszulassungen 2013

Nach diesen Statistiken sind ca. 22% der Anwälte als „Syndizi" tätig. Der Begriff Syndikusanwälte ist nicht trennscharf: de facto handelt es sich um Rechtsanwälte, die trotz einer anderen Tätigkeit denn der als Rechtsanwalt eine Zulassung erhalten haben, und den Kammern diese Tätigkeit angezeigt haben. Diese Zahl ist interessanterweise nicht direkt von der Bundesrechtsanwaltskammer erhältlich, aber aufgrund einer Reihe von Veröffentlichungen nachvollziehbar (→ Fn 6).

Sie sind zu trennen von Anwälten, die weniger als 17.500 EUR Umsatz machen, aber als solche tätig sind (etwa freiberuflich für Kanzleien, oder für eigene Mandanten), oder als reiner Titularanwalt nur des Titels oder des Versorgungswerkes wegen zugelassen sind.

Eine Untersuchung von Kilian differiert die Zahl der tatsächlichen Syndikusanwälte zwischen 4% (Zulassungsjahrgänge 2004–2010) und 7% (Zulassungsjahrgänge 1980–1996), dies entspräche einer Gesamtanzahl von ca. 11.000 Anwälten (bezogen auf die Zulassungszahlen der BRAK 2015)[7].

7. Die Anzahl an zugelassenen Anwälten insgesamt und die wirtschaftlich tätigen Anwälte lt. unseren Berechnungen auf Basis der Umsatzsteuerstatistik sind somit nicht deckungsgleich. Ein Vergleich der Anwaltszahlen nach der BRAK und denen aus der Strukturerhebung im Dienstleistungsbereich zeigt, dass über den Betrachtungszeitraum nur etwa 70% aller zugelassenen Anwälte in Kanzleien tätig sind. Weitere 35.000–38.000 Anwälte sind (nach Schätzungen von JUVE bzw. dem Unternehmensjuristen, s. Abbildung 8: Unterschied zwischen wirtschaftlich tätigen Anwälten und sog. „Syndizi" von allen zugelassenen Anwälten in Deutschland 2013 und Abbildung 9: Struktur der Anwaltschaft 2013) u.a. in Rechtsabteilungen tätig, als selbstständige Anwälte in Teilzeit oder nebenberuflich unterhalb der Umsatzsteuerpflichtigkeitsgrenze. Der Rest ist wahrscheinlich nur aus formalen Gründen zugelassen.

Wir gehen daher davon aus, dass von allen zugelassenen Anwälten nur ca. 68% (d.h. ca. 112.000) als Vollzeitanwälte tätig sind; weitere ca. 16.000 in Teilzeit. Demgegenüber sind ca. 9% als sog. Syndikusanwälte tätig (d.h. mehr oder weniger mit rechtlichen Fragen befasste Unternehmensjuristen), und der Rest (ca. 16% = 25.000) in nicht relevanter Art und Weise am Markt auftreten, sondern nur des Titels oder des Versorgungswerkes als Anwalt zugelassen sind. Mangels Mitgliederbefragungen der Kammern bleibt uns nur diese Art der Schätzung übrig.

---

[7] Kilian AnwBl. 2015, 939 (940) Abb. 3.

Struktur der Anwaltschaft 2013

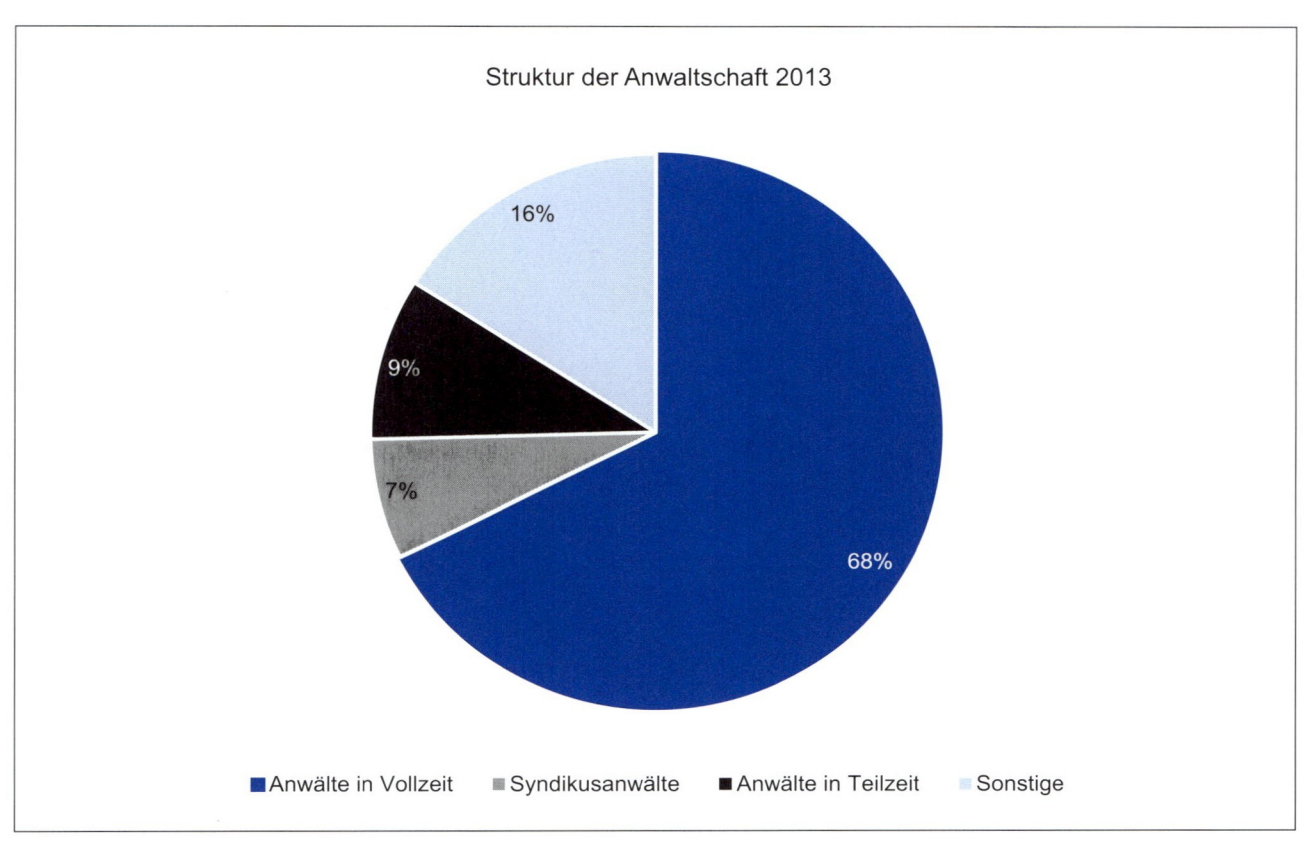

- 68% Anwälte in Vollzeit
- 7% Syndikusanwälte
- 9% Anwälte in Teilzeit
- 16% Sonstige

Abbildung 9: Struktur der Anwaltschaft 2013
Quelle: BRAK Zulassungszahlen 2013, Statistisches Bundesamt, Strukturerhebung im Dienstleistungsbereich 2008–2013, Wirtschaftszweig Rechtsberatung 69.1, eigene Berechnungen, Juve 03/2015 S. 53, Unternehmensjurist 01/2013

2.2.4 Anwälte im DAV

Viele hauptberuflich tätige Anwälte sind im deutschen Anwaltverein organisiert; es fehlt zwar eine statistische Kennzahl des Organisationsgrades, aber wir gehen von mind. 50–60% aller wirtschaftlich tätigen Anwälte aus, die wir auf ca. 110.000–125.000 schätzen (Siehe auch Abbildung 14). Dagegen hatte der DAV im Jahre 2012 66.000 Mitglieder bei 158.000 zugelassenen Anwälten, was nur ein Anteil von 42% darstellen würde. Von diesen über 66.000 sind zwei Drittel in den Arbeitsgemeinschaften organisiert, in denen sie für bestimmte Rechtsgebiete relevantes Wissen und Erfahrungsaustausch erhalten.

Über die Hälfte aller Anwälte sind Fachanwälte, haben also eine Spezialisierung im Rahmen einer Fachanwaltschaft und weisen diese oftmals auch nach außen aus. Diese sind nicht deckungsgleich mit den Anwälten in den Arbeitsgemeinschaften.

Wie die Entwicklung der Zunahme an Mitgliedern in den Anwaltsvereinen zeigt, steigt diese seit den 2000er Jahren nur noch sehr langsam an, und kann nicht mit dem Anstieg an Anwälten insgesamt mithalten.

Wir sehen, dass der Anteil der Anwälte im DAV, die in den ARGE tätig sind, sich von 19% in 1995 deutlich erhöht hat.

Eine ähnliche Dynamik hat die Führung eines Fachanwaltstitels erfahren. Seit 1995 hat sich die Zahl der Träger eines Fachanwaltstitels mehr als verachtfacht. Zum Vergleich haben sich die Mitglieder der ARGE im gleichen Zeitraum vervierfacht. In 2012 sind beide – Mitglieder in ARGE und Fachanwälte – personell gleichstark, dies unterstreicht die Bedeutung der Spezialisierung in der Anwaltschaft.

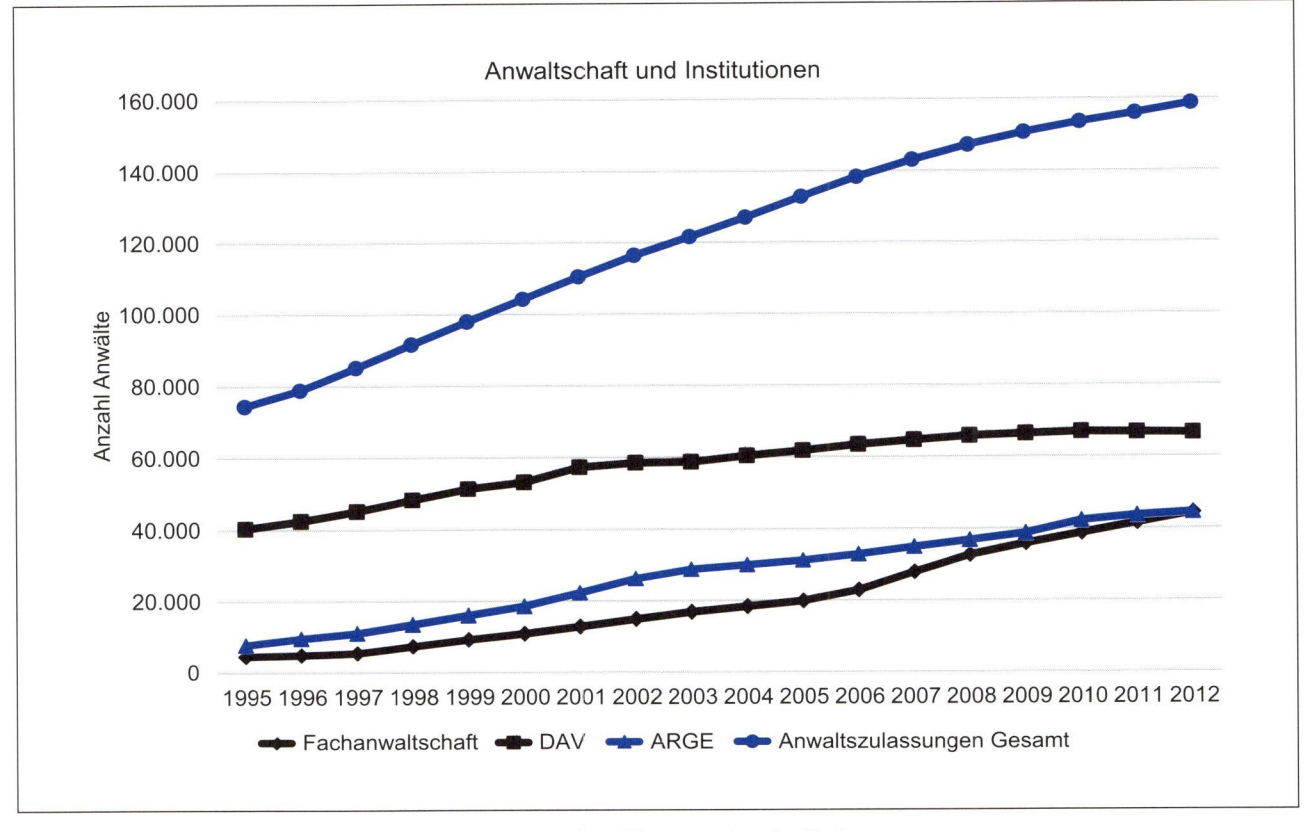

2 Analyse des Marktes für anwaltliche Dienstleistungen

Abbildung 10: Anwälte gesamt zu Institutionen
Quelle: Statistisches Jahrbuch der Anwaltschaft 2013/2014, Matthias Kilian und René Dreske (Hrsg.), S. 88, S. 211–214

2.2.5 Rechtsformen

Die wirtschaftlich tätige Anwaltschaft besteht zu ca. 75% aus selbstständig tätigen Anwälten. Bis zu 36.000 Anwälte sind freiberuflich in Vollzeit oder in Nebentätigkeit aktiv (zwischen 17.500 und 250.000 EUR). Sie werden also sowohl auf der Umsatzseite als auch auf der Kostenseite in den Personengesellschaften erfasst; sie sind in der Umsatzsteuerstatistik und weiteren Statistiken des Bundesamtes für Statistik also „doppelt" erfasst.

Mindestens 64.000 Anwälte sind in Gesellschaften tätig (als Vollzeitäquivalent gezählt; Teilzeitanwälte erhöhen die Anzahl also, geschätzt um 10–15% insgesamt), und zwar in ca. 11.200 Sozietäten (davon sind 20% der Umsatzsteuerpflichtigen Personengesellschaften, und ca. 5% andere Rechtsformen wie GmbH, AG und sonstige wie LLP). Folglich sind ca. 110.000 Anwälte (als Vollzeitäquivalente gezählt) insgesamt im Rechtsmarkt in wirtschaftlich relevanter Art und Weise tätig.

In der Entwicklung über die letzten Jahre hat sich sowohl die Zahl der Einzelunternehmen als auch der Personengesellschaften kaum verändert. Die sonstigen Rechtsformen haben sich im gleichen Zeitraum hingegen mehr als vervierfacht, ein Teil davon ist der Beliebtheit der Partnerschaftsgesellschaft (PartG) geschuldet (→ Abb. 11).

Die Zahl der als Kapitalgesellschaft organisierten Kanzleien hat sich seit 2009 um ca. 50% erhöht. Rechtsanwaltsgesellschaften in der Form der GmbH haben stark zugenommen, auch wenn deren Gesamtzahl 2013 nur bei 586 liegt. Die Aktiengesellschaft spielt im Kanzleimarkt kaum eine Rolle, hier gab es 2013 nur 25 Kanzleien, die diese doch komplexe Rechtsform für sich gewählt haben[8].

---

[8] Kilian/Dreske (Hrsg.), Statistisches Jahrbuch der Anwaltschaft 2013/2014, S. 104.

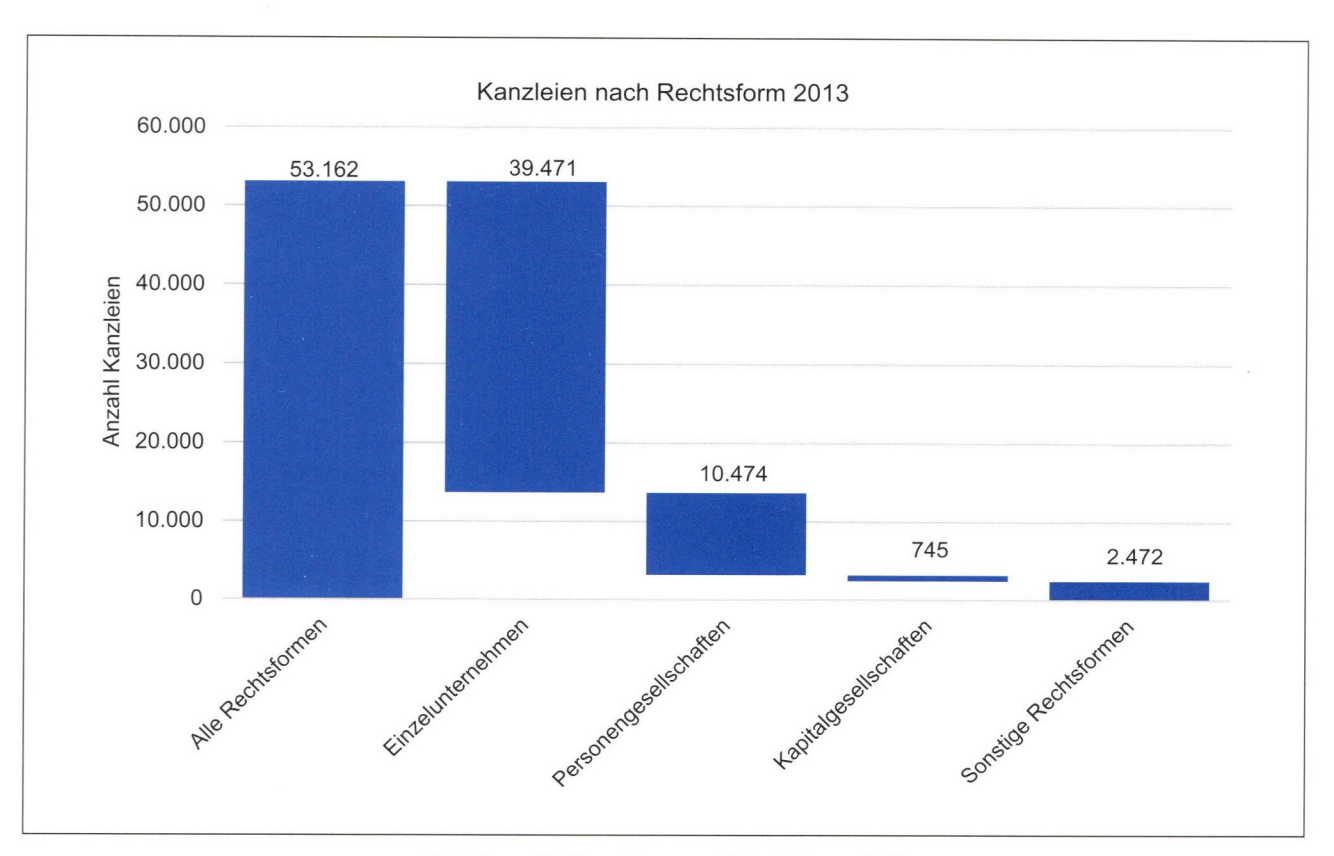

Abbildung 11: Kanzleien nach Rechtsform 2013
Quelle: Statistisches Bundesamt, Strukturerhebung im Dienstleistungsbereich 2008–2013, Wirtschaftszweig Rechtsberatung 69.1

2.2.6 Anteil Einzelanwälte an der Gesamtzahl an Anwälten

In der Anwaltschaft gibt es mangels abgesicherter Daten große Unsicherheit über die Anzahl von Einzelanwälten; mal werden 40%, mal 60% genannt. Diese Unsicherheit hat damit zu tun, dass zum Einen nicht zwischen aktiven und inaktiven Anwälten unterschieden wird (die inaktiven werden als Einzelanwälte geführt), und zum Anderen die unterschiedlichen Formen der Zusammenarbeit eine eindeutige Zuordnung nicht immer einfach machen. Insbesondere bei freien Mitarbeitern und Bürogemeinschaften sowie mit oder ohne Außensozietäts-Dach, bei denen zwar eine gemeinsame Kostenbasis unter mehreren Anwälten aufgeteilt wird, aber zugleich der Umsatz individuell vereinnahmt und unter eigener Umsatzsteuernummer gemeldet wird, ist das schwierig. Wir gehen tendenziell von 10% (entspricht 16.000 Vollzeiteinzelanwälten) in eigener Kanzlei aus, und ca. 16.000 sonstige selbstständig (aber nur zum Teil in eigener Kanzlei) tätige Anwälte. Wir halten die Diskussion um diese Zahl vor allem aus politischen Gründen für relevant, damit mit einer möglichst hohen Anzahl berufspolitisch argumentiert wird, was aber für das Selbstbild der Anwaltschaft schon länger nicht mehr hilfreich ist, da immer wieder falsche Voraussetzungen für die Tätigkeit angenommen werden.

2.2.7 Ökonomische Kennzahlen im Anwaltsmarkt

Die ökonomische Betrachtung des Anwaltsberufes zeigt, dass die Kluft zwischen den gering verdienenden Einzelanwälten, selbstständig tätigen Anwälten und den in Sozietäten unternehmerisch aktiven Inhabern zunehmend größer wird.

Aus dieser Abbildung (→ Abb. 12) wird ersichtlich, dass die Anzahl an Kanzleien trotz der Zunahme an zugelassenen Anwälten nur noch gering zunimmt, also eine Mehrzahl der Anwälte vor allem in bestehende Kanzleien geht, oder gar nicht wirtschaftlich aktiv wird. Die Umsätze pro Kanzlei stagnieren oder steigen nur noch sehr gering seit 1994; es kommt also zu einem Verteilungskampf zwischen den Teilnehmern am Rechtsmarkt.

Problematisch ist weiterhin die Tatsache, dass das Einkommen von Einzelanwälten nicht gestiegen ist, sondern inflationsbereinigt seit 1997 sinkt. Lediglich in lokalen Sozietäten kann von einem Wiederanstieg der Einkommen auf das Niveau von 1992 gesprochen werden (→ Abb. 13).

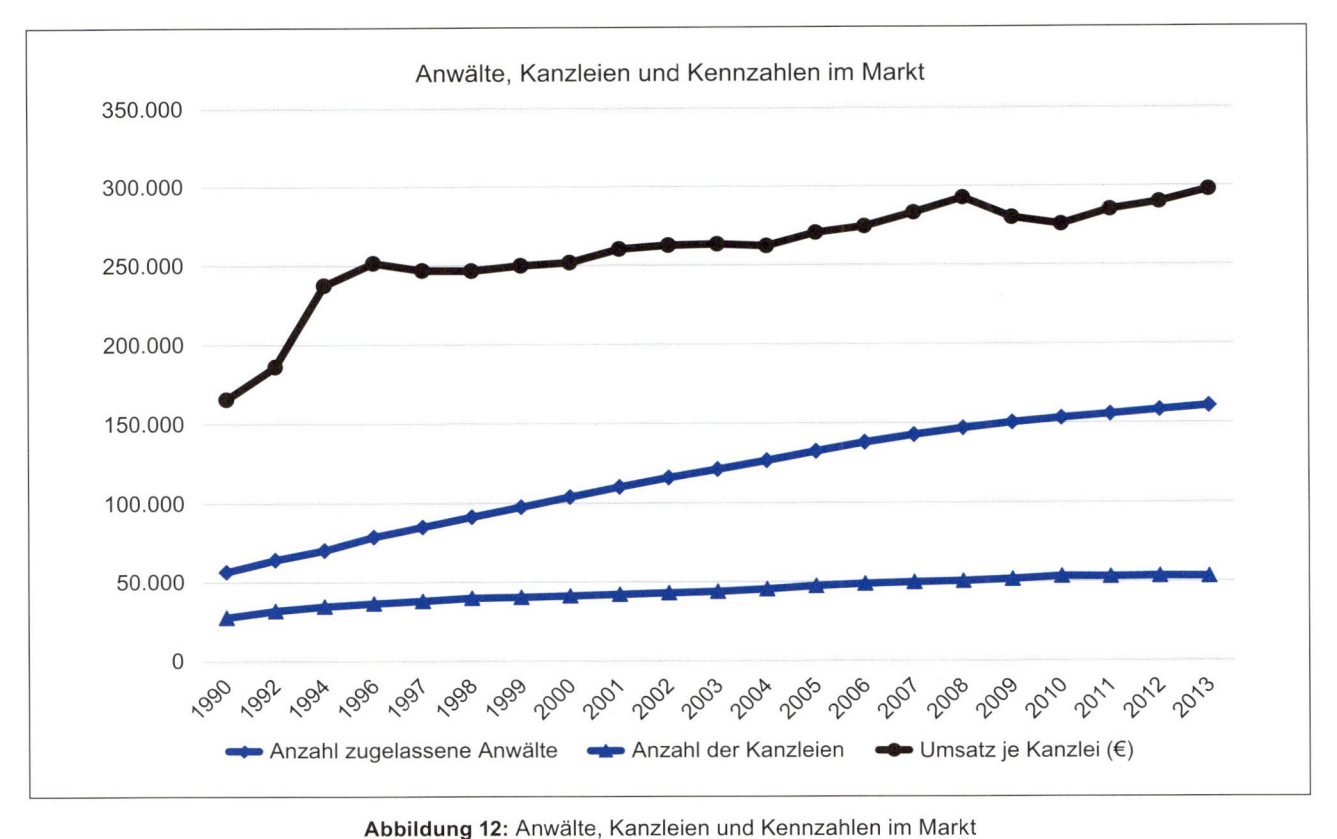

2 Analyse des Marktes für anwaltliche Dienstleistungen

Abbildung 12: Anwälte, Kanzleien und Kennzahlen im Markt
Quelle: BRAK, Statistisches Bundesamt, Umsatzsteuerstatistik Voranmeldungen, Wirtschaftszweig Rechtsberatung 69.1 Rechtsberatung ohne Notariate, Patentanwaltskanzleien und sonstige juristische Dienstleistungen, eigene Berechnungen

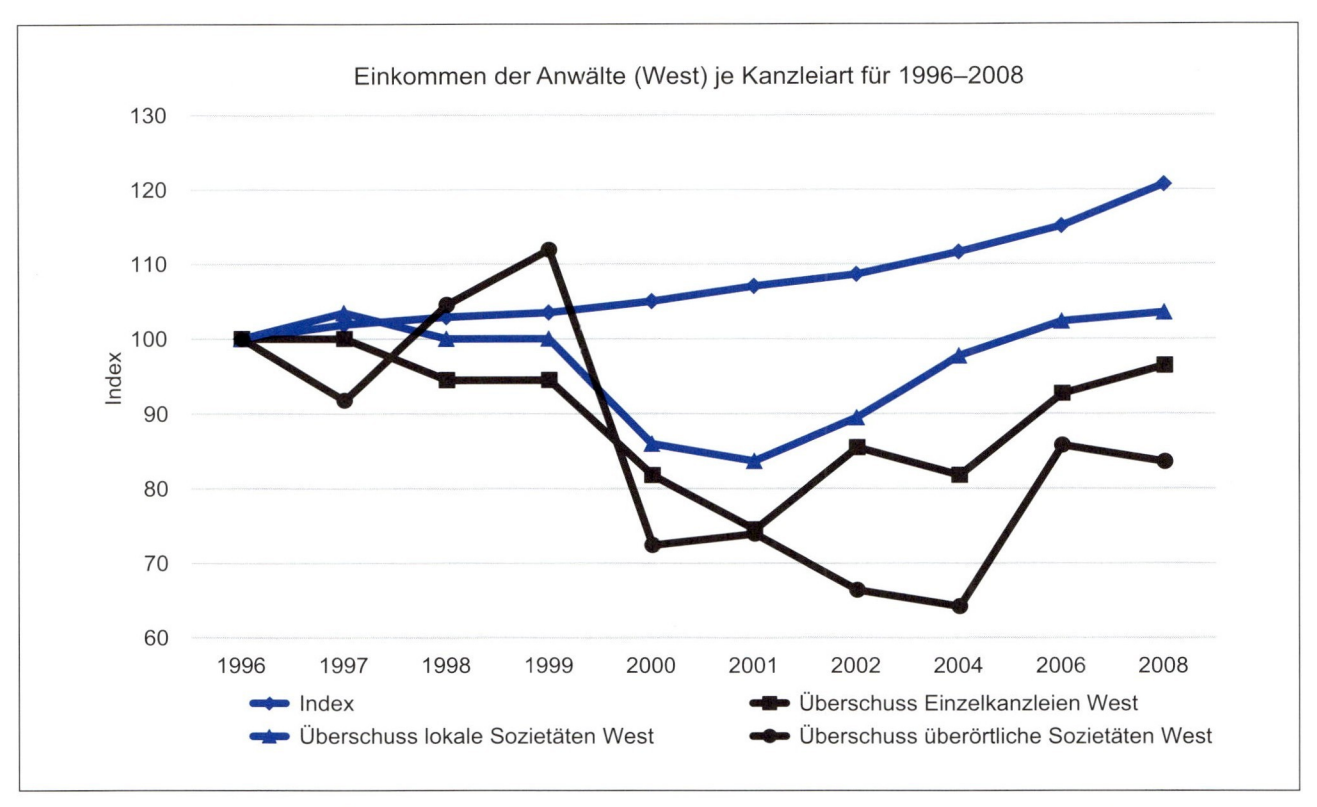

Abbildung 13: Entwicklung der Einkommen der Kanzleiarten gegenüber dem Index von 1996
Quelle: LTO, http://www.lto.de/juristen/statistiken/, beruhend auf den Angaben des Instituts für Freie Berufe an der Universität Nürnberg-Erlangen (Ende 2015 sollten Daten bis 2012 erscheinen, Stand April 2016 stehen diese noch nicht zur Verfügung)

Wir müssen von einer Sättigung des Marktes für rechtsanwaltliche Dienstleistungen ausgehen, wenn sich kein Wachstum mehr erreichen lässt; der rechnerisch stagnierende Umsatz pro zugelassenem Anwalt seit 1994 deutet darauf hin. Allerdings ist unklar, ab wann die Anträge auf Zulassung als Anwalt im Nebenberuf (oder als „Syndikus") bei den Kammern gestiegen sind; hier gibt es leider keine belastbaren Zahlen, welche Auskunft über die Sättigung geben könnten.

Zum Verständnis der Marktpositionierung einer Kanzlei ist ein Verständnis der Entwicklungen des Rechtsanwaltsmarktes notwendig.

Während die Anzahl an Anwälten in den Jahren insbesondere seit 1980 als Folge der Bildungsreformen der 1970er Jahre mit fast 10% pro Jahr zunahm, ist die Anzahl der Kanzleien hingegen nicht entsprechend stark gewachsen. Auch die Umsatzzahlen sind weniger gewachsen: so ist der Umsatz pro Rechtsanwalt seit den 90er Jahren kaum gestiegen, gemessen an der Steigerung für die Lebenshaltungskosten de facto sogar gesunken. Der Umsatz pro Kanzlei ist aufgrund des geringen Wachstums an Anzahl von Kanzleien gestiegen, insbesondere Anfang der neunziger Jahre, und dann noch einmal von 2004 auf das Jahr 2005.

Der Rechtsanwaltsmarkt insgesamt entwickelt sich also in folgenden Dimensionen:

1. Es gibt ein Größenwachstum bestehender Kanzleien
2. Es gibt eine Umsatzstagnation bei der Betrachtung des einzelnen Anwaltes

Dafür gibt es eine Reihe von Gründen:

1. Das Wachstum an Umsatz im Rechtsmarkt hat sich auf mehr Anbieter verteilt, so dass ein Wachstum pro Anwalt nicht mehr feststellbar ist; de facto dürfte es aber Wachstum pro in Vollzeit tätigem Anwalt gegeben haben, nur ist die Zahl nicht exakt bestimmbar (Anhaltspunkt siehe STAR Analysen, etwa in Abbildung 13: Entwicklung der Einkommen der Kanzleiarten gegenüber dem Index von 1996).
2. Der Wettbewerb unter Kanzleien ist so intensiv, dass Preissteigerungen sich am Markt nicht oder nur eingeschränkt durchsetzen lassen. Dazu kommt, etwa im Bereich der Rechtsschutzversicherungen, Druck auf die Mindesthonorare, die gesetzlich zulässig wären.
3. Die Anwaltschaft betreibt eine kostenbasierte Preisbildung: demnach wird nur ein minimales Preisniveau angestrebt. Der Umsatz wird höher als der Deckungsbeitrag gewertet.
4. Auch ist die intrinsische Motivation, Rechtsfälle zu bearbeiten, oftmals höher als die extrinsische, also etwa mit der Tätigkeit auch Geld, und zwar möglichst viel, zu verdienen.
5. Der Gesetzesvorbehalt für die anwaltliche Vergütung in prozessualen Verfahren, soweit sie nicht durch Honorarabreden gesondert ausgehandelt wird, hat seit 1994 für keine nennenswerte Steigerung gesorgt. Dazu gehört die Anbindung der Anwaltsvergütung an die Prozesskostenhilfe, die die Bundesländer zahlen müssen; die Länderhaushalte sind unter Kostendruck und der Bundesrat daher regelmäßig Kostensteigerungen abgeneigt.
6. Der relativ geringe Stellenwert, dem ein Gewinnzuwachs zugeordnet wird. Die Anwaltschaft sieht sich selbst nach wie vor weniger als Unternehmer, und mehr als Organ der Rechtspflege. Daraus resultiert eine Akzeptanz der staatlichen Gebührenordnung, selbst dann, wenn davon abgewichen werden kann.

Daraus ergibt sich eine Situation, die die unternehmerische Perspektive für den Anwaltsberuf nur eingeschränkt attraktiv macht. Allerdings wird in der Anwaltschaft immer wieder vergessen, dass nur die ausreichende Wirtschaftlichkeit des Handelns die Freiheit des Berufes erst wirklich garantiert, also die Basis für gute Rechtsberatung ist (ethische Verstöße sind allerdings in allen Segmenten des Marktes zu finden).

2.2.8 Die Hypothesen von Herrn Winters zur Entwicklung des Marktes

Schon 1989 hat der ehemalige Geschäftsführer des Deutschen Anwaltvereins eine Untersuchung unter dem Titel: Der Rechtsanwaltsmarkt[9] herausgegeben, in dem er Hypothesen zur möglichen Entwicklung des Marktes aufstellte, die wir hier kommentieren. Diese waren für den Zielkorridor 2009–2012 angelegt:

1. Die Anwaltschaft hat 100.000 deutsche Berufsangehörige.
   Tatsächlich waren es 2009 bereits 150.000, und im Jahre 2013 ca. 161.000.
2. Die Anwälte arbeiten mit Steuerberatern und Wirtschaftsprüfern zusammen.
   De facto wurde nicht nur durch den ENRON Skandal, sondern auch durch unterschiedliche Geschäftsmodelle die Kooperation stark beschränkt. Auch heute noch ist insbesondere die Angst des Wirtschaftsprüfers/Steuerberaters, dass Anwälte aufgrund ihrer stark am Recht ausgerichteten Grundhaltung der Beziehung zum Mandanten schaden

---

[9] Karl Peter Winters.

könnten, das Haupthindernis für diese Zusammenarbeit. Außerdem berechnen Wirtschaftprüfer und Steuerberater nur ⅓ bis ½ so hohe Stundensätze wie Anwälte, für die die Zusammenarbeit daher wenig attraktiv ist.

3. Das Rechtsberatungsgesetz wurde modifiziert.
   Dies wurde in der Tat durchgeführt, aber Winters hat nicht gesehen, dass die EU Deregulierung einen noch größeren Einfluss genommen hat und noch weiter nehmen wird (etwa: Optiker-Urteil und Apothekerurteile des EuGH), sowie die Dienstleistungsfreiheit insbesondere hinsichtlich der in Großbritannien zugelassenen Rechtsdienstleister, die Investoren gehören dürfen.
4. Die Anwaltsausbildung sei verbessert worden.
   Dies ist nicht geschehen, wenn man von der Anwaltsstation absieht. Allerdings hat die Universität mit der Einführung von (noch freiwilligen) Moot Courts eine größere Praxisnähe, und es gibt Zusatzqualifikationen für alle möglichen Spezialisierungsbereiche (etwa: Transportrecht, Patentrecht, etc.), die vorher nur durch jahrelange Erfahrung in der Anwaltschaft zu erwerben waren. Auch seien laut Winters 80 % der Anwälte Fachanwälte, wo die tatsächliche Zahl eher bei 30 % der wirtschaftlich aktiven Anwälte liegt. Auch gäbe es lt. Winters eine Ausbildung zum „Kanzleimanager" für Anwälte, nicht nur für ReNo-Gehilfinnen und Gehilfen. Anwälte „managen" auch heute noch gerne selber, nach dem Motto: „Hier kocht der Chef", mit mehr oder weniger guten Resultaten.
5. Die durchschnittliche Größe von Kanzleien habe zugenommen.
   Grundsätzlich ist das wohl geschehen. Allerdings können wir das nur für die beiden oberen Segmente belegen. Die größte Kanzlei habe 500 Anwälte, was 1990 sicherlich recht sportlich klang: mit CMS Hasche Sigle ist das aber zumindest seit 2010 der Fall[10].
6. Anwaltskanzleien seien in Netzwerken von bis zu 50 Kanzleien tätig.
   Diese Voraussage ist angesichts von über 50.000 Kanzleien wohl zu optimistisch, auch ist unklar, worin der Mehrwert liegen könnte. Allerdings gibt es eine Reihe Netzwerke wie eurojuris, DIRO etc.
7. Die Tätigkeit des Anwaltes sei stark rationalisiert dank EDV.
   Wenn man von wenigen Bereichen absieht (Massenklageverfahren, Mahnbescheide, etc.) ist dies nicht eingetreten, zumal der Anwalt ein hohes Interesse aufgrund der oft zeitabhängigen Beratungsgebühren hat, den Zeitaufwand nicht zu reduzieren, sondern zu erhöhen.
8. Die Spezialisierung der Anwälte geht über die fachliche Kompetenz hinaus, insbesondere im Bereich betriebswirtschaftlicher, psychologischer Kenntnisse etc. Dementsprechend habe die gerichtliche Tätigkeit stark abgenommen.
   Zwar können wir heute feststellen, dass etwa mehr Anwälte psychologische Prozesse berücksichtigen (etwa im Rahmen der Mediation), eine Erhöhung der Beratungskompetenz kann aber wohl nicht durchgehend festgestellt werden.
9. Die Rechtschutzversicherungen haben lt. Winter Marktanteil mit eigenen Vertragsanwälten erobert.
   Diese Voraussage war sehr korrekt. Der Anteil am Honorarkuchen liegt bei 16 %. Sie haben inzwischen durchgängig ein eigenes Netz an Rechtsanwaltskanzleien, zusätzlich zu den Kanzleien, die auf Basis von Pauschalpreisen für sie telefonisch in der Erstberatung tätig sind. Die Rechtsschutzversicherer sind wichtige Mandantenzuführer, also eine Quelle für Umsätze. Zugleich sind sie Wettbewerber: so führt etwa die ARAG über 10.000 Mediationsverfahren für ihre Versicherungsnehmer durch[11], die Roland bietet Prozessfinanzierungen ab 5.000 EUR an[12].
10. Die Einkommenssituation schätzt Winters wie folgt ein:
    a) Das durchschnittliche Einkommen ist seit dem Jahre 2000 nicht mehr gestiegen: wie wir feststellen, ist dies seit 1994 nicht mehr der Fall.
    b) Das Einkommen der Kanzleien mit mehr als 25 Partnern liegt doppelt so hoch wie das der Partner von Kanzleien, die für Privatmandanten tätig sei: unsere Untersuchungen belegen, dass es das bis zu 15-fache ist (53.000 zu 744.000 EUR). Allein die Spanne innerhalb des Segments Privatmandanten liegt bei dem vierfachen (21.000 zu 89.000 EUR).
11. Es gäbe eine große Justizreform, die zu einer ausdifferenzierten Behandlung von Streitigkeiten führen würde.
    De facto haben wir in kleinen Schritten die Einführung von Mediation, Verbraucherschiedsstellen, Ombudsmänner, etwa in der Versicherungswirtschaft, bei Banken, Reiseunternehmen etc. sowie sonstigen Verfahrensverbesserungen resp. -änderungen gesehen. So optimistisch wie von Winters angenommen ist es allerdings nicht gekommen.
12. Die Deregulierung des Berufsstandes, die Winters voraussagte, ist nur teilweise eingetreten:
    a) Eine EU-weite Regelung der Berufsausübung liegt nur in unverbindlichen CCBE Richtlinien vor.
    b) Die Zahl der Fachanwaltschaften ist stark erweitert worden.

---

[10] Juve Handbuch Wirtschaftskanzleien 2010/2011, S. 632.
[11] http://versicherungswirtschaft-heute.de/dossier/arag-rund-10-000-mediationen-im-jahr/.
[12] http://versicherungswirtschaft-heute.de/unternehmen/roland-bietet-prozessfinanzierung-bei-geringen-streitwerten-gelesen/.

c) Die Singularzulassung wurde aufgehoben, allerdings nicht durch erhöhte Zulassungsanforderungen ersetzt, sondern ersatzlos gestrichen.
d) Das Notariat wurde nicht reformiert, sondern der Zugang durch weniger Stellenausschreibungen stärker limitiert.
e) Die Kammern haben sich in keiner Weise entgegen der Voraussage von Winters reformiert; sie werden unserer Annahme nach wohl notwendigerweise durch staatliche Organe ersetzt werden, ähnlich dem Beispiel in Großbritannien, um effizient zu werden.

Insgesamt zeigt Herr Winters, dass er große Veränderungen voraussah, von denen viele auch eintraten. Am stärksten hat er wohl unterschätzt, wie wenig reformbereit die Institutionen sind, wie stark die Deregulierung die Anwaltschaft trifft, wie wenig Standardisierung der Dienstleistungen von den Anwälten selber unternommen wird. Und zugleich sieht er klar voraus, dass im Markt die risikobereiten Unternehmer gewinnen, in dem sie in Marketing investieren. Er sah auch den Qualitätswettbewerb voraus, der de facto zu einer Segmentierung führte, die zu viel weitgehenderen Einkommensunterschieden zwischen den Anwälten führte, als er sie sich vorstellen konnte.

2.2.9 Die Prognos Studien 1997 und 2012 im Vergleich

Mit diesen Studien hat der Deutsche Anwaltverein versucht, die Sicht der Anwälte auf die Anwaltschaft einzuholen.

In der Studie von 1997 werden die damals vorherrschenden Selbstbilder der Anwaltschaft hinterfragt. Insbesondere der Bedarf der Mandanten nach Information, Klarheit über die Rolle des Anwaltes, seine Honorarforderungen etc. wurden empirisch untersucht. Es wird Folgendes festgestellt:

- Im Bereich der rechtlichen Beratung durch Organisationen, Verbände und Vereine läge eine „Vermittlerrolle" für die Anwaltschaft, um die Zugangsbarrieren zu senken; anstelle diese mit Hinweis auf das Rechtsberatungsgesetz zu bekämpfen, wären Kooperationen gut.
Diese Handlungsempfehlung wurde nicht befolgt; vielmehr wurden immer wieder Prozesse angestrengt, nicht zuletzt auch gegenüber Rechtsschutzversicherern als wichtige Vermittler und Zahler von anwaltlichen Diensten.
- Verbessertes Marketing, insbesondere auch Gemeinschaftswerbung.
Dieser Hinweis wurde durch die Imagekampagne etwa des DAV aufgenommen; außerdem wurde durch die Anwaltsauskunft.de eine vereinfachte Vermittlung von im DAV organisierten Anwälten erreicht.
- Die Kostentransparenz bis auf die Erstberatungsgebühr zu verbessern war ein weiterer Hinweis von Winters. Dies wurde allerdings eher verschlechtert. Durch die Umstellung auf die Abrechnung nach Stunden hat die Anwaltschaft das Kostenrisiko einseitig auf die Mandanten verschoben; hier versucht zwar die Rechtsprechung, mit teilweise zweifelhaften Argumentationen gegenzuhalten, aber letztlich ist der Mandant den anwaltlichen Abrechnungen nach Zeit ausgeliefert, wo eine Abrechnung nach BRAGO/RVG zumindest eine einfache Nachprüfbarkeit erlaubte.
- Winters erkannte Mängel in der Beratungsqualifikation: damit war wohlweislich nicht die fachliche Kompetenz, sondern die Dienstleistungskompetenz angesprochen.
Hier wurde in den letzten Jahrzehnten so gut wie überhaupt nichts angeboten. Die wenigen Seminare, die sich damit beschäftigten (Etwa: „Schauspiel Anwalt" der Anwaltsakademie des DAV) wurden nur zwei- bis viermal jährlich für ca. 20 Anwälte angeboten. Kanzleimanagementseminare sind generell entweder nicht ausreichend besucht oder werden gar nicht erst durchgeführt. Dagegen sind Ansätze wie die Mediation, die prozesshaftes Vorgehen betonen gegenüber der reinen inhaltlichen Fixierung des Anwaltes, inzwischen weiter verbreitet. In diesen Bereichen bleibt aber noch viel zu tun. Wir meinen, dass sich in diesem Bereich die wichtigste Veränderung abspielen wird, da der Anwalt nicht mehr in Routinefragen des Rechts tätig sein kann und wird (das wird durch Automatisierung übernommen), sondern gerade in seiner Eigenschaft als Berater angesprochen werden wird. Dies verlangt aber viel breitere Kompetenzen, als sie bisher gelehrt werden.
- Die wenig auf den Anwaltsberuf vorbereitende universitäre Ausbildung samt Rechtsreferendariat wurde trotz der klaren Handlungsempfehlung der Studienverfasser nicht angepasst.
Zwar hat die BRAK selber eine 15 monatige Anwaltsausbildung vorgeschlagen[13]. Die Reformversuche scheiterten dann aber dem Vernehmen nach an der Anwaltschaft, die sich vor den Kosten für die Ausbildung ihres Nachwuchses fürchtete, die etwa eine einjährige Anwaltsausbildung ggf. nach sich gezogen hätte. Sie schlägt sich daher heute mit schlecht ausgebildeten Anwälten (nicht nur auf der Gegenseite) herum.
- Mehr Fachanwälte, damit es das rechtsuchende Publikum einfacher hat, den richtigen Anwalt zu finden. Diese Forderung wurde weitgehend umgesetzt; derzeit diskutiert man eher die Grenzen, zumal unsere Darstellung zeigt, dass die weiteren Fachanwaltschaften kaum noch Zulauf haben. Außerdem stellen sie gerade für Berufsanfänger

---

[13] http://www.brak.de/fuer-journalisten/pressemitteilungen-archiv/1998/presseinformation-13-1998/.

eine Hürde dar, um sich im Markt gegenüber bestehenden Kanzleien zu profilieren, in denen es einfacher ist, die geforderte Anzahl Fälle zu erhalten.

Insgesamt hat diese Studie eine Reihe grundlegender Handlungsempfehlungen aufgestellt, die für die Anwaltschaft zu damaliger Zeit richtungsweisend waren. Viel wurde davon umgesetzt. Gerade die Betonung der Dienstleistungsbereitschaft wurde von vielen Kanzleien in den 2000er Jahren besser berücksichtigt, nachdem es noch bis spät in die 90er Jahre kritisch gesehen wurde, wenn die unternehmerische Seite des Anwaltsberufes betont wurde.

In der Studie 2012[14] mit dem Thema „Der Rechtsdienstleistungsmarkt 2030" kommt es zu Projektionen, die teilweise heute schon vorherrschen.

Dies gilt insbesondere für folgende Punkte:

- Den Wegfall der Zulassungsverpflichtung resp. dem Auftritt neuer Wettbewerber (etwa in Form von fremdfinanzierten Anbietern, im engl. Alternative Business, oder auch ABS, genannt) bedrohen bestehende Anbieter.
Man kann beobachten, dass die regulatorischen Änderungen meist nicht im Blickwinkel der Anwaltschaft liegen, obwohl dies besonders einschneidende Veränderungen zeitigen könnten. Sie betreffen vor allem das Segment der Kanzleien, die Privatmandanten bedienen, wie die Erfahrungen in Australien zeigen. Rechtsschutzversicherer sind womöglich die ersten, die diesen Weg gehen würden, da es wirtschaftlich interessant sein könnte, die Kosten für Anwälte zu reduzieren oder diesen Bedarf effizienter zu bedienen. Es gibt bereits Überlegungen, über eine in UK beheimatete Gesellschaft diese Dienstleistungen in Deutschland anzubieten, und somit im Wege der Dienstleistungsfreiheit der EU deutsche Regulierung zu unterlaufen (nunmehr durch den Brexit fraglich).
- Den steigenden Wettbewerbsdruck, der in standardisierbaren Bereichen zu einer sinkenden Vergütung führen wird (siehe dazu unten unsere statistischen Nachweise), das Top Segment sei hier noch ausgenommen.
Man kann beobachten, dass alle Bereiche der anwaltlichen Tätigkeit bereits sehr wettbewerbsintensiv sind, mal um Mandanten (Top und unterstes Segment), mal um Ressourcen, insbesondere qualifizierte Mitarbeiter (mittlere Segmente). Ob eine Marktbereinigung stattfindet, oder eher ein schleichender Prozess der Segmentierung wie bisher, sei dahingestellt.
- Die zunehmende Vielfalt von Kanzleien und das Aufkommen alternativer Dienstleister (letzteres ist noch unsicher) ist eine Gefahr für die Branche. Wir sehen das eher als Erfolgssuche in der Nische und die notwendige Ausdifferenzierung der Branche. So wie auch in anderen Branchen verliert jede Branche laufend Marktanteile an andere Anbieter, gewinnt aber auch neue hinzu, zumal wenn sie so dezentral aufgestellt ist wie die Anwaltsbranche, in der täglich tausende neue Versuche gestartet werden, den Mandanten neuen Nutzen zu stiften.
- Die Verbreitung des Wissens im Internet und die zunehmende Bereitstellung standardisierter Rechtslösungen. Das Erstere ist heute schon der Fall, bis hin zu fertigen Formularen, die situationsspezifisch ausgedruckt werden können[15], oder vom Mandanten nutzbares Kanzleiwissen. Auch hier gilt, dass die Technik natürlich neue Angebotsformen bereit stellt, und die Anwaltschaft sich darauf einstellen muss, aber die Annahme, dass die neuen Anbieter und Techniken den Anwalt aus dem Markt drängen, erscheint schwarzmalerisch.
- Die strategische Positionierung der Kanzlei, bisher (angeblich) eher im Fokus des Top Segments, nimmt aber aufgrund des zunehmenden Wettbewerbsdruckes auch an Fahrt auf für das Mittelstands- und KMU-Segment (Erläuterungen dazu weiter unten).
Tatsächlich kann man beobachten, dass der Wettbewerb in allen Segmenten schon seit vielen Jahren sehr stark intensiviert wurde. Das ist aber in allen Branchen so, und nur ein Kennzeichen von Weiterentwicklung, nicht Abschaffung eines jahrhundertealten Berufstandes.
- Die Virtualität von Anwaltsdienstleistungen träfe mehrheitlich auf den Privatmandanten, weniger auf Unternehmen zu. Mit zunehmenden Standardisierungen und dem Recht als Baukastensystem werde sich dies verändern, und damit auch die zugrundeliegenden Geschäftsmodelle der Kanzleien.
Man kann dagegen halten, dass dies schon häufig vorhergesagt wurde, aber nur dort eintrifft, wo eine echte wirtschaftliche Notwendigkeit besteht, und nicht allein deshalb, weil die Technik zur Verfügung steht.
- Die veränderte Rolle des Anwalts, der durch anspruchsvollere Mandanten auch eine anspruchsvollere internationale Ausbildung benötigt.
Dies ist im Mittelstands- und Konzernsegment sicherlich der Fall. Die Auslandsberührung im Privatmandantensegment ist etwa bei Rentnern, die im Ausland leben, sowie Touristen oder ins Ausland versandte Mitarbeiter gegeben. Hier haben sich aber Anwälte darauf eingerichtet, etwa in dem sie Kanzleien auf Mallorca errichtet haben, wo neben deutschem auch spanisches Recht bearbeitet wird.

---

[14] Studie der Prognos AG im Auftrag des DAV, Der Rechtsdienstleistungsmarkt 2030.
[15] Etwa bei https://www.janolaw.de/.

- Standardisierte Beratungen werden lt. Studie durch Wirtschaftsjuristen bzw. juristische Bachelor/Masterabsolventen abgewickelt.
Dies ist in der Tat heute schon der Fall in Großkanzleien. In kleineren Kanzleien werden hier vor allem selbstständig tätige Anwälte (auch in Teilzeit) genutzt. Dies erhöht aber eher die Gewinnchancen der Anwälte, da sie weniger anspruchsvolle Tätigkeiten differenzierter nach Kostengesichtspunkten bearbeiten können.
- Das Berufsbild der Verwaltung am Beispiel der ReNo-Fachangestellten ist ebenfalls deutlich in der Anpassung, alleine durch die Zunahme der IT-Nutzung in Kanzleien.
Da die klassische Sekretärin zunehmend zu einer selbstständigen Fachkraft weiter entwickelt wird, die ganze Teilaufgaben der juristischen Bearbeitung übernimmt, ist dies aus Effizienzgründen sinnvoll.

Wiederholt wird die Erwartung geäußert, dass Anwälte vermehrt in Netzwerken aktiv sind, was auch schon in der Studie von 1987 stand, und auch Winters voraussagte, aber sich nicht bewahrheitet hat (sieht man einmal von Organisationen wie DIRO, EURJURIS etc. ab, die nur für Kanzleien in Großstädten wirtschaftlich rentabel sind). Der Grund ist vor allem darin zu suchen, dass die Kooperationsnotwendigkeit gering ist, da die Anwälte durch Spezialisierung in engen Geschäftsfeldern sehr effizient arbeiten, und die Mandanten dies wissen. Sie gehen daher mit komplexeren Problemen zu größeren Kanzleien.

2.2.10 Die Studie der Law Society of England und Wales zum Anwaltsmarkt (2012)

Einen wesentlich wirtschaftlich geprägteren Zugang hat die Law Society of England und Wales gewählt: sie hat eine datengetriebene Betrachtung des Anwaltsmarktes in UK durchgeführt[16]. Dazu wurden die Nachfrage- wie die Angebotsseite untersucht.

Auf der Angebotsseite wurden neben den Anwälten vor allem auch alle sonstigen, im Rechtsmarkt tätigen Akteure mit einbezogen, um den Marktanteil der Anwälte überhaupt bestimmen zu können. Dabei zeigt sich, dass etwa die eine Hälfte des Marktes nicht reguliert ist. Dort sind Anwälte sowohl in Rechtsabteilungen als auch in privaten Praxen tätig. Die Besonderheit hier ist, dass der Mandant kaum geschützt ist. Die genannten ABS (Alternative Business Structures) bekommen aber nur dann eine Zulassung für den regulierten Markt (unter dem Legal Service Act), wenn sie eine oder mehrere der reservierten Tätigkeiten durchführen. In den vergangenen Jahren wurden durch die Restrukturierung von Kanzleien, der Entflechtung juristischer Arbeitsschritte und Standardisierung juristischer Tätigkeiten eine Verschiebung der Bearbeitung dieser Aufgaben vom qualifizierten Anwalt zum qualifizierten anwaltlichen Zuarbeiter vollzogen. 2010 hat ca. jeder fünfte Absolvent der berufsqualifizierenden sog. „colleges of law" so einen Berufseinstieg gefunden. Dies ist am ehesten mit der deutschen Entwicklung alternativer juristischer Abschlüsse wie dem Bachelor of Laws oder Master of Laws vergleichbar, der zum Wirtschaftsjuristen qualifiziert. In Kanzleien wird vermehrt auf solche Ressourcen zurückgegriffen, um einfache juristische Aufgaben kostengünstiger als durch Volljuristen abarbeiten zu lassen.

Auf der regulierten Seite des Marktes sind neben regulierten und autorisierten Anwälten (Solicitors, Barristers, Notaries) fünf weitere Spezialtitel, die sog. reservierte Tätigkeiten ausüben können, tätig. Diese decken u. a. die Vertretung vor Gericht, die Durchführung von Prozessen, bestimmte Erbschaftsangelegenheiten oder auch notarielle Dienste ab. Auch für die sog. nicht-reservierten Tätigkeiten gibt es Einschränkungen, die faktisch nur durch Solicitors durchgeführt werden können. Der Umsatzanteil von den „Solicitor firms" mit reservierten Tätigkeiten macht nach der Studie in 2011/12 ca. 40 % aus.

Auf der Nachfrageseite standen sehr detaillierte Informationen zur Verfügung, die es erlauben, diese gut zu bestimmen. Auch hier geht es um die Frage, welchen Marktanteil die Anwälte überhaupt haben, und ob und ggfs. wo dieser ausbaubar ist, resp. wo er unter hohem Wettbewerbsdruck steht. Nur wenn diese Daten ausgewertet werden, können Anwälte und ihre Verbände überhaupt eine sinnvolle Politik betreiben, die mehr ist als reine Verteidigungspolitik von Besitzständen, welche in einer politischen Umwelt, die auf Deregulierung setzt, von Anfang an chancenlos ist.

Der Markt in UK setzt sich (abweichend zu Deutschland) aus vier Marktsegmenten zusammen, wobei hier ebenfalls Privatmandanten, kleine Unternehmen (vergleichbar mit dem KMU-Segment), große Unternehmen (vergleichbar mit Mittelstand und Konzernsegment) und neu der öffentliche Sektor als eigener Nachfrager rechtlicher Dienstleistungen verstanden wird. In unserem Verständnis spielt der öffentliche Sektor als Auftraggeber natürlich auch eine Rolle, wird aber am ehesten im Mittelstandssegment, vereinzelt vom Auftragsvolumen und Bedeutung auch im Konzernsegment abgearbeitet. In Großbritannien sind diese Kosten meist öffentlich erfasst und zugänglich, so dass die öffentliche Hand als Nachfrager anwaltlicher Dienstleistungen bestimmbar ist.

---

[16] The Law Society, The Legal Services Industry Part 1–3, 2012 (unveröffentlicht).

Die englische Studie geht von vier Faktoren aus, die den anwaltlichen Markt nachhaltig beeinflussen:

- Veränderungen im Käuferverhalten: Die Käufer wissen besser, welche Dienstleistungen sie einkaufen und würden mehr Leistungen für eine geringere Vergütung erwarten (Stichwort „more for less"). Auch hätten sie die Fähigkeit, alternative Dienstleister zu identifizieren und in Anspruch zu nehmen.
- Generelle politische und regulatorische Einflüsse: Die Liberalisierung der Erbringung rechtlicher Dienstleistungen und das Aufheben von Zusammenschlussverboten am Beispiel des Verbotes der Partnerschaftsgesellschaft von Rechtsanwälten, Ärzten und Apothekern[17] führe zu einem geänderten Wettbewerbsumfeld.
- Globales und nationales ökonomisches Umfeld: Makroökonomische Trends, die das Ausmaß und die Art der Beratung beeinflussen, beispielsweise das weltweite Wachstum der Schwellenländer vor dem Verfall der Ölpreise, und das Investitionsverhalten aus China vor dem Rückgang der Wachstumsraten, sowie mikroökonomische Trends, wie die Art und Weise der Beratungserbringung und wie diese die dazugehörigen Kosten beeinflussen. Als Beispiel wird die Verlagerung von einfachen Dienstleistungen in Niedriglohnregionen oder die weitere Verbreitung des englischen Rechts („common law") im internationalen Handel und der Streitbeilegung genannt.
- Technologie und Prozessinnovation: Neue Technologien würden erweiterte Prozesse, Strukturen und Anwendungen ermöglichen, wie zum Beispiel der zunehmende Einsatz von Kundenmanagement-Systemen oder Big Data. Die zunehmende Nutzung des Internets mit höherem Datenvolumen (Glasfaser) ermögliche eine „online"-Beratung. Die weitere Verbreitung und Akzeptanz von den sozialen Medien („social media") im Unternehmensumfeld bietet neue Chancen für die Interaktion mit Mandanten und potentiellen Mitarbeitern.

Wir können alle Trends nachvollziehen, aber wie immer ist es schwierig, vorauszusagen, wie sich die Märkte entwickeln. Letztlich darf nicht unterschätzt werden, wie die bestehenden Anbieter die Herausforderungen annehmen, und wie sie Technik nutzen, um den Mandanten besser zu bedienen. Vereinfachte Aussagen wie etwa das Ende der Anwälte vorauszusagen ist genauso fehlerhaft, wie auf die einfache Fortschreibung der Entwicklung zu setzen, die absehbar erscheint.

---

[17] In Deutschland etwa durch BVerfG Beschl. v. 12.1.2016 – 1 BvL 6/13, NJW 2016, 700.

3 Die vier Marktsegmente im deutschen Kanzleimarkt

3.1 Der Rechtsmarkt aus Sicht des statistischen Bundesamtes

In diesem Kapitel beschreiben wir, wie sich der Kanzleimarkt insgesamt entwickelt hat. Dabei greifen wir auf Daten bis 1994 zurück, und stellen unsere Sicht der Segmentierung vor, die wir anhand der Daten und der Beobachtungen des Marktes untermauern können. Diese Segmentierung des Marktes ist von grundlegender Bedeutung, weil dadurch

- Die Umsatz- und Einkommenschancen von Anwälten stark vom Segment abhängig sind, in dem sie tätig sind.
- Das Geschäftsmodell der Kanzleien sich in den Segmenten unterschiedliche entwickelt hat, und weiter wandeln wird (insbesondere das Verhältnis zwischen Eigentümern und Mitarbeitenden).
- Die Anforderungen in jedem Segment hinsichtlich fachlicher Kompetenz, organisatorischer Kompetenz und Beratungskompetenz sich stark unterscheiden.

Für den Leser aus der Anwaltschaft ermöglicht diese Sicht, klar die Herausforderungen zu erkennen und die strategischen Optionen besser abzuwägen. Gerade in der Anwaltschaft besteht die Tendenz, Fakten durch Meinungen zu ersetzen, was aber nicht immer eine geeignete Grundlage für Entscheidungen ist. Dies versuchen wir hiermit zu korrigieren.

Auch die regulatorischen Anforderungen haben sich grundlegend geändert, was aber die Rechtsanwaltskammern durch Festhalten am überholten Bild der Einheitlichkeit des Anwaltes bislang ignorieren, und daher wohl bis zum Eintritt eines großen Falles von fehlerhafter Berufsaufsicht oder gesetzlichen Änderungen, wie sie etwa in Großbritannien durchgeführt wurden, warten müssen.

3.1.1 Unterteilungen des Rechtsberatungsmarktes nach der Umsatzsteuerstatistik

Die Umsatzsteuerstatistik differenziert hinsichtlich der Angebots-Ausrichtung der Rechtsanwaltskanzleien. Kanzleien ohne eigenes Notariat oder mit eigenem Notariat stellen den Großteil der Steuerpflichtigen neben sonstigen juristischen

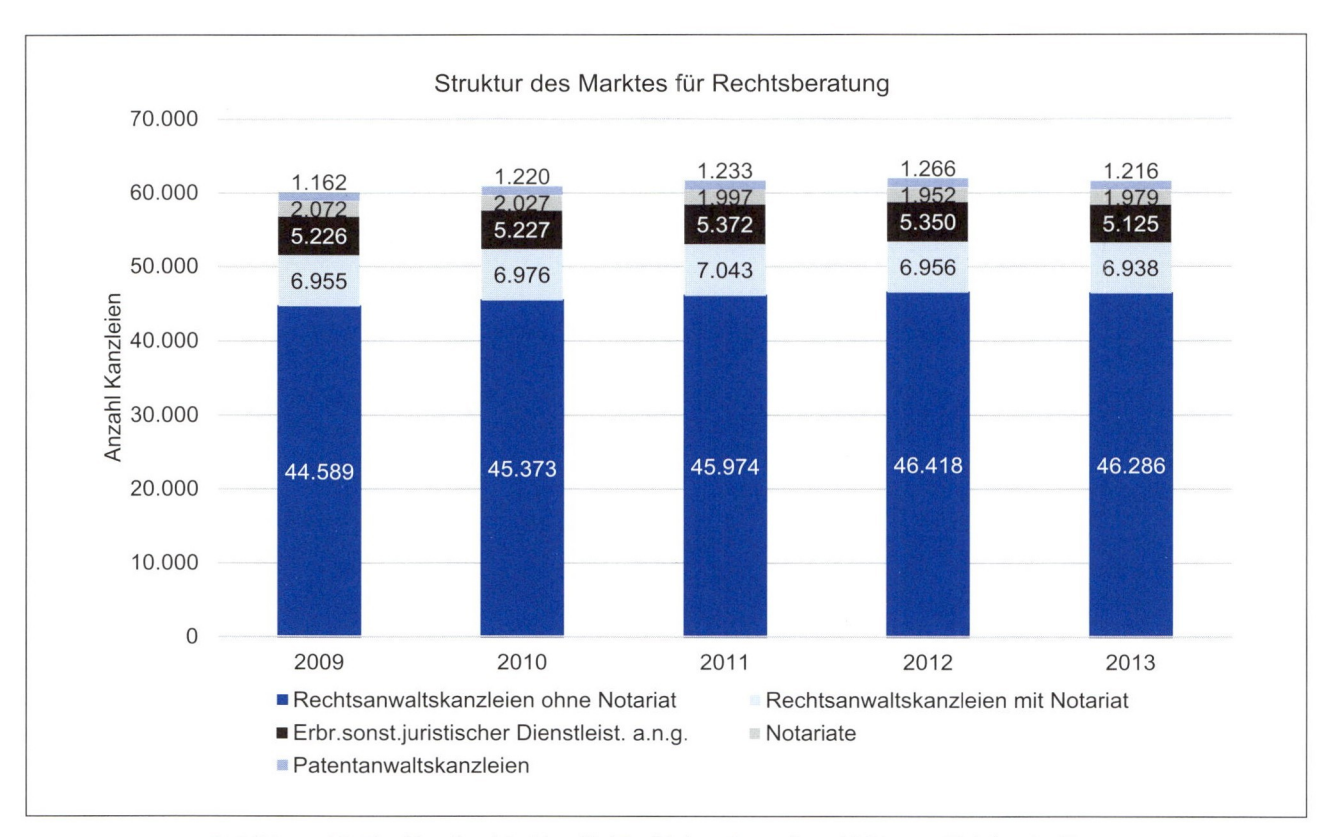

Abbildung 14: Struktur des Marktes für Rechtsberatung: Anzahl Steuerpflichtige je Klasse
Quelle: Statistisches Bundesamt, Umsatzsteuerstatistik Voranmeldung, Wirtschaftszweig 69.1 Rechtsberatung

Dienstleister, Patentanwaltskanzleien und Nur-Notariaten. Beide erstgenannten Kanzleiformen sind überraschend stabil hinsichtlich der Anzahl seit 2006, nachdem sie Anfang der 90er Jahre erst ca. 25.000 Kanzleien zählten (→ Abbildung 3: Entwicklung der Anwaltszulassungen und Umsätze). In 2013 ist erstmals ein Rückgang der Anzahl zu verzeichnen. Dabei erfasst die Umsatzsteuerstatistik jeden Umsatzsteuerpflichtigen, also sowohl Einzelanwälte als auch Sozietäten. Anwälte, die selbstständig, aber in Kanzleien tätig sind, werden dann doppelt erfasst, wenn ihr Umsatz über die Kanzlei abgerechnet wird, und sie der Kanzlei wiederum eine Rechnung für ihre Tätigkeit in Rechnung stellen. Nicht erfasst werden alle nicht-umsatzsteuerpflichtigen Anwälte, die weniger als 17.500 EUR (vor 2001: 30.000 DM) machten.

Notariate werden hier nur am Rande besprochen, ebenso Patentanwaltskanzleien. Sonstige juristische Dienstleister werden kurz gestreift.

3.1.2 Patentanwaltskanzleien

Diese Spezialkanzleien sind in den Umsatzsteuerstatistiken gesondert erfasst, und meist nicht in Juve unter den umsatzgrößten Kanzleien aufgeführt, auch wenn sie wirtschaftlich dazu gehören könnten. Ihr Geschäftsmodell weicht etwas von der typischen Anwaltskanzlei ab, ist aber meist aufgrund rechtsanwaltlicher Kompetenzen in bestimmten Bereichen in Konkurrenz (oder auch in Kooperation) mit diesen tätig. Sie sind vor allem im Bereich Anmeldung von Patenten, zunehmend auch in gerichtlichen Nichtigkeitsklagen tätig, sowie im Bereich gewerblicher Rechtsschutz (Marken, Gebrauchsmuster) und darüber hinaus zunehmend in klassischen anwaltlichen Feldern (→ 7.2). Ihr Geschäftsmodell ist derzeit massiv unter Druck da

- Die Verwaltung von Rechten (Patente, Marken Gebrauchsmuster) von anderen Anbietern oder den Mandanten selber übernommen wird; auch die Ämter tragen dazu bei, dass es einfacher ist, diese automatisch einzuzahlen
- Die Nutzung von Auslands Anwälten nicht mehr über die Patentanwaltskanzleien geht, die daran verdienen, sondern direkt von den Mandanten übernommen wird
- Die patentanwaltliche Beratung zunehmend zu Pauschalsätzen durchgeführt werden muss, was eine geringere Marge bedeutet.

Dieser Markt wird sich also voraussichtlich radikal ändern. Eigene Daten sind nicht in dem Maße vorhanden, dass es sich lohnen würde diese auszuwerten. Allerdings sind ähnliche Segmentierungserscheinungen sichtbar wie bei den Wirtschaftskanzleien.

3.1.3 Rechtsarme von Wirtschaftsprüferkanzleien

Auch diese Kanzleien sind im Markt aktiv, sind aber überwiegend in das Geschäftsmodell der WP- und StB Gesellschaften integriert (wir bezeichnen sie daher als „Integrierte"). Anwälte in ihnen sind meist im Prozess der Begleitung von Mandaten der Steuerberatung und Wirtschaftsprüfung tätig. In der Tendenz werden diese Kanzleitypen ausgebaut, sind aber begrenzt hinsichtlich ihrer Marktmacht, da sie weniger unabhängig sind als dargestellt, und daher gegenüber reinen Anwaltskanzleien einen Wettbewerbsnachteil haben. Die Anzahl an Juristen in diesen Organisationen sind im Übrigen bisher recht gering gewesen, denn nur ca. 7 % des Umsatzes einer Wirtschaftsprüfungsgesellschaft ist in der Regel als anwaltliche Dienstleistung erfasst[18]. Seit 2010 ist wieder ein Ansteigen der Anzahl an Rechtsanwälten zu bemerken, vor allem bei den Big 4 WP Kanzleien, aber es ist abzuwarten, ob diese Entwicklung anhält. In jedem Fall erscheint die Annahme, diese würden zu einer Konkurrenz für die etablierten Wirtschaftskanzleien werden, verfrüht. Die Kennzahlen dieser Kanzleien weichen so signifikant von dem Rest des Marktes ab, dass wir sie jedenfalls als gesonderte Gruppe sehen.

3.1.4 Nur-Notariate

Nur-Notariate sind in bestimmten Bundesländern vorgeschrieben. Diese Notariate werden staatlich stark reguliert, und die Bestellung eines Notars ist ein staatlicher Akt. Ihre Geschäftstätigkeit ist auf das Notariat ausgerichtet, und sie haben oftmals einen Mitarbeiterstamm, der alle standardisierten Tätigkeiten übernimmt (Vorbereitung und Nachbereitung von Notariatssitzungen). Die erzielbaren Umsätze hängen unter anderem von der Anzahl an Notaren ab, die in einem Bezirk zugelassen sind. Die Reduktion der Zulassungen führt daher automatisch zu einem Umsatzanstieg. Wettbewerb gibt es

---

[18] Lünendonk-Studien: Führende Wirtschaftsprüfungs- und Steuerberatungsgesellschaften. Fortlaufend erstellt (hier: Jahr 2013), Kaufbeuren.

nur in kleinen Teilbereichen: so wurde das Notariat in der Schweiz und in Holland eine Zeit lang von Unternehmen bei bestimmten Fallkonstellationen bevorzugt, da es billiger war als das deutsche Notariat mit seinen festen Gebühren. Dies ist zumindest derzeit wieder rückläufig.

Die Umsatzsteuerstatistik der sog. Nur-Notariate ist aufgrund eines Verlangens der Bundesnotarkammer für diese Zielgruppe nicht öffentlich zugänglich. Diese Beschränkung ist unzeitgemäß und lässt Vermutungen hinsichtlich der Motive zu. Dennoch ist zumindest folgendes darstellbar, da die Umsatzsteuervoranmeldungen nicht erfasst werden von dem Verbot:

1. Die Notare haben nach einer langen Seitwärtsperiode 2000–2009 erstmals wieder höhere Umsätze erzielen können.
2. Die Anzahl der Notariate ist im gleichen Zeitraum unter Schwankungen ebenfalls angestiegen.
3. In 2013 hatten die Notariate den höchsten Gesamtumsatz der Gesamtperiode.

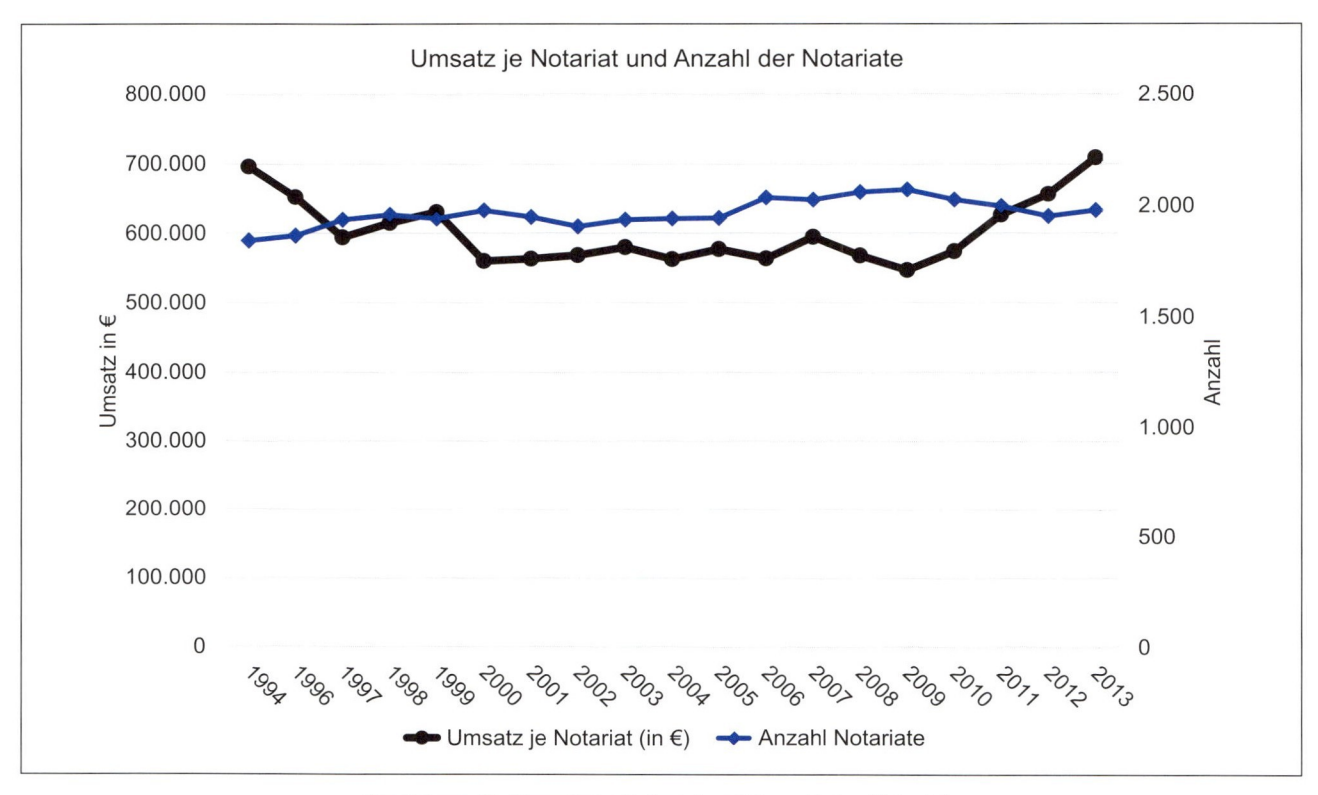

Abbildung 15: Umsatz je Notariat und Anzahl der Notariate
Quelle: Statistisches Bundesamt, Umsatzsteuerstatistik, Wirtschaftszweig 69.10.3 Notariate

3.1.5 Insolvenzverwaltungskanzleien

Insolvenzverwalter sind persönlich haftbar lt. Insolvenzordnung. Daher ist es nicht erstaunlich, wenn diese Kanzleien meist nur aus einem Eigentümer bestehen, der möglichst viele Verfahren an sich zieht. Das gelang früher nur über die Präsenz an möglichst vielen Gerichten. Heute ist dieser Markt ebenfalls stark segmentiert, und es gibt Kanzleien mit mehreren Verwaltern, sowie Verwalter für die sehr großen Mandate, und solche für die sehr kleinen Mandate. Verbraucherinsolvenzen, die die Gerichte bei ihnen ebenfalls abladen, werden durch spezialisierte Dienstleister bearbeitet, die die Insolvenzverwalter errichtet haben, um das Kerngeschäft frei von diesen Themen zu halten.

Die Einkommensunterschied in diesen Kanzleitypen sind noch extremer als unter Anwälten: sie liegen zwischen 60.000 EUR für Insolvenzverwalter mit wenigen kleinen Mandaten pro Jahr bis zu 4 Mio. EUR p.a. für jene wenigen, die entweder eine sehr große Kanzlei mit vielen angestellten sog. Schattenverwaltern beschäftigen, oder einige sehr große Fälle an Land ziehen konnten. Ausnahmen sind sicherlich Fälle wie jene im Falle von Lehmann Brothers, wo allein der deutsche Verwalter lt. Zeitungs-Angaben 833.844.347,92 EUR an Honoraren verlangen kann[19] (wobei die mitarbeitende Kanzlei viele Arbeitsstunden zur Verfügung stellt, die dieses Honorar schmälern.)

---

[19] http://www.sueddeutsche.de/wirtschaft/lehman-brothers-millionen-euro-fuer-den-insolvenzverwalter-1.1537765.

Zumindest zwei der Kanzleien sind so groß, dass sie von Juve erfasst werden: Schultze & Braun und Pluta. Dieser Kanzleityp ist aufgrund des besonders zu betrachtenden Geschäftsmodells in einem gesonderten Markt tätig. Lediglich einzelne Groß-Kanzleien, wie die Kanzlei CMS Hasche Sigle, Görg oder White & Case sind durch die Aufnahme von Insolvenzverwaltern in diesem Markt zumindest auch tätig.

Der Markt für Insolvenzverwalter wandelt sich derzeit massiv, und es wird beobachtet, dass viele Insolvenzverwalter aus dem Markt ausscheiden, da sie die hohen Fixkosten nicht mehr tragen können oder wollen, die mit diesem Geschäftsfeld einhergehen. Zugleich fusionieren einige Verwalter oder planen dies. Die wichtigsten Bedrohungen ergeben sich neben der og. Segmentierung durch die zunehmende frühzeitige Inanspruchnahme von Sanierungskonzepten, sowie durch neue Verfahren wie ESUG. Mit dem derzeit diskutierten vorinsolvenzlichen Sanierungsverfahren würden die wenigen attraktiven Mandate dann auch noch durch die Sanierungsberater in Großkanzleien oder den Wirtschaftsprüfern, die den Kontakt zum Mandanten schon im Vorfeld haben und die von dem Vorbefassungsverbot, das den Insolvenzverwalter trifft, befreit sind, bearbeitet werden. Die Repositionierung von Insolvenzverwaltern als Sanierer ist daher nicht überraschend, auch wenn es noch nicht überzeugend gelingt.

3.2 Analyse des Rechtsmarktes anhand des Segmentes Anwaltskanzleien mit/ohne Notariat

Wir analysieren im Folgenden nur die beiden größten Klassen, nämlich jene der Anwaltskanzleien mit und solche ohne Notariat, da nur dort das Geschäftsmodell der Kanzleien vergleichbar ist.

Unterschieden werden in diesem Markt vier verschiedene Segmente, die sich im Wesentlichen in der Art und dem Umfang der betreuten Mandate/Mandanten und der zugrundeliegenden unternehmerischen Struktur differenzieren.

Hinsichtlich der Zahl der Anwaltskanzleien liegen zum Zeitpunkt der Drucklegung Zahlen bis zum Jahr 2013[20] vor. Danach gibt es etwa 61.500 umsatzsteuerpflichtige Kanzleien[21], die in der Rechtsberatung tätig sind, davon 53.200 Kanzleien mit/ohne Notariat. Allerdings ist festzustellen, dass der Markt weniger neue Kanzleien aufnimmt (Kanzleineugründungen), hingegen die bestehenden Kanzleien – allerdings in unterschiedlichem Maße – je nach Segment personell wachsen. Umsätze von Steuerpflichtigen werden erst ab der umsatzsteuerlichen Grenze von 17.500 EUR statistisch erfasst, daher sind alle jene Anwälte, die geringere oder gar keine Umsätze dieser Größenordnung haben und für die Kleinunternehmerregelung gemäß § 19 a Umsatzsteuergesetz optieren, nicht mitgezählt.

Die Gründe für die geringen oder nicht vorhandenen Umsätze sind unterschiedlich; hierzu gibt es keine repräsentativen Befragungen etwa durch die Kammern. Allerdings ist davon auszugehen, dass ein Teil nur einen sehr geringen Umsatz macht, etwa weil der Anwalt oder die Anwältin nur nebenberuflich oder in Teilzeit tätig ist (s. o. Kap. 2.2.2). Ein weiterer Teil ist als Syndikusanwalt in einer Unternehmung oder einem Verband tätig (ca. 23 % der Anwaltschaft), ein Teil hält den Titel aus anderen Gründen, vor allem, um die Vorteile des Versorgungswerkes zu genießen, der auf Kapitaldeckung beruht(e), und somit höhere Rentenzusagen verspricht. Die zukünftige Zulassung als Syndikusrechtsanwalt ab dem 1.1.2016 wird voraussichtlich dazu führen, dass diese Zahlen gesondert ausgewiesen werden.

Für Analysen im Rechtsberatungsmarkt stehen neben den Daten des Statistischen Bundesamtes, die der DATEV, der BRAK, des DAV, aus Branchenpublikationen (etwa dem Juve-Verlag) und Auswertungen aus eigener Beratung zur Verfügung[22].

---

[20] Quelle: Statistisches Bundesamt, Umsatzsteuervoranmeldungen.
[21] Im Kontext der Analyse der Umsatzsteuerstatistik meinen wir mit Kanzlei idR. das Umsatzsteuerobjekt, nicht die Organisation oder den einzelnen Anwalt.
[22] Hinsichtlich der Daten (Anzahl Steuerpflichtiger und Lieferungen/Leistungen) des Statistischen Bundesamtes stehen die Umsatzsteuerstatistik auf Basis der Voranmeldungen für die Gruppe 69.1 Rechtsberatung mit einer weiteren Differenzierung in Rechtsanwaltskanzleien mit Notariat, Rechtsanwaltskanzleien ohne Notariat, Notariate, Patentanwaltskanzleien und Erbringer sonstiger juristischer Dienstleistungsangebote zur Verfügung. Hingegen fokussiert die Strukturerhebung im Dienstleistungsbereich nur auf die Gruppe 69.1 Rechtsberatung ohne weitere Ausdifferenzierung der Kanzleitypen, aber im Unterschied zur Umsatzsteuerstatistik mit einem Ausweis der Umsatzgrößenklassen. Diese Statistik gibt einen Einblick in die Kosten und Ertragsstruktur der Kanzleien, wie auch in die Mitarbeiterstruktur. Auch gibt es Auswertungen seitens der DATEV auf Basis der BWA für Rechtsanwaltskanzleien ohne Notariat. Ein Vergleich mit den Auswertungen des statistischen Bundesamtes ist insofern erschwert, als hier die verwendeten Umsatzgrößenklassen voneinander abweichen.

Die Strukturerhebung im Dienstleistungsbereich wurde durch verschiedene Annahmen erweitert. Diese betreffen insbesondere die Ausdifferenzierung der als abhängig Beschäftigten ausgewiesenen Personen (hier insbesondere die Zahl der Berufsträger) und den Ausweis von Eigentümern/Partnern[23] in den jeweiligen Umsatzgrößenklassen.

Der Ausweis der Partner/Eigentümer erfolgt in unseren Diagrammen als Differenz zwischen der Gesamtzahl der Beschäftigten und der Zahl der abhängig Beschäftigten. Auf Abweichungen in der Berechnung wird in der Folge gesondert eingegangen. Die abhängig Beschäftigten beinhalten damit alle Nicht-Partner (= Nicht-Sozien oder auch Nicht-Eigentümer), eine weitere Differenzierung zwischen Berufsträgern und Sekretariat (hier als Business Services bezeichnet) erfolgt aufgrund der folgenden Annahmen.

Umsatzgrößenklassen von … bis unter … (in EUR)	Berechnung der Anzahl Berufsträger	Berechnung der Anzahl Partner
über 17.500–50.000	Keine weiteren Berufsträger außer den Partnern	Entspricht der Zahl Kanzleien, 1 Partner je Kanzlei
50.000–100.000	Keine weiteren Berufsträger außer den Partnern	Entspricht der Zahl Kanzleien, 1 Partner je Kanzlei
100.000–250.000	10 % der abhängig Beschäftigten, keine Vollzeitmitarbeiter	Entspricht der Zahl Kanzleien, 1 Partner je Kanzlei
250.000–500.000	15 % der abhängig Beschäftigten, keine Vollzeitmitarbeiter	Differenz zwischen Gesamtzahl Beschäftigter und abhängig Beschäftigten
500.000–1 Mio.	20 % der abhängig Beschäftigten	Differenz zwischen Gesamtzahl Beschäftigter und abhängig Beschäftigten
1 Mio.–2 Mio.	25 % der abhängig Beschäftigten	Differenz zwischen Gesamtzahl Beschäftigter und abhängig Beschäftigten
2 Mio.–5 Mio.	30 % der abhängig Beschäftigten	Differenz zwischen Gesamtzahl Beschäftigter und abhängig Beschäftigten
5 Mio.–10 Mio.	35 % der abhängig Beschäftigten	Differenz zwischen Gesamtzahl Beschäftigter und abhängig Beschäftigten
10 Mio.–25 Mio.	40 % der abhängig Beschäftigten	Differenz zwischen Gesamtzahl Beschäftigter und abhängig Beschäftigten
25 Mio. und mehr	40 % der abhängig Beschäftigten	Differenz zwischen Gesamtzahl Beschäftigter und abhängig Beschäftigten

Abbildung 16: Annahmen zur Berechnung der Berufsträger und Partner je Umsatzgrößenklasse
Quelle: Eigene Annahmen

Diese Berechnung für die Gesamtanzahl Berufsträger und die Gesamtzahl Partner (= Gesellschafter/Sozien) bildet die Basis für die Berechnung der Kennzahlen UBT (Umsatz je Berufsträger) und Umsatz je (Equity) Partner (UEP).

---

[23] Im Folgenden benutzen wir „Partner" resp. „Sozien" jeweils im Sinne von Eigentümer/Mitgesellschafter von Anwaltsgesellschaften, egal in welches Rechtsform sie sich organisiert haben oder ob sie Einzelunternehmer sind.

3.2.1 Segmentierung des Gesamtmarktes aufgrund der Umsatzsteuerstatistik

Wir ordnen die einzelnen Umsatzklassen lt. Umsatzsteuerstatistik vier Segmenten zu:

Umsatzgrößenklassen von ... bis unter ... (in EUR)	Kanzlei-Segment
über 17.500–50.000	Privatmandanten-Kanzlei-Segment
50.000–100.000	Privatmandanten-Kanzlei-Segment
100.000–250.000	Privatmandanten-Kanzlei-Segment
250.000–500.000	KMU-Kanzlei-Segment
500.000–1 Mio.	KMU-Kanzlei-Segment
1 Mio.–2 Mio.	Mittelstand-Kanzlei-Segment
2 Mio.–5 Mio.	Mittelstand-Kanzlei-Segment
5 Mio.–10 Mio.	Mittelstand-Kanzlei-Segment
10 Mio.–25 Mio.	Konzern-Kanzlei-Segment
25 Mio.–50 Mio.	Konzern-Kanzlei-Segment
50 Mio.–100 Mio.	Konzern-Kanzlei-Segment
100 Mio.–250 Mio.	Konzern-Kanzlei-Segment
250 Mio. und mehr	Konzern-Kanzlei-Segment

Abbildung 17: Umsatzgrößenklassen und Zuordnung zu Kanzleisegmenten
Quelle: Statistisches Bundesamt, Umsatzsteuerstatistik Voranmeldung, Wirtschaftszweig 69.1 Rechtsberatung, Zuordnung durch die Autoren

Diese Zuordnung wird wie folgt begründet:

1. Anwälte mit weniger als 17.500 EUR Umsatz sollten nicht als Einzelanwaltskanzleien, sondern lediglich als **Nebenerwerbsanwälte** bezeichnet werden.
   a) Zu diesen zählen mit ca. 23 % des Gesamtanteils an allen Anwälten vermutlich der Großteil der Justiziare[24].
   b) Da der Kanzleimarkt schon seit etlichen Jahren weniger Anwälte aufnehmen kann, als zugelassen werden, ist die Annahme gerechtfertigt, dass nicht wenige die Zulassung als Anwalt nur suchen, um der staatlichen Rentenversicherung zu entgehen. Die Auswirkungen der Entscheidung des Bundessozialgerichtes (BSG)[25], Unternehmensjuristen die Befreiung von der Rentenversicherungspflicht zu versagen, und dann wiederum des Gesetzgebers, hier eine Regelung zu erlassen, die ihnen die Zulassung erhält, werden zu beobachten sein.
2. Umsätze zwischen 17.500–250.000 EUR werden vor allem von einzelnen Anwälten als Einzelunternehmer im **Segment der Privatmandanten** erbracht, also als Anwälte von Privatleuten in den typischen Geschäftsfeldern Verkehrsrecht, Familien- und Erbrecht, Baurecht und öffentliches Recht.
   a) Dies umfasst am unteren Ende **selbstständig tätige Anwälte** in kleinen und mittleren Kanzleien, die keinen oder nur geringe Beiträge zu den Kosten erbringen müssen, in Bürogemeinschaften tätig sind, oder als selbstständig tätige Anwälte in Kanzleien diesen gegenüber oder direkt den Mandanten gegenüber abrechnen.
   b) Bis zu 100.000 EUR dürften „Unternehmer" im umsatzsteuerlichen Sinne in Kanzleien als selbstständig tätige und manchmal in sozialsteuerrechtlich fragwürdiger Weise tätige Anwälte erzielen; ein weiterer Teil wird als Anwälte in **Bürogemeinschaften** tätig sein.
   c) Da die Kosten einer eingerichteten Kanzlei eines **Vollzeiteinzelanwaltes** lt. STAR[26] zwischen 50.000–70.000 EUR betragen und eine Gewinnerzielungsabsicht unterstellt werden kann, ist davon auszugehen, dass Einzelanwälte in Vollzeit und mit eigener Kanzlei zwar mehr als 100.000 EUR, aber in der Regel weniger als 250.000 EUR erzielen.
3. **Das KMU[27] Segment:** Anwälte, die in lokalen Sozietäten tätig sind und die Umsatzsteueranmeldung gemeinsam machen, werden in der Regel Umsätze oberhalb von 250.000 EUR bis zu 1 Mio. EUR erzielen.

---
[24] Auswertung der Pressenachricht der BRAK Juve Heft 5/15, S. 53, Randnotiz.
[25] BSG Entsch. v. 3.4.2014 – Az. B 5 RE 13/14 R ua, NJW 2014, 2743.
[26] Institut für freie Berufe, unter http://www.ifb.uni-erlangen.de/home.html abrufbar.
[27] KMU = Kleine und mittlere Unternehmen, damit meinen wir in unserer Logik der Bezeichnung der Segmente nach Zielgruppen, dass diese primär von diesen Kanzleien bedient werden.

Diese Schlussfolgerung ergibt sich aus der Betrachtung der Kanzlei-Kosten pro Anwalt in einer lokalen Sozietät, die das Institut für freie Berufe (IFB) in seinen STAR-Studien seit 1992 regelmäßig erhoben hat und die zeitstabil ca. 80.000 EUR pro Anwalt betragen. Die Gewinne betragen lt. STAR ebenfalls 80.000 EUR pro Sozius, so dass ein Umsatz von zwei Sozien oberhalb von 250.000 EUR die Regel sein dürfte.

Die Mandanten dieser Kanzleien sind typischerweise ebenfalls Privatleute sowie kleine Handwerker und Selbstständige, also jene KMU (Kleine und Mittlere Unternehmen), die lokal tätig sind. Zwar sind lokale Sozietäten auch überregional, je nach Kompetenzausweis, tätig, aber Analysen dieser Art von Kanzleien zeigen regelmäßig, dass es nur schwer gelingt, größere Unternehmen des Mittelstands zu bedienen, wenn nicht ein auf Unternehmen spezialisiertes Dienstleistungsangebot vorhanden ist. Dazu wiederum sind typischerweise weit mehr als fünf Anwälte mit Spezialisierungen, wie Gesellschafts-, Handels- und Arbeitsrecht, in ausreichender Breite und Tiefe notwendig. Daher ist davon auszugehen, dass Kanzleien für den Mittelstand typischerweise Umsätze bis zu 1 Mio. EUR erzielen und mit bis zu fünf Anwälten mit Umsätzen pro Berufsträger bis zu 200.000 EUR tätig sind.

4. Die Autoren gehen davon aus, dass das sog. **Mittelstandssegment,** also Kanzleien, die den deutschen Mittelstand[28] bedienen, die Umsatzklassen von 1 Mio.–10 Mio. EUR umfasst. Hier sind in der Regel mindestens fünf, maximal 40 Anwälte tätig. Da der Umsatz pro Anwalt in dieser Größenklasse aufgrund vieler Beratungen, die durchgeführt wurden, zwischen 180.000–300.000 EUR liegt, und ca. zwei bis 15 Sozien tätig sind, handelt es sich hier hinsichtlich der Breite und Tiefe des Angebots um Kanzleien, die die Rechtsberatungsbedarfe des Mittelstandes abdecken.

5. Oberhalb von 10 Mio. EUR Umsatz sind Kanzleien tätig, die sowohl für Konzerne, als auch die großen deutschen Mittelstandsunternehmen tätig sind. In Übereinstimmung mit der Zielgruppenlogik handelt es sich daher demnach um das **Konzernsegment**.

Diese beiden letzten Segmente entsprechen teilweise denen, die durch den Juve-Verlag beobachtet werden. Juve erfasst ca. 700 Kanzleien, lt. Umsatzsteuerstatistik 2013 sind jedoch ca. 2.900 in diesem Segment erfasst.

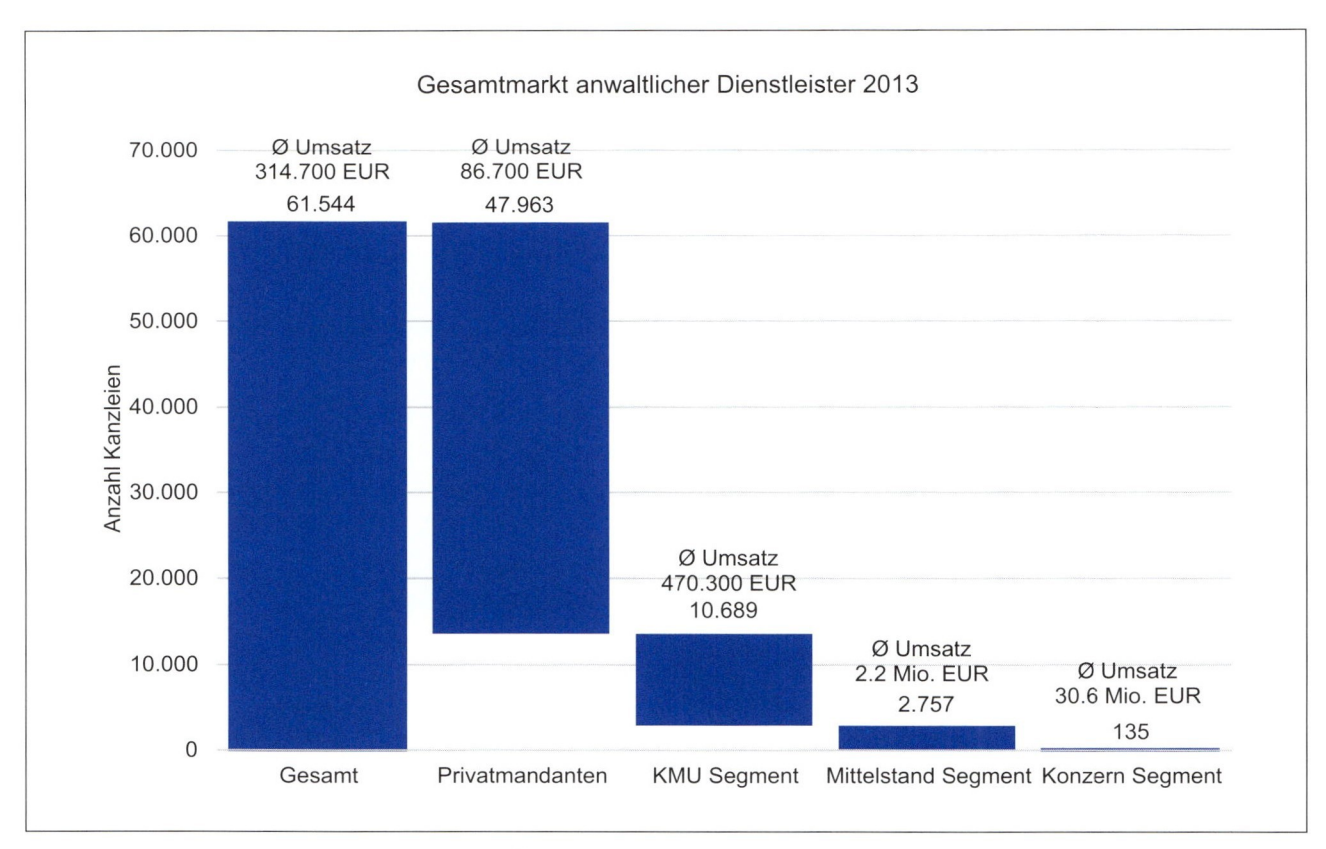

Abbildung 18: Gesamtmarkt anwaltlicher Dienstleister 2013
Quelle: Statistisches Bundesamt, Umsatzsteuerstatistik Voranmeldung, Wirtschaftszweig 69.1 Rechtsberatung

---

[28] Eine eindeutige Definition gibt es nicht; als Mandanten sind typischerweise größere Betriebe von 20 bis 1.000 Mitarbeiter hier gemeint; größere Unternehmen sind meist nur noch in Teilbereichen von diesen Kanzleien vertreten, etwa im Arbeitsrecht, Handelsrecht, gewerblichen Rechtsschutz; der große international tätige Mittelstand beauftragt auch große Kanzleien in ihren Transaktionen, hat aber oftmals noch kleinere Kanzleien aus dem Mittelstandssegment als Rechtsberater, sowohl aus Tradition als auch aus Kostengesichtspunkten.

Grundsätzlich stehen Anwälten am Beginn ihrer juristischen Laufbahn – die Laufbahn im öffentlichen Dienst betrachten wir hier nicht weiter – zwei Optionen offen:

die des Unternehmers in eigener Kanzlei/als Mitgesellschafter in einer Sozietät
und
die des angestellten Anwaltes in einer Sozietät, einem Verband oder Unternehmen.

Die Struktur des Anwaltsmarktes in der zugrundeliegenden Untersuchung[29] – differenziert nach Gesellschaftern und Einzelanwälten – zeigt, dass ca. 43 % der jungen Anwälte als Gesellschafter tätig sind, ein weiteres Drittel als Einzelanwälte in „eigener Kanzlei" und der Rest mehrheitlich in einer Bürogemeinschaft aktiv ist.

Es zeigt sich seit den 80er Jahren der Trend, dass die Zahl der Kanzleimitinhaber abnimmt und mit 44 % im Zulassungsjahrgang 2004–2010 mit der Zahl der in einer Kanzlei angestellten Anwälte gleichgezogen hat. Der prozentuale Anteil der Syndikusanwälte, wie auch die der freien Mitarbeiter, hat sich hingegen etwa halbiert.

Die Entwicklung des Gesamtmarktes zeigt, dass die Schreckensrufe der Überfüllung des Marktes sich nur auf das unterste Marktsegment beziehen: Alle anderen Segmente sind umsatzmäßig gewachsen. So sind die durchschnittlichen Umsätze der Berufsträger alleine der Top 50 Kanzleien von 436.000 EUR in 2004 auf über 494.000 EUR in 2013 gewachsen. Die Umsätze der Kanzleien im untersten Segment (Privatmandantensegment) sind seit 2000 leicht gesunken, dagegen in den oberen jeweils leicht gestiegen.

Der Gesamtmarkt hat an Volumen von ca. 8,2 Mrd. EUR im Jahre 1994 um fast 50 % auf nunmehr 15,8 Mrd. EUR im Jahre 2013[30] zugenommen; das zusätzliche Angebot an Anwälten ist am oberen Marktende weitgehend durch die Nachfrage absorbiert worden (anders am unteren Marktende, dort gibt es aber kaum Informationen). Dabei zeigt sich, dass die Anzahl der Kanzleien seit ein paar Jahren stagniert, es also zum Größenwachstum der Kanzleien kommt (soweit die hinzukommenden Anwälte überhaupt als solche im Markt tätig werden). Dies wird auch durch das Wachstum der Anzahl von Kanzleien im Mittelstands- und KMU-Segment belegt.

3.2.2 Finanzierung anwaltlicher Dienstleistungen

Die Inanspruchnahme anwaltlicher Dienstleistungen kann durch den Bürger unterschiedlich finanziert werden. Hier stehen grundsätzlich die Selbstzahlung, die Nutzung einer Rechtsschutzversicherung, eines Prozessfinanzierers und eine staatliche Unterstützung zur Verfügung. Letztere kann in Form von Prozesskostenhilfe, Verfahrenskostenhilfe oder auch Beratungshilfe geleistet werden.

Einer Studie aus 2007 des Soldan Institutes[31] zufolge nehmen 47 % der Mandanten aus dem sog. Privatmandantensegment keine Finanzierung in Anspruch, 35 % die Rechtsschutzversicherung und 8 % staatliche Hilfe.

Die Segmentierung ist damit auch aus Sicht der Honorarquellen nachvollziehbar. Der Honorarkuchen des Rechtsanwaltsmarktes lässt sich den Marktsegmenten zuordnen (→ Abb. 19).

Demnach sind ca. 23 % dem obersten Marktsegment (Konzernsegment) zuordbar, stammen also von Konzernen und ausländischen Mandanten, wie sie typischerweise in den größten Sozietäten im Mandantenportfolio zu finden sind.

Am untersten Ende kämpfen Einzelanwälte und kleine lokale Sozietäten um das Honoraraufkommen aus Beratungshilfen und Prozesskostenhilfe mit zusammen ca. 533 Mio. EUR (= 3,5 %).

Die Rechtsschutzversicherer, die ca. 16 % des Honorarvolumens auf die Kanzleien verteilen, sind ein erheblicher Partner der Anwaltschaft. Die Versicherungsbedingungen schränken die Rechtsfragen meist auf die klassischen Felder des Verkehrsrechts, Familienrechts, Arbeitsrechts, Nachbarschaftsrechtes etc. ein; Baurecht ist nur manchmal eingeschlossen. Sie haben aufgrund der gemachten Erfahrungen mit Kanzleien und dem Kosteneinsparungsdruck, dem sie bei stagnierenden Neugeschäft mit Rechtsschutzversicherungen unterliegen, ein Netzwerk an Kanzleien errichtet, an die sie bevorzugt ihre Versicherungsnehmer weiterempfehlen. Diese Weiterempfehlung ist durch Rahmenabkommen abgesichert, bei denen ca. 10 % des Umsatzvolumens eingespart werden. Da primär alteingesessene, lokale Kanzleien, mit denen die Versicherer seit Jahren gute Erfahrungen hinsichtlich Qualität (und Abrechnungsmodalitäten) gemacht haben, empfohlen werden, ist dieses Honorarvolumen diesem Kanzleityp zuzuordnen. Dieser erhebliche Honoraranteil sollte besonders beobachtet werden, weil sich aufgrund der starken Abhängigkeit von den Versicherern und Verände-

---

[29] Kilian AnwBl. 12/2015, S. 939–942.
[30] Statistisches Bundesamt, Umsatzsteuerstatistik Voranmeldungen 1994–2013.
[31] Kilian/Dreske (Hrsg.), Statistisches Jahrbuch der Anwaltschaft 2013/2014, S. 163.

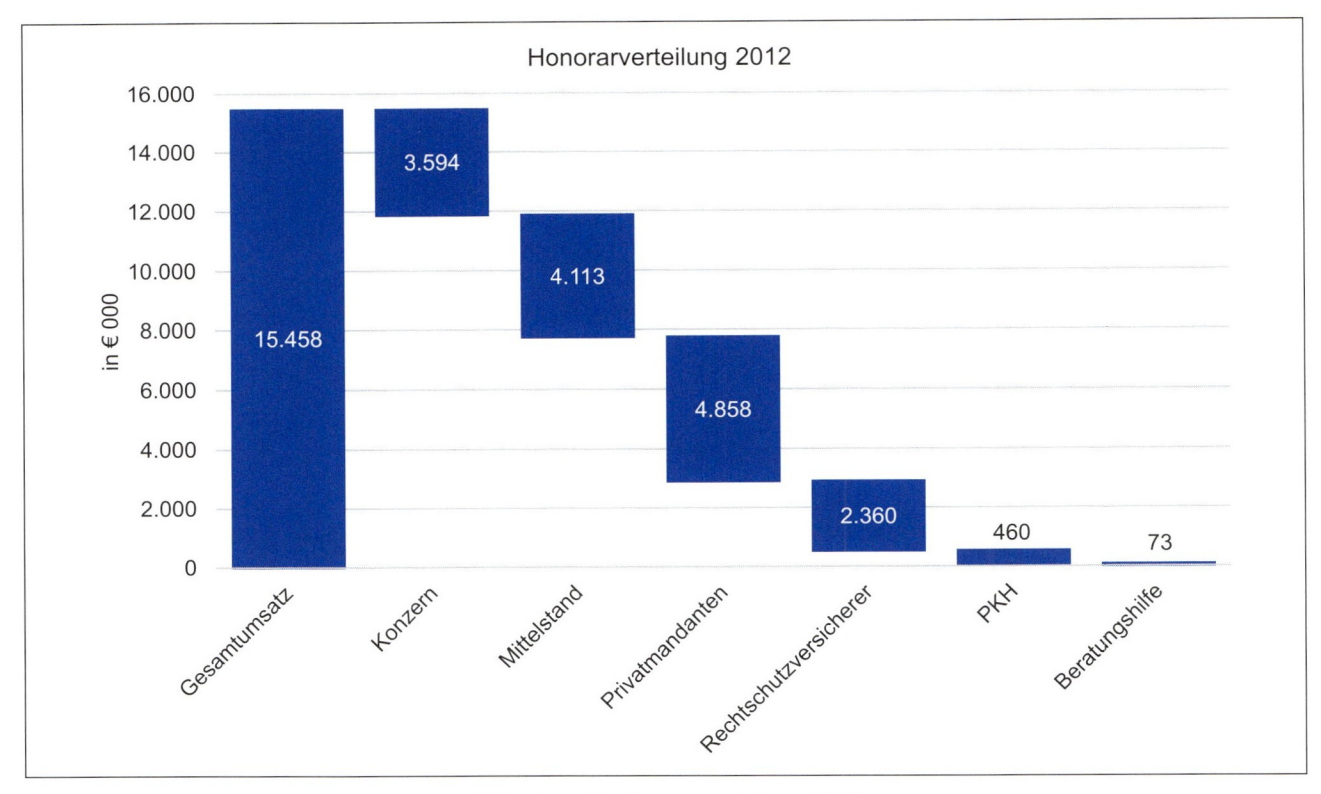

3 Die vier Marktsegmente im deutschen Kanzleimarkt

Abbildung 19: Honorarverteilung 2012
Quelle: Statistisches Bundesamt, Umsatzsteuerstatistik Voranmeldungen, Wirtschaftszweig Rechtsberatung 69.1 Rechtsberatung ohne Notariate, Patentanwaltskanzleien und sonstige juristische Dienstleistungen; Statistisches Jahrbuch der Anwaltschaft 2013/2014, S. 181 Tabelle 7.3.3, S. 181 Tabelle 7.4.5, S. 184 Tabelle 7.5.3

rungen in der digitalen Erbringung von anwaltlichen Dienstleistungen voraussichtlich weitere Veränderungen für die damit verbundene Anwaltschaft ergeben (siehe weiter unter: lokale Sozietäten Kap. 5).

Auch das mit 27 % hohe Niveau des Honorarvolumens der Kanzleien, die einen Umsatz zwischen 1–10 Mio. EUR machen, ist tendenziell den Wirtschaftskanzleien zuordenbar, die lt. Umsatzsteuerstatistik in diesem Segment tätig sind. Nur sie schaffen es, nachhaltig entsprechend große Kanzleien aufzubauen und zu erhalten. Demgegenüber sind Anwälte, die für Privatmandanten tätig sind, tendenziell eher in kleineren Einheiten tätig.

Damit bleibt knapp ⅓ des Honorarkuchens dem breiten Segment der Privatmandanten zuordenbar, was angesichts des zersplitterten Anbietermarktes auch nicht verwunderlich erscheint.

3.3 Zuordnung der Kanzleitypen nach Zielgruppen, wirtschaftlichen Rahmenbedingungen etc.

3.3.1 Konzept der strategischen Gruppen

Der Begriff strategische Gruppe bezeichnet in der Betriebswirtschaftslehre eine Gruppe von Unternehmen innerhalb einer Branche, die eine ähnliche Wettbewerbsstrategie verfolgen bzw. eine ähnliche Organisationsstruktur aufweisen[32]. Aufgrund dieser Gemeinsamkeiten sind Unternehmen einer strategischen Gruppe auf ähnliche Weise von externen Einflussfaktoren (Änderungen der Marktbedingungen, staatliche Eingriffe etc.) betroffen und haben ähnliche Renditemöglichkeiten.

Eine strategische Gruppe in einem Markt besitzt ein homogenes strategisches Verhalten, was sich in Anlehnung an Michael Porter in der Ausprägung bestimmter strategischer Dimensionen prüfen lässt.

Die in Deutschland tätigen Kanzleien lassen sich grob in vier strategische Gruppen einteilen, die sich aufgrund ihrer internen Organisation und Marktpositionierung voneinander abgrenzen. Dies wird auch durch die Betrachtung relevanter

---

[32] Darstellung in Anlehnung an Michael E. Porter, Competitive Strategy, Techniques for Analyzing Industries and Competitors, Free Press, New York 1980, und nachfolgende Werke.

finanzieller Kennziffern deutlich. Diese nennen wir „Marktsegmente". Innerhalb der Marktsegmente kann es weitere Ausprägungen geben, die wir im Einzelnen beschreiben.

Die einzelnen Gruppen sind durch starke Markteintrittsbarrieren abgesichert, die die Mobilität zwischen den Gruppen erschweren.

Der Wettbewerb innerhalb der Gruppen wird zunehmend aggressiver, da der Gesamtmarkt für rechtsberatende Dienstleistungen kaum noch wächst. Auch der Wettbewerb um Mandate zwischen den Gruppen wird intensiver geführt, da dieser Wettbewerb durch die Besetzung von Panels durch die Mandanten forciert wird.

Die Kanzleien stehen ebenfalls im Wettbewerb um die Mitarbeiter.

In den einzelnen strategischen Gruppen, die im Folgenden näher beschrieben werden, wird diese Unterscheidung noch deutlicher.

Eine vereinfachte Zuordnung von Zielgruppen, Marktsegment und entsprechenden wirtschaftlichen Rahmenbedingungen ergibt die folgende Übersicht.

Typischer Mandant	Marktsegment	PPP (Profit per Partner) und Stundensätze
Internationale Konzerne, Internationale Finanzinstitute, Private Equity, Global tätige nationale Unternehmen	**Konzernsegment:** mehrheitlich US und UK basierte Kanzleien, wenige deutsche Kanzleien, zuletzt auch asiatische Kanzleien	PPP: 500 Tsd.–2 Mio. EUR Stundensätze: 300 EUR und mehr
National/Internationaler Mittelstand, Nationale Konzerntöchter	**Mittelstandssegment:** deutsche Kanzleien mit regionalem Fokus und internationalem Netzwerk	PPP: 200 Tsd.–500 Tsd. EUR Stundensätze: 180–350 EUR
Regionaler Mittelstand, Inhaber geführte Unternehmen	**KMU-Segment:** regional/lokal tätige Kanzleien	PPP: 75 Tsd.–250 Tsd. EUR Stundensätze: 125–250 EUR
Selbstständige, Kleinunternehmen, Privatpersonen, Sozialfälle	**Privatmandanten-Segment:** Einzelanwälte, kleine generalistische Kanzleien	PPP: 25 Tsd.–125 Tsd. EUR Stundensätze: 10–150 EUR

Abbildung 20: Mandanten, Marktsegmente und wirtschaftliche Rahmenbedingungen
Quelle: Eigene Recherche

Im Einzelnen stellen sich die Marktsegmente folgenderweise datenmäßig[33] wie folgt dar:

Marktsegment	Anzahl Steuerpflichtige 2006	Lieferungen & Leistungen (in EUR Mio.) 2006	Anzahl Steuerpflichtige 2009	Lieferungen & Leistungen (in EUR Mio.) 2009	Anzahl Steuerpflichtige 2012	Lieferungen & Leistungen (in EUR Mio.) 2012	Umsatz je Steuerpflichtiger 2006 (in Tsd. EUR)	Umsatz je Steuerpflichtiger 2009 (in Tsd. EUR)	Umsatz je Steuerpflichtiger 2012 (in Tsd. EUR)
Privatmandanten	38.391	3.324	41.022	3.533	42.565	3.688	87	86	87
KMU	8.594	3.958	8.663	3.993	8.790	4.063	461	461	462
Mittelstand	1.693	3.601	1.773	3.828	1.914	4.113	2.127	2.159	2.149
Konzern	70	2.486	86	3.067	105	3.594	35.516	35.662	34.227
Gesamt (ohne Konzern)	48.678	10.884	51.458	11.354	53.269	11.864	224	221	223
Gesamtmarkt	48.748	13.370	51.544	14.420	53.374	15.458	274	280	290

Abbildung 21: Marktsegmente im Detail zwischen 2006 und 2012
Quelle: Statistisches Bundesamt, Umsatzsteuerstatistik Voranmeldungen, Wirtschaftszweig Rechtsberatung 69.1 ohne Notariate, Patentanwaltskanzleien und sonstige juristische Dienstleistungen

---

[33] Die hier gezeigten Lieferungen und Leistungen sind aus der Statistik für USt-Voranmeldungen und sind netto Beträge in der Höhe von 17,5 Mrd. EUR in 2009 (davon 14,4 Mrd. EUR in der gezeigten Teilmenge), die Anzahl der hier gemeldeten Steuerpflichtigen

3.3.2 Die Entwicklung der vier Marktsegmente in der historischen Entwicklung

Die Marktsegmente haben sich unterschiedlich entwickelt: während die beiden unteren Marktsegmente (jene der auf Privatmandanten und auf KMU fokussierten Kanzleitypen) seit dem Jahre 2000 praktisch stagnieren, wachsen die beiden oberen Marktsegmente (jene der Mittelstandskanzleien und der auf Konzerne spezialisierten Kanzleien) hinsichtlich des auf ihn entfallenden Umsatzes nach wie vor deutlich. Das Konzernsegment hat seit 1994 um 386 % zugelegt, das Mittelstandssegment um 27 % und das KMU Segment um 38 % (im Privatmandantensegment gab es aufgrund unterschiedlicher Schwellenwerte zur Umsatzsteuerpflichtigkeit eine Verschiebung, die als statistische Verzerrung nicht einbezogen wird).

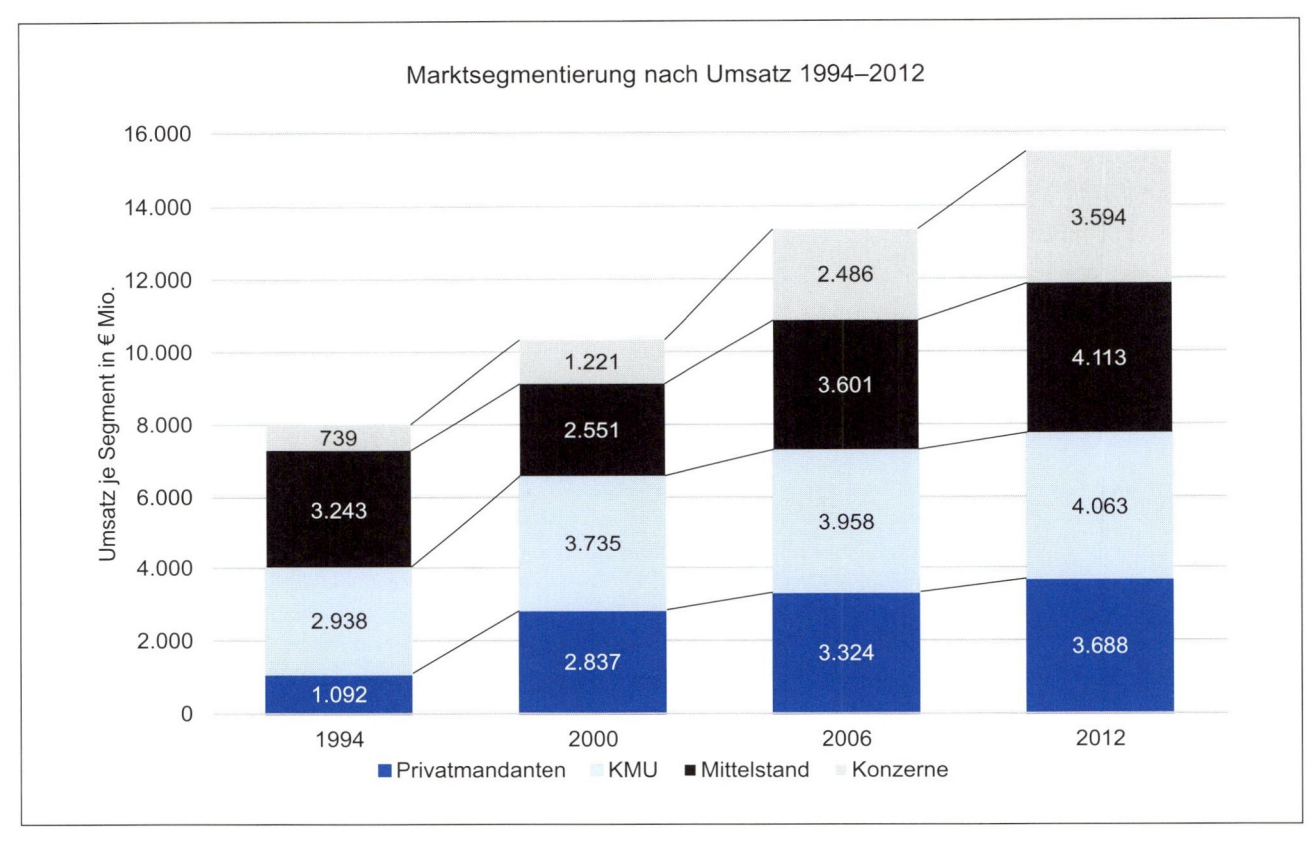

Abbildung 22: Marktsegmentierung nach Umsatz 1994–2012[34]
Quelle: Statistisches Bundesamt, Umsatzsteuerstatistik Voranmeldungen, Wirtschaftszweig Rechtsberatung 69.1 ohne Notariate, Patentanwaltskanzleien und sonstige juristische Dienstleistungen

Die Zeitreihe zeigt, dass der Umsatzanteil der Großkanzleien seit 1994 am stärksten gestiegen ist (um 386 %).

Ebenfalls deutlich gewachsen ist der Umsatzanteil im Segment der Mittelstandskanzleien. Dies gilt allerdings nicht für die Umsatzzuwächse der einzelnen Kanzleien, was auf einen großen Wettbewerbsdruck hinweist.

Demgegenüber sind die Segmente der KMU-Kanzleien/Privatmandanten weniger stark gewachsen. In diesen hat sich das Wachstum seit 2006 am deutlichsten abgeschwächt.

(2009 = 60.004, davon 51.544 in der Teilmenge) liegt auch deutlich über der Zahl der Meldungen aus der Strukturerhebung im Dienstleistungsbereich (2009 = 48.326), obwohl dort das gesamte Segment abgebildet wird und in der USt-Statistik nur die Teilmenge. Die USt-Statistik spricht hier von Steuerpflichtigen, während die Strukturerhebung im Dienstleistungsbereich von Unternehmen/Einrichtungen spricht.

[34] Die Auswertungen des statistischen Bundesamtes, zum einen der Umsatzsteuerstatistik Voranmeldungen, zum anderen der Strukturerhebung im Dienstleistungsbereich, lassen sich nicht eindeutig zusammenführen.

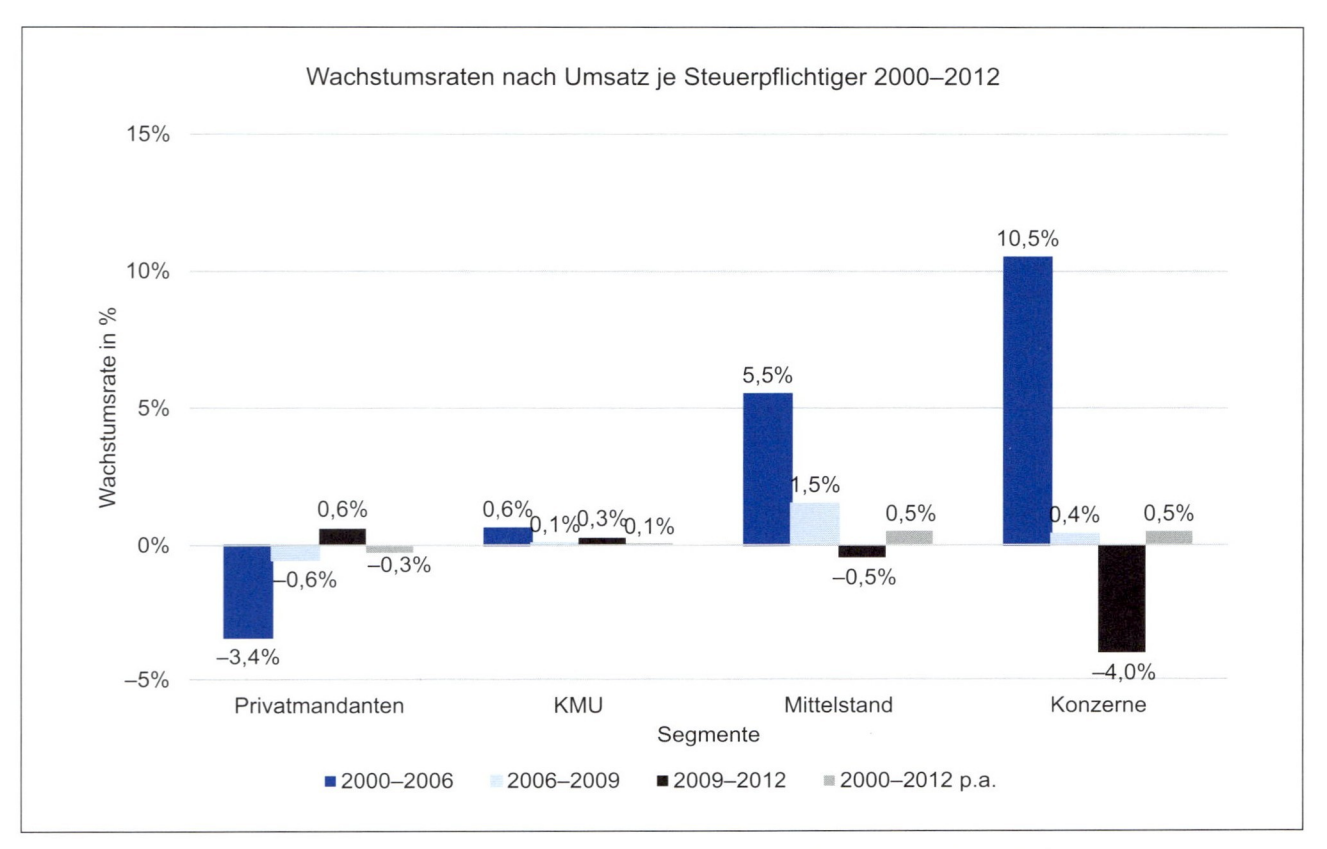

Abbildung 23: Wachstumsraten nach Umsatz in den Segmenten 2000–2012
Quelle: Statistisches Bundesamt, Umsatzsteuerstatistik Voranmeldungen, Wirtschaftszweig Rechtsberatung 69.1 ohne Notariate, Patentanwaltskanzleien und sonstige juristische Dienstleistungen

Das Umsatzwachstum[35] je steuerpflichtiger Kanzlei hat sich stark gewandelt. Während in den Jahren 2000–2006 insbesondere das Mittelstands- und Konzernsegment deutlich zulegen konnte, fand Wachstum während der Finanzkrise 2006–2009 nur im KMU- und Mittelstandssegment statt. Im Konzernsegment hingegen sieht man eine Rückentwicklung. Eine Verbesserung im Zeitraum 2009–2012 ist nur im Segment der Privatmandanten erkennbar, im Konzernsegment geht die Entwicklung wenig erfreulich weiter.

	2008	2009	2010	2011	2012	2013	Wachstumsrate pro Jahr
Privatmandanten Segment	95	92	91	93	90	91	–0,8%
KMU Segment	481	483	489	478	476	478	–0,2%
Mittelstand Segment	2.246	2.276	2.299	2.227	2.207	2.243	0,0%
Konzern Kanzlei Segment	36.451	34.915	32.621	36.762	36.277	34.719	–1,0%
Gesamt	390	370	375	375	374	379	–0,6%

Abbildung 24: Umsatz pro Kanzlei/pro Jahr (in EUR 000) und Wachstumsrate p.a. in %
Quelle: Statistisches Bundesamt, Umsatzsteuerstatistik Voranmeldungen, Wirtschaftszweig Rechtsberatung 69.1 ohne Notariate, Patentanwaltskanzleien und sonstige juristische Dienstleistungen

Die durchschnittlichen Umsätze in den Segmenten Privatmandanten und KMU weisen auf der Basis der Umsätze je Steuerpflichtiger kaum eine Fortentwicklung auf. Seit 2009 stagniert auch das absolute Umsatzvolumen in diesen Segmenten. Soweit noch weitere Kanzleien (Steuerpflichtige) in diesen Segmenten hinzukommen, verstärkt sich der Wettbewerb in

---

[35] Hier wird nur ein Gesamtumsatz (es wird keine Teilmenge nach Kanzleityp seitens des Stat. Bundesamtes angeboten) ausgewiesen, keine Angabe, ob mit oder ohne USt, in der Summe sind dies 17,9 Mrd. EUR in 2009 (hier wird nur von Gesamtumsätzen + sonst. Betriebl. Erlösen gesprochen.

3 Die vier Marktsegmente im deutschen Kanzleimarkt

diesen Segmenten im Sinne eines Verteilungskampfes; denn offensichtlich ist die Zahlungsbereitschaft der Mandanten hier beschränkt (→ Kapitel 4 und 5).

Im Bereich Mittelstand und Konzern ist zwar eine deutliche Ausweitung des Umsatzvolumens zu beobachten, dies bedeutet aber auch, dass mehr Wettbewerb entsteht, was an der Stagnation der Umsätze je Kanzlei deutlich wird. Die Unternehmen nutzen den Wettbewerb, um Preiszugeständnisse zu erreichen, da die Kanzleien auch darauf angewiesen sind, quantitativ und qualitativ zu wachsen, um ihren Mitarbeitern nachhaltig und glaubwürdig Entwicklungsperspektiven bis zur Partnerschaft aufzeigen zu können.

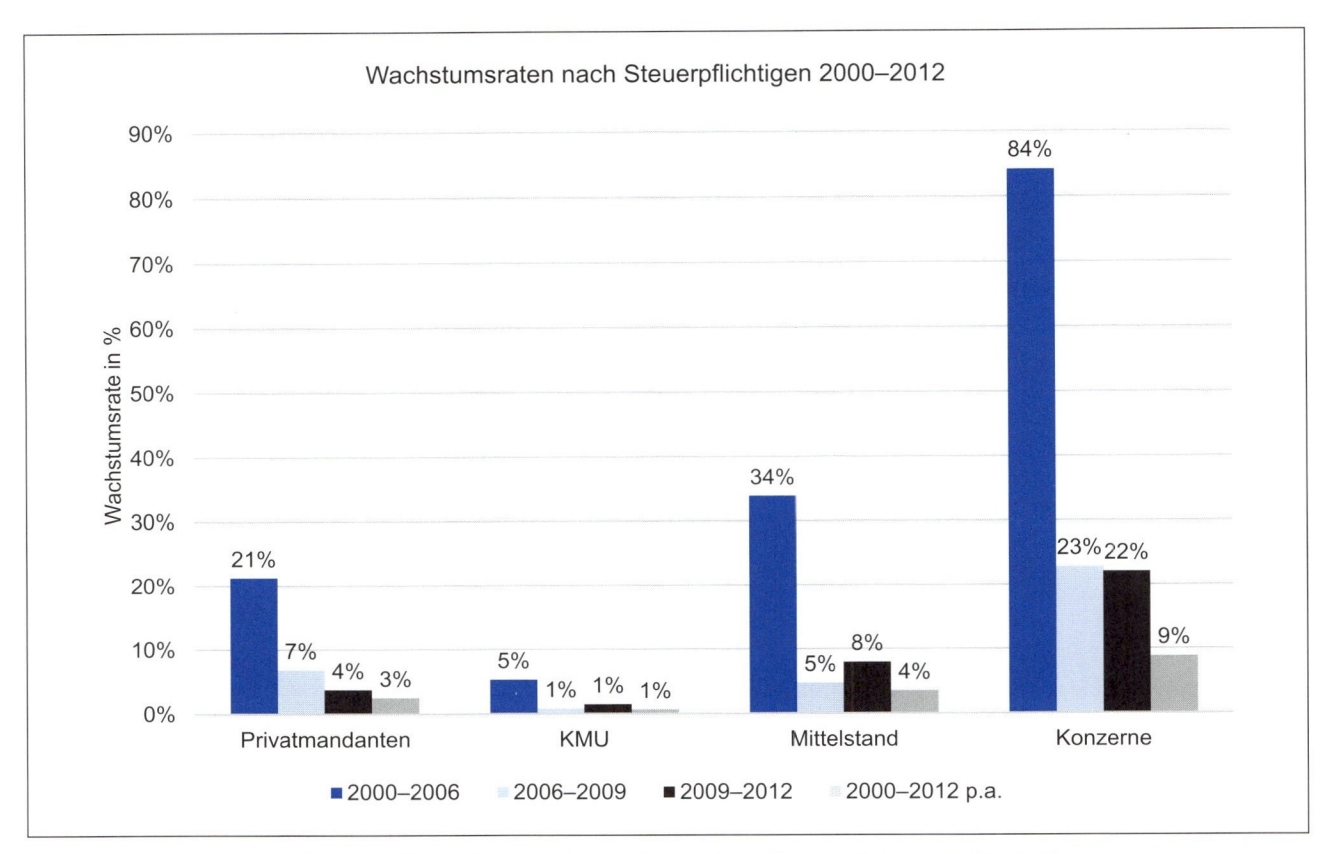

Abbildung 25: Wachstumsraten nach Anzahl an Steuerpflichtigen 2000–2012
Quelle: Statistisches Bundesamt, Umsatzsteuerstatistik Voranmeldungen, Wirtschaftszweig Rechtsberatung 69.1 ohne Notariate, Patentanwaltskanzleien und sonstige juristische Dienstleistungen

Eine Zunahme hinsichtlich der Anzahl Steuerpflichtiger findet am ehesten im Bereich Mittelstand und Konzernen statt, dies auch bedingt durch Größenverlagerungen von KMU zu Mittelstand bzw. Mittelstand zu Konzernen.

Das Segment KMU zeigt seit 2006 kaum noch Veränderungen, die Zahl an Kanzleien bleibt konstant.

3.3.3 Ökonomische Kennzahlen und Trends der Marktsegmente im Vergleich

Die ökonomischen Kennzahlen UBT (Umsatz je Berufsträger), UEP (Umsatz je (Equity) Partner) und Gewinn je (Equity) Partner für die einzelnen Segmente liegen recht weit auseinander, was die Segmentierung des Gesamtmarktes gut belegt.

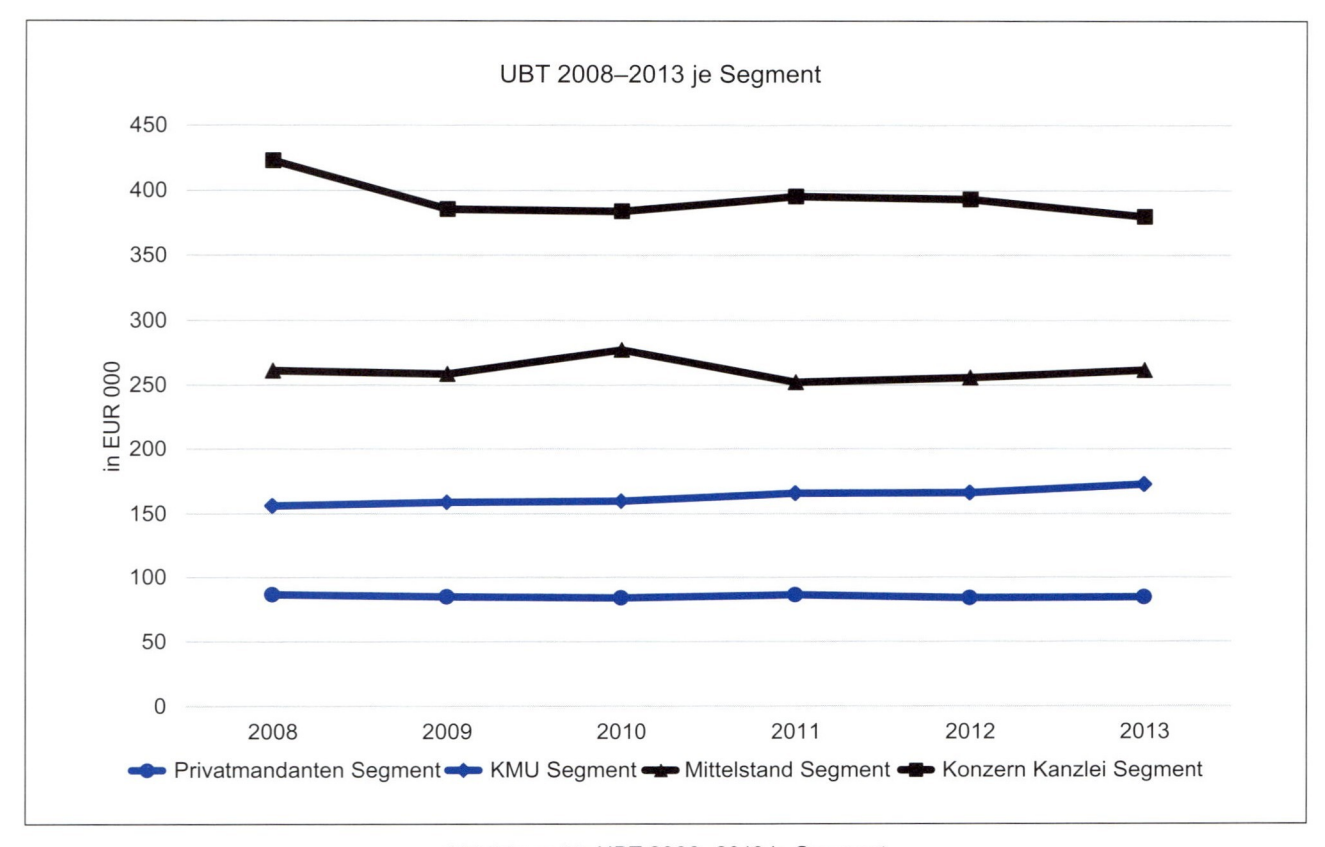

Abbildung 26: UBT 2008–2013 je Segment
Quelle: Statistisches Bundesamt, Strukturerhebung im Dienstleistungsbereich 2008–2013, Wirtschaftszweig Rechtsberatung 69.1, eigene Berechnungen

Der UBT zeigt über den Beobachtungszeitraum im Privatmandanten-Segment eine leichte Reduktion von 87.000 EUR in 2008 auf 84.000 EUR in 2013 (→ Abb. 27). Im KMU Segment sehen wir einen aufsteigenden Trend seit 2008, insgesamt ist der UBT um 11 % auf 173.000 EUR angestiegen, dies nach einer Phase der Stabilisierung 2011 und 2012. Das Mittelstandsegment hat nach vielen Schwankungen in 2013 das Niveau von 2008 mit 261.000 EUR erreicht, in 2010 sehen wir einen statistischen Ausreißer nach oben. Im Konzernsegment haben wir den stärksten Einbruch aller Segmente beobachtet. Hier ist der UBT seit 2008 um 10 % gefallen.

Die Gewinnsituation in Kanzleien der verschiedenen Segmente (→ Abb. 28) ist deutlich unterschiedlich: Die Partner (resp. Inhaber, Gesellschafter oder Sozien) der Kanzleien verdienen zwischen 54.000 EUR und ca. 750.000 EUR, was einer mehr als 13-fachen Relation zwischen Einzelanwalt und Anwalt im Konzernsegment entspricht. Die Attraktivität der Wirtschaftskanzleien für junge Anwälte ist daher nicht überraschend und die Konzentration von Anwälten mit befriedigenden/guten oder sehr guten Abschlüssen (im Sinne des Benotungssystems der Prüfungsämter) in den höheren Marktsegmenten wird ebenfalls nicht überraschen.

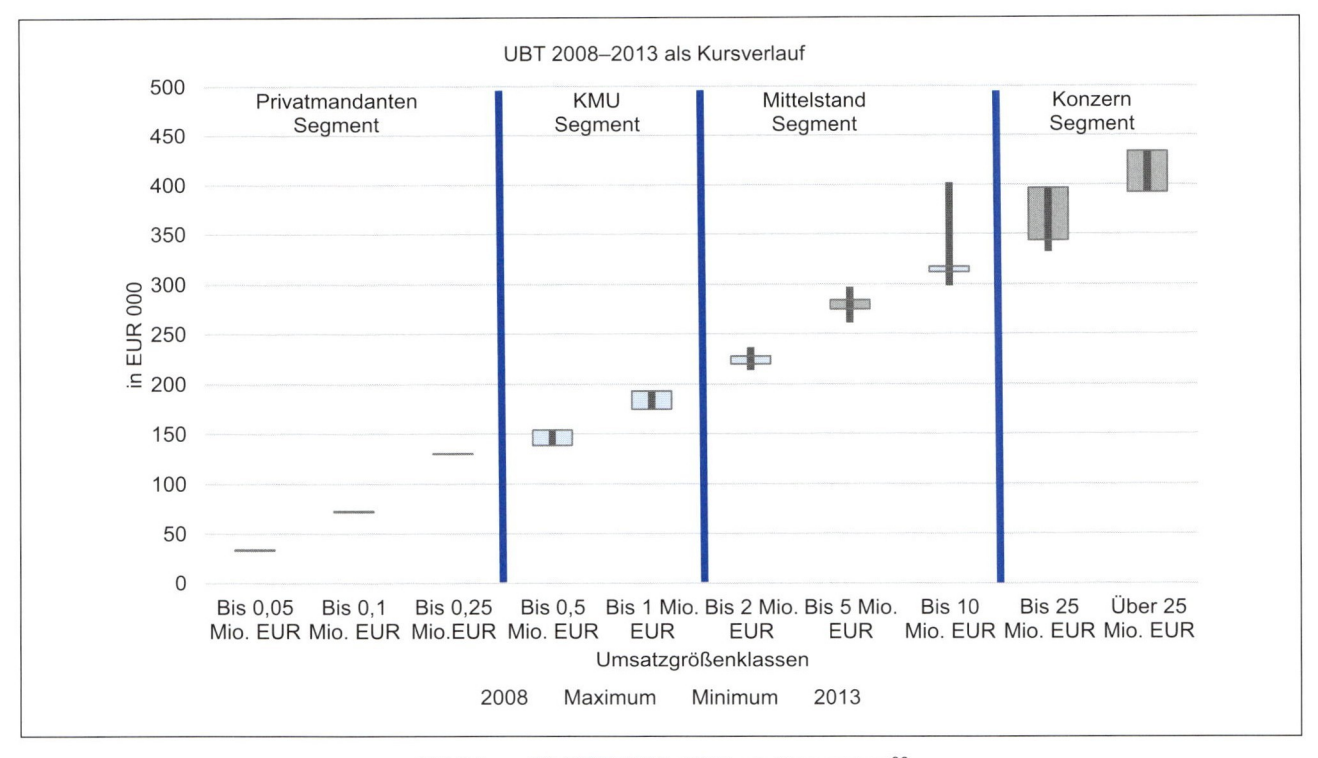

3 Die vier Marktsegmente im deutschen Kanzleimarkt

Abbildung 27: UBT 2008–2013 als Kursverlauf[36]
Quelle: Statistisches Bundesamt, Strukturerhebung im Dienstleistungsbereich 2008–2013,
Wirtschaftszweig Rechtsberatung 69.1, eigene Berechnungen

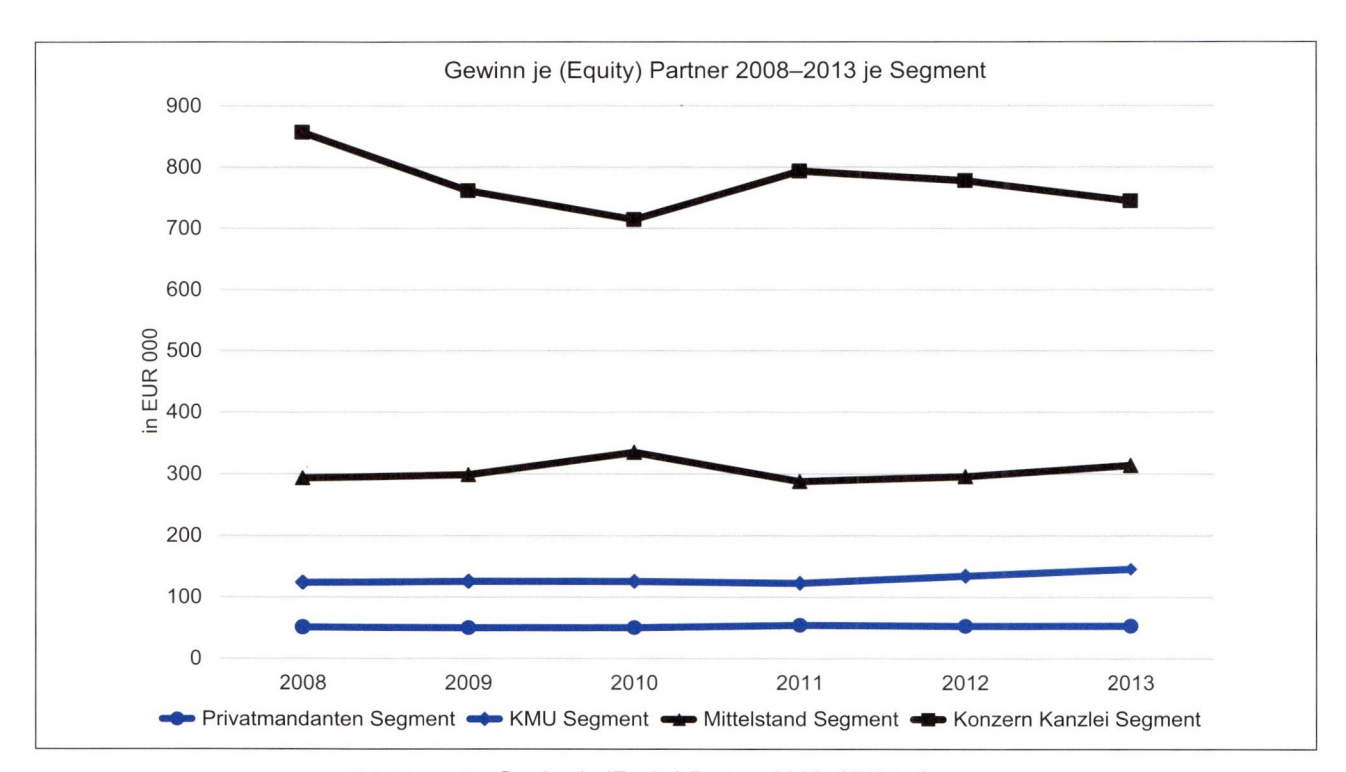

Abbildung 28: Gewinn je (Equity) Partner 2008–2013 je Segment
Quelle: Statistisches Bundesamt, Strukturerhebung im Dienstleistungsbereich 2008–2013,
Wirtschaftszweig Rechtsberatung 69.1, eigene Berechnungen

---

[36] Die Darstellung als Kursverlauf orientiert sich an den Werten für 2008 und 2013 (analog zum Eröffnungs- und Schlusskurs einer Aktie), wie auch an dem Minimum/Maximum während des Beobachtungszeitraumes (analog zum Tiefst- und Höchstkurs einer Aktie an einem Handelstag). Blaue Schattierungen stehen für eine positive, graue für eine negative Veränderung.

Der Gewinn je Partner (→ Abb. 29) zeigt in drei von vier Segmenten einen Anstieg. Die Anstiege fallen auch stärker aus als die umsatzbezogenen Kennziffern: hier haben die Kanzleien also in der Kostenkontrolle deutliche Fortschritte gemacht.

Im Segment der Privatmandanten ist der Anstieg zwischen 2008 und 2013 mit 4 % ordentlich, allerdings konnte der Spitzenwert aus 2011 mit 54.000 EUR nicht mehr erreicht werden. Das KMU Segment hat mit einem Anstieg von 18 % den Spitzenwert aller Segmente erreicht. Nach Stagnation zwischen 2008–2010 und einem Rückgang in 2011 auf den tiefsten Wert mit 122.000 EUR konnte der Gewinn in 2013 auf 145.000 EUR gesteigert werden. Im Mittelstandsegment sind die Gewinnsteigerungen mit 7 % schwächer ausgeprägt, allerdings wurde nach einem deutlichen Rückgang 2011 mit 287.000 EUR in 2013 erstmals mit 314.000 EUR eine neue Gewinndimension pro Equity Partner erreicht.

Im Konzernsegment hingegen hat sich der Umsatzrückgang von minus 11 % beim Gewinn mit minus 13 % noch weiter verschärft, allerdings auf sehr hohem Niveau. Die Auswirkungen der Finanzkrise wurden 2010 besonders deutlich, hier ging der Gewinn vom Höchstwert 2008 um 17 % zurück. Im Ergebnis hat sich das Konzernsegment zwar über dem Tiefpunkt von 2010 konsolidiert, aber der Trend zeigt eher nach unten als nach oben.

Im KMU Segment beobachten wir eine weniger extreme Gewinnentwicklung. Die Ausschläge zwischen Minimum/Maximum sind niedrig, und in beiden Umsatzklassen haben sich die Gewinne positiv entwickelt.

Im Mittelstandsegment sind ebenso in allen Umsatzklassen positive Gewinnveränderungen zu sehen. Diese fallen – bis auf die Umsatzklasse bis zu 10 Mio. EUR – allerdings niedriger aus als im KMU Segment.

Die größte Varianz zwischen Minimum und Maximum mit ca. 300.000 EUR ist im Segment der Kanzleien mit bis zu 10. Mio. EUR Umsatz zu beobachten: hier fällt auch die Gewinnsteigerung deutlicher als in den anderen Segmenten aus.

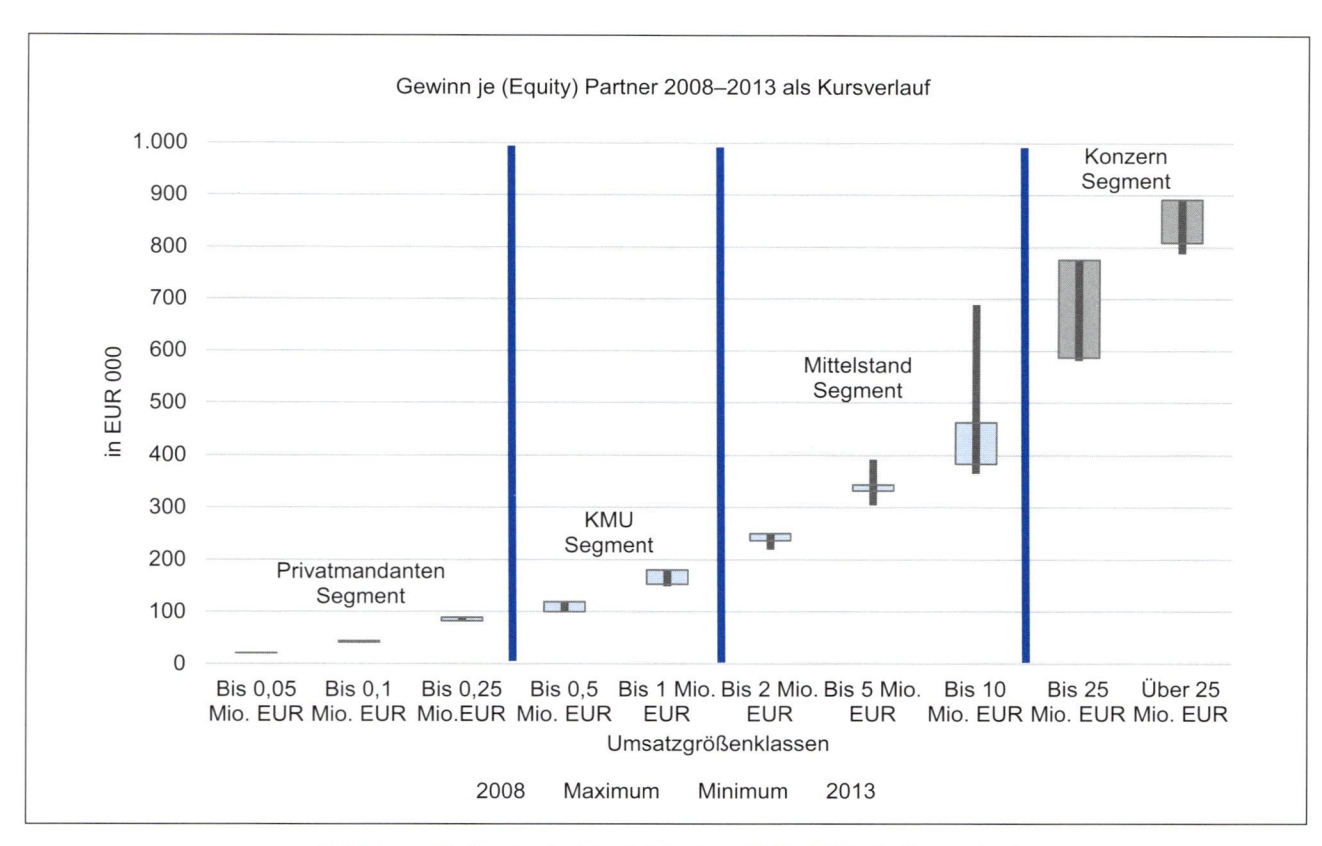

Abbildung 29: Gewinn je (Equity) Partner 2008–2013 als Kursverlauf
Quelle: Statistisches Bundesamt, Strukturerhebung im Dienstleistungsbereich 2008–2013, Wirtschaftszweig Rechtsberatung 69.1, eigene Berechnungen

Im Konzernsegment fallen die Gewinne je Partner in beiden Segmenten: im Bereich bis zu 25 Mio. EUR um ca. 200.000 EUR, so dass der Abstand zum höchsten Mittelstandsegment bei einer Fortführung des Trends geringer werden könnte. Der starke Unterschied ist aber dennoch auf einfache Weise erklärbar: während im Konzernsegment die

Kanzleien betriebswirtschaftlich durch klaren Fokus auf die Nutzung von angestellten Anwälten arbeiten (sog. Leverage), ist im Mittelstand noch primär zu beobachten, dass die Partner selber einen hohen Anteil der Arbeit machen und angestellte Anwälte (oder freie Mitarbeiter) nur langsam an die Mandanten heranführen. Die Delegationsprozesse im Mittelstand sind viel weniger konsequent ausgeprägt, und oftmals wissen die Partner dieser Kanzleien gar nicht, dass sie, wirtschaftlich betrachtet, oftmals Anwälte beschäftigen, die gerade mal ihr eigenes Gehalt und die auf sie entfallenden Gemeinkosten erwirtschaften, aber eben keinen Beitrag zum Gewinn bringen. Hier ist die größte Herausforderung dieses Kanzleityps (→ Mittelstand Kap. 6).

4 Marktsegment Privatmandanten

Im Folgenden beschreiben wir die einzelnen Segmente des Marktes im Detail. Dabei fangen wir mit dem Segment mit den meisten Steuerpflichtigen (ca. 47.000) an, die als Einzelanwälte für Privatmandanten und deren Fragestellungen in eigener Kanzlei, oder frei- bzw. nebenberuflich in diesen und anderen Marktsegmenten aktiv sind. Daher ist es sicherlich nicht korrekt, bei allen diesen Steuerpflichtigen immer von „Einzelanwälten" im klassischen Sinne eines Vollzeitanwaltes in eigener Kanzlei zu sprechen, da in der Regel der entsprechend eingerichtete Kanzleibetrieb fehlt.

4.1 Klassifizierung der Anbieter

Umsätze zwischen 17.500 EUR und 250.000 EUR werden von einzelnen Anwälten als Einzelunternehmer vor allem im **Segment der Privatmandanten** erbracht.

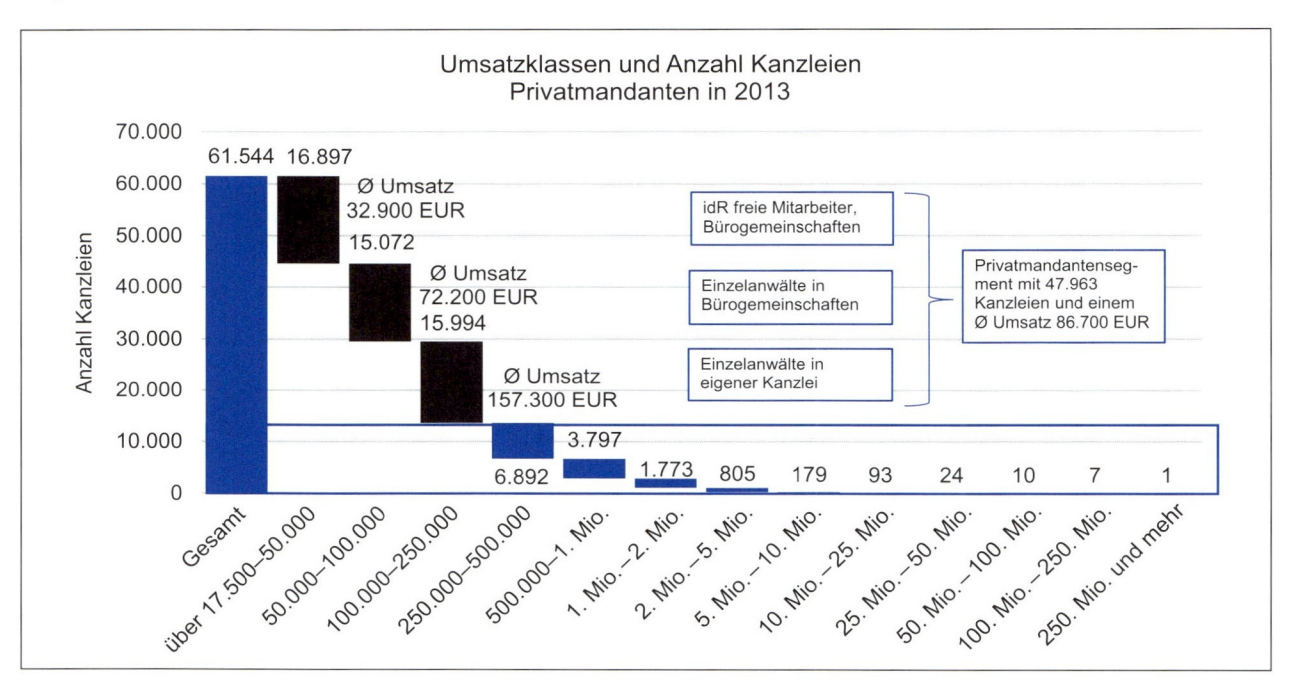

Abbildung 30: Umsatzklassen und Anzahl Kanzleien Privatmandanten in 2013
Quelle: Statistisches Bundesamt, Umsatzsteuerstatistik Voranmeldungen, Wirtschaftszweig Rechtsberatung 69.1

1. Dies umfasst am unteren Ende (bis 50.000 EUR) **nebenberuflich tätige Anwälte** als Selbstständige in kleinen und mittleren Sozietäten, die keinen Beitrag zu den Kosten erbringen müssen, aber auch keine ausreichenden Umsätze erbringen, um eine eigene Kanzlei betreiben zu können, sowie Existenzgründer, mit durchschnittlich 32.000 EUR Umsätzen. Laut Studien[37] erzielen die in Sozietäten auf selbstständiger Basis tätigen jungen Anwälte (Zulassung zwischen 2004 und 2010) durchschnittlich 47.000 EUR Umsatz, dabei ca. 40% aus eigenen Mandaten (im ersten Jahr ca. 17.500 EUR Gewinn). Der Umsatz liegt mangels großer Kosten der Tätigkeit als freier Mitarbeiter meist nur wenig darüber resp. die Differenz erklärt sich mit den steuerlich gegebenen Abschreibungsmöglichkeiten von Kosten, die dem Betrieb zuordenbar sind.
2. Ab 50.000 und bis zu 100.000 EUR Umsatz dürften die umsatzsteuerpflichtigen „Unternehmer" im umsatzsteuerlichen Sinne in Kanzleien als **selbstständig tätige** und teilweise in sozialsteuerrechtlich fragwürdiger Weise tätige Anwälte erzielen (siehe auch oben die Tätigkeit in Sozietäten). Teilweise gehören hierzu auch wiederum Existenzgründer. Ein weiterer Teil wird als **Anwälte in Bürogemeinschaften** tätig sein, also nur einen Teil der Kosten tragen. Wenig überraschend sind die Kosten insbesondere für Personal daher signifikant unter denen einer eingerichteten Vollzeitanwaltskanzlei.

---
[37] Freie Mitarbeiter: Die berufliche Situation von freien Mitarbeitern in Anwaltskanzleien, BRAK Mitteilungen, II/15, S. 64f.

3. Da die Kosten einer eingerichteten Kanzlei eines **Vollzeiteinzelanwaltes** lt. STAR[38] nachvollziehbar zwischen 50.000 und 70.000 EUR betragen, ist davon auszugehen, dass **Einzelanwälte in Vollzeit und mit eigener Kanzlei zwar mehr als 100.000 EUR, aber in der Regel weniger als 250.000 EUR** erzielen. Laut STAR sind in dieser Gruppe durchschnittlich 130.000 EUR Umsatz zu erzielen. Der Großteil dieser ca. 16.000 Anwälte ist primär im Privatmandantensegment tätig, so dass dieses Segment nach dieser Zielgruppe benannt wurde.
4. Zu diesen besser verdienenden Einzelanwälten sind aber auch noch jene Anwälte zu rechnen, die Kanzleien gegenüber als selbstständig tätige Anwälte Rechnungen stellen. Sie tauchen also zwei Mal in der Umsatzsteuerstatistik auf: einmal als umsatzbringender Anwalt in der Sozietät, und dann noch einmal als ihr gegenüber durch Rechnung abrechnender (Einzel)Anwalt. Lt. Kilian sind dies immerhin je nach Zulassungsjahr zwischen 7 und 18 % (je nach Jahrgang), durchschnittlich ca. 13 % aller Anwälte[39], somit ca. 20.000 Anwälte!

Das Segment der Privatmandanten teilt sich in die drei o. g. Untersegmente auf, jedes Untersegment macht etwa ein Drittel aus mit sich jeweils verdoppelnden durchschnittlichen Umsätzen. Dieses Segment macht den Groß der Steuerpflichtigen aus, nicht aber das Groß der Anwaltschaft, sondern nur ca. 35 % alle Anwälte sind in diesem Segment tätig. Da wir von einer Doppelzählung der als selbstständig tätigen Anwälte ausgehen, die bis zu 13 % der Anwaltschaft umfasst (→ Kilian), dürfte also der tatsächliche Anteil an Einzelanwälten in Vollzeit und eigener Kanzlei nur etwa bei ca. 20.000 liegen, also weniger als 15 % der Anwaltschaft insgesamt.

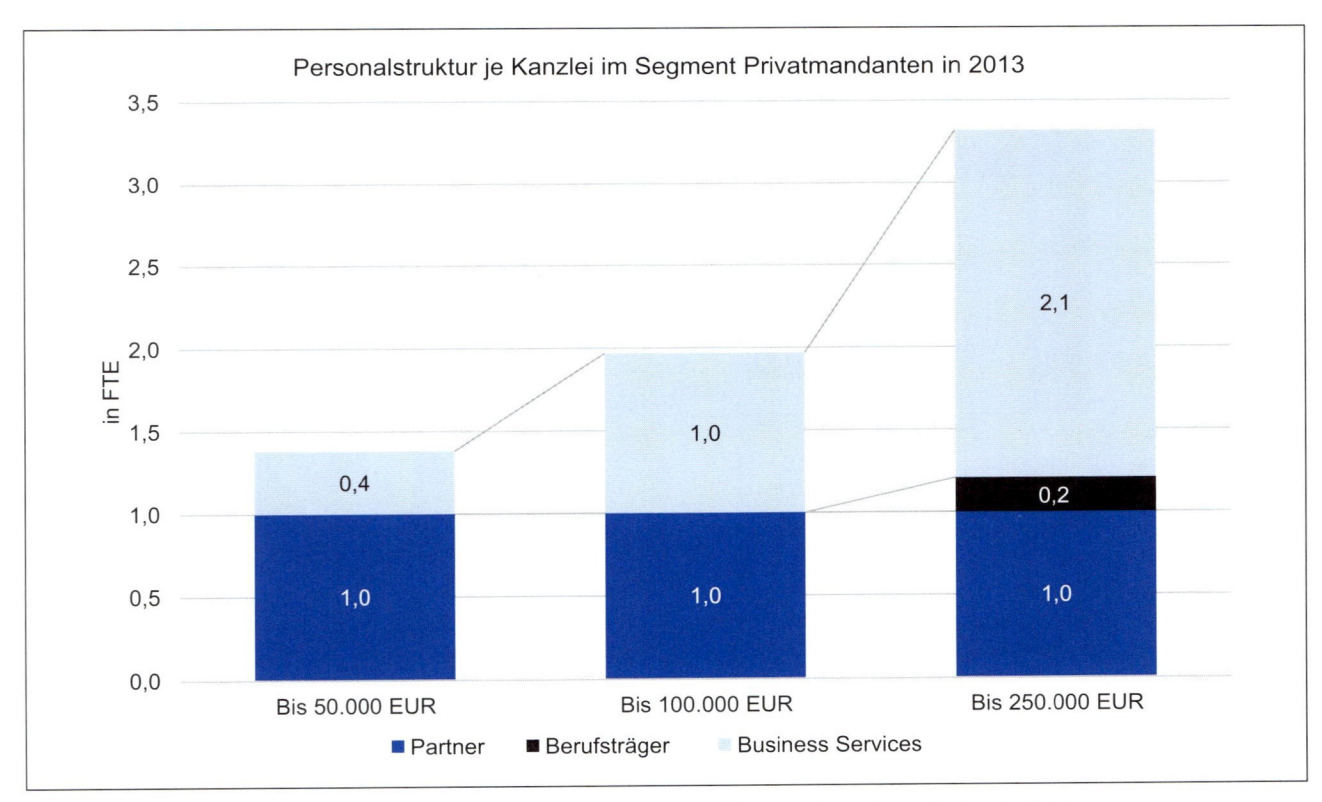

Abbildung 31: Personalstruktur je Kanzlei im Segment Privatmandanten in 2013
Quelle: Statistisches Bundesamt, Strukturerhebung im Dienstleistungsbereich 2008–2013, Wirtschaftszweig Rechtsberatung 69.1, eigene Berechnungen

Die Personalstruktur aller drei Segmente ist durch den Eigentümer (= Gesellschafter = Sozius = Partner)[40] geprägt. Neben diesen sind idR keine weiteren Berufsträger fest angestellt. Für Arbeitsspitzen und spezielle Themen werden freiberufliche Anwälte hinzugezogen (diese machen bei Kanzleien mit Umsätzen zwischen 100.000 und 250.000 EUR ca. 0,2 Anwaltsvollzeitäquivalente aus). Das Sekretariat (hier: Business Services) beschränkt sich auf das Sekretariat, welches, wenn gut ausgebildet und angeleitet, eine sehr hilfreiche Unterstützung sein kann, sogar die Buchhaltung übernimmt, wenn sie nicht zu einem Steuerberater ausgelagert wurde.

---

[38] Institut für freie Berufe, unter http://www.ifb.uni-erlangen.de/home.html abrufbar.
[39] Kilian AnwBl. 2015, 939 (940) Abb. 38.
[40] Wir nutzen diese Bezeichnungen synonym; in den Tabellen haben wir nur die Bezeichnung „Partner" genutzt.

4.1.1 Erstes Teilsegment mit Umsätzen von 17.500 bis 50.000 EUR: freie Mitarbeiter in anderen Kanzleien (ca. 17.000)

In dem untersten Teil des Privatmandantensegmentes finden wir idR. keine Kanzleien im klassischen Sinne, sondern zum Einen Anwälte in Bürogemeinschaften mit anderen Anwälten, die Ansprüche an eine professionelle Infrastruktur haben, sich diese aber noch nicht leisten können oder wollen, zum Anderen wie oben bereits dargestellt selbstständig tätige Anwälte, die in bestehenden Kanzlei mitwirken und ihre Expertise anbieten. Sie arbeiten dabei meist auf Mandate der Kanzlei (zu mind. 40%), und teilweise auf eigenen Mandaten. Während wir in Bürogemeinschaften von einer Vollzeittätigkeit ausgehen, sind freiberufliche Mitarbeiter hier im Allgemeinen in unterschiedlichem Maße aktiv.

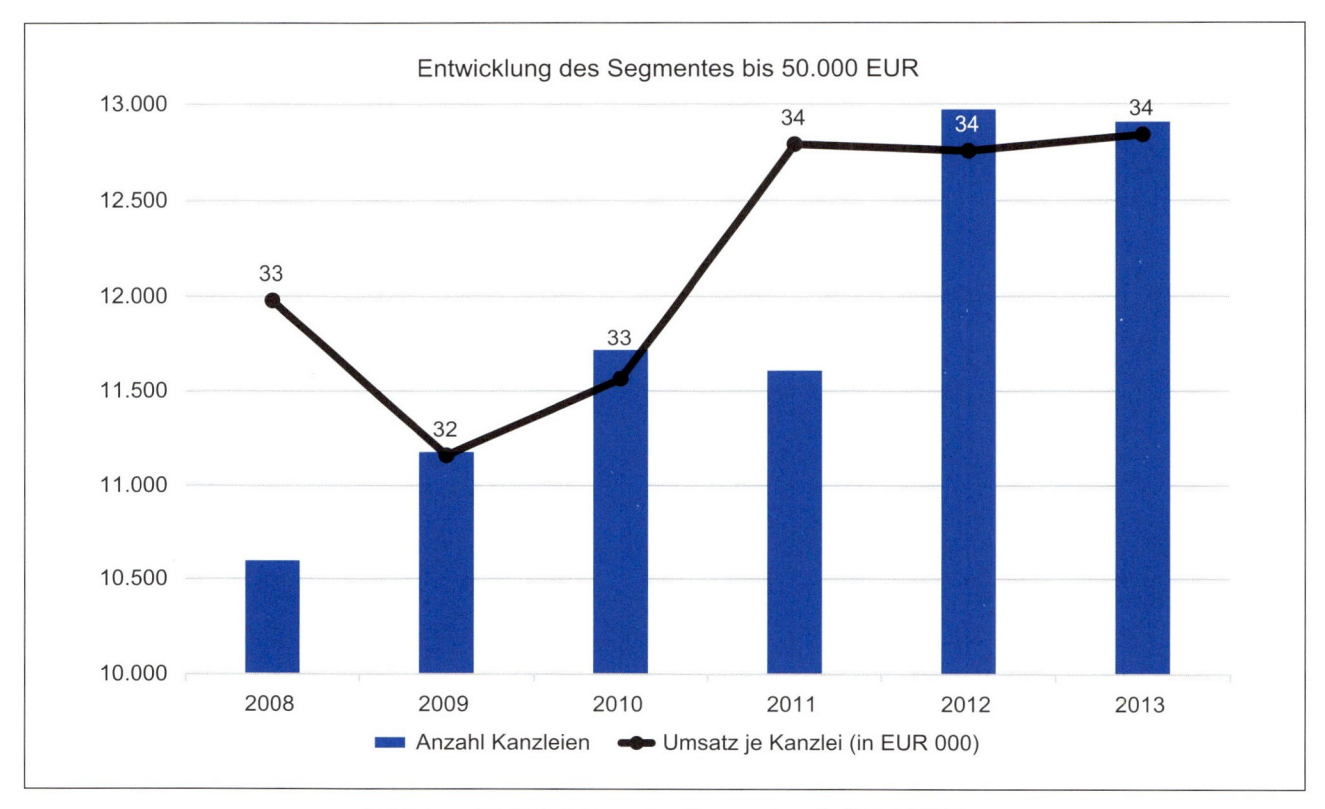

Abbildung 32: Entwicklung des Segmentes bis 50.000 EUR
Quelle: Statistisches Bundesamt, Strukturerhebung im Dienstleistungsbereich 2008–2013, Wirtschaftszweig Rechtsberatung 69.1, eigene Berechnungen

Das Segment hat sich von der Anzahl der Kanzleien her dynamisch entwickelt: seit 2008 sind ca. 22% Zugänge zu verzeichnen, während sich die Zahl der zugelassenen Anwälte nach BRAK im gleichen Zeitraum nur um etwa 8% erhöht hat. Dies ist sicher auch Folge der Finanzkrise; der Markt ist nicht mehr so aufnahmefähig für junge Juristen, die es nun auf eigene Faust versuchen, resp. nur noch als freie Mitarbeiter unterkommen. Auch spricht dafür, dass in diesem Segment auffallend viele Neuzugänge der Anwaltschaft unterkommen, was mit der Entwicklung korrespondiert, dass auf Umsatzbasis abgesprochenen Vergütungen gegenüber Anstellungsverhältnissen von den Kanzleien bevorzugt werden. Die sich daraus ergebenden Probleme hinsichtlich Scheinselbstständigkeit werden wohl in Kauf genommen.

Die Anzahl von ca. 13.000 freiberuflich tätigen Anwälte (im Jahre 2012) lässt sich auch im Vergleich der Statistiken der Gesamtzahl an Anwälten und der Befragung nach ihrem Beschäftigungsverhältnis[41] validieren (auch wenn diese auch im darunter und im darüber liegenden Segment tätig sind).

---

[41] Kilian AnwBl. 12/2015, S. 939 ff.; dabei werden zwischen 7 und 18% der Anwälte bestimmter Zulassungsjahrgänge befragt; die Lücken können durch Mittelwerte geschlossen werden und mit der Gesamtanzahl von in diesen Zulassungsjahren hinzugekommenen Anwälten verglichen werden.

Hinsichtlich der Umsatzzahlen bewegen sich die Anwälte (= umsatzsteuerlich Kanzleien) in einem engen Korridor von im Schnitt 34.000 EUR Umsatz in den letzten drei Jahren. Diesem Umsatz steht ein durchschnittlicher Gewinn von 20.000 EUR gegenüber; hier von einem Anwaltsprekariat zu sprechen ist nicht ganz falsch. Zugleich ist der Lernprozess der jungen Anwälte in diesem Segment eine Voraussetzung, um als Anwalt erfolgreich selbstständig tätig sein zu können. Bei ca. 17.000 Anwälten, die in diesem Teilsegment insgesamt tätig sind, werden viele auch in Teilzeit tätig sein, und also ggf. noch anderen Tätigkeiten nachgehen.

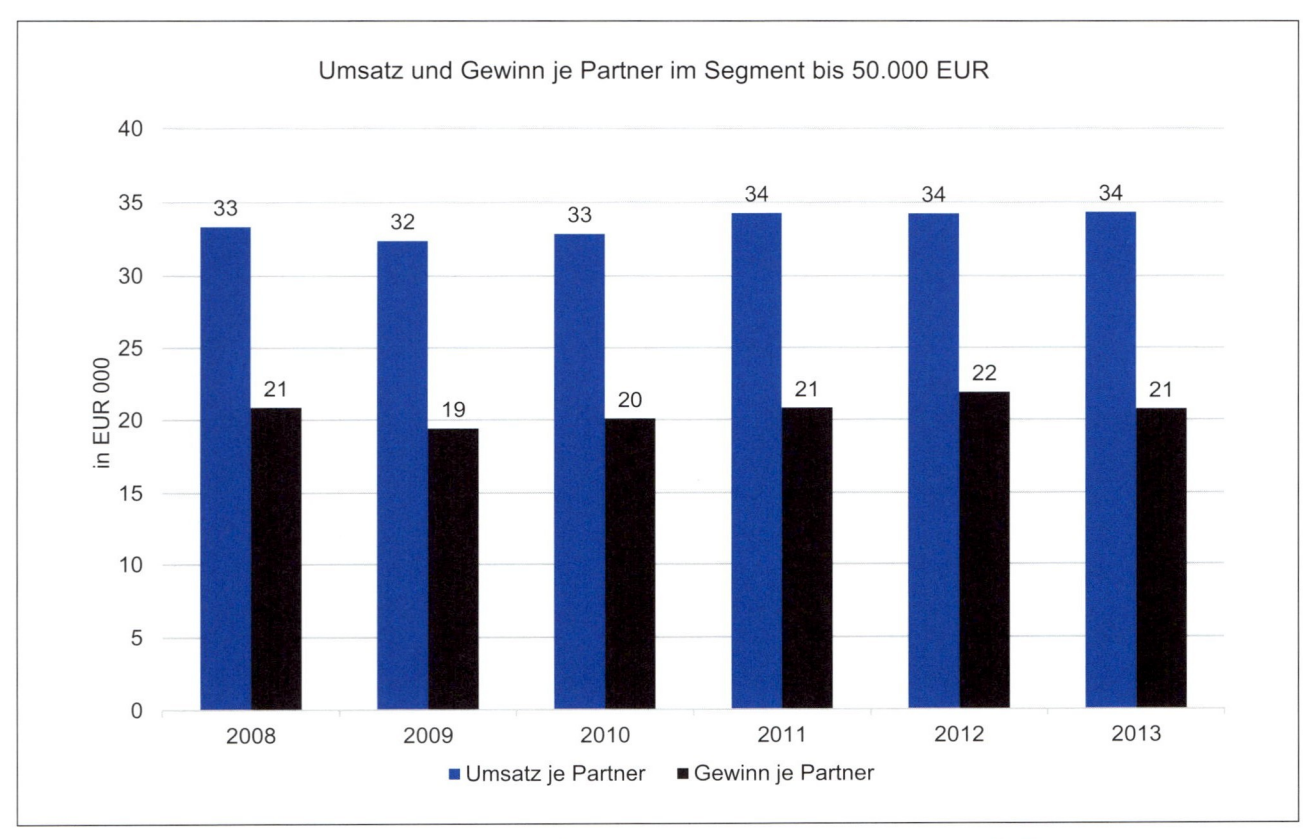

Abbildung 33: Umsatz und Gewinn je Partner im Segment bis 50.000 EUR
Quelle: Statistisches Bundesamt, Strukturerhebung im Dienstleistungsbereich 2008–2013,
Wirtschaftszweig Rechtsberatung 69.1, eigene Berechnungen

Für eine Vollzeitstelle liegt das durchschnittliche Bruttoeinkommen eines gesetzlich Versicherten in 2013 bei 41.388 EUR[42] und damit ca. 20 % höher als das eines ausgebildeten selbstständigen Anwaltes. Das dürfte zu denken geben, auch wenn die Bruttogehälter für Anwälte lt. diverser Jobbörsen zwischen 2.000–4.000 EUR betragen, also nicht wesentlich höher liegen. Ein angestellter Anwalt verdient in der Kanzlei eines einzelnen Inhabers ca. 30.000 EUR[43].

Die Gewinnquote der „Kanzleien" in diesem Segment beträgt ca. 60 % im Durchschnitt der Jahre. Angesichts fehlender eigener Kanzleiräume etc. ist es realistisch anzunehmen, dass Anwälte in diesem Segment Kosten vermeiden. Da der Gewinn vor Steuern und sozialer Absicherung zu kalkulieren ist und allein hier noch mind. 5.000–8.000 EUR pro Anwalt anfallen, ist der „Gewinn" in Höhe von ca. 13.000 EUR wirklich kaum geeignet, eine nachhaltige Existenz zu sichern. Wenn dann noch von Vollzeittätigkeit ausgegangen werden muss (Bsp. 1.600 h/Jahr), ergibt sich ein realisierter Stundensatz von 21,25 EUR (oder 8,13 EUR Gewinn; dies liegt unter dem derzeitigen Mindestlohn).

Im Falle von Bürogemeinschaften fallen hingegen meist anteilige Personalkosten für das Sekretariat an. Die Mietkosten sind ebenfalls gering. Im Fall der Tätigkeit ohne Anbindung an eine Bürogemeinschaft können diese Kosten anteilige Miete der privaten Räumlichkeiten abdecken. Klar ist, dass die Anwälte in diesem Segment entweder nur in einem Durchgangsstadium sind, oder den Anforderungen eines eingerichteten Kanzleibetriebes kaum nachgehen können. Sie sind oftmals mehr „Streetworker" als Anwälte, mit entsprechender Klientel. Die teilweise hohe Leidenschaft, mit der

---

[42] https://www.lecturio.de/magazin/durchschnittsgehalt-deutschland/.
[43] Kilian AnwBl. 12/2015, S. 939 ff.

4 Marktsegment Privatmandanten

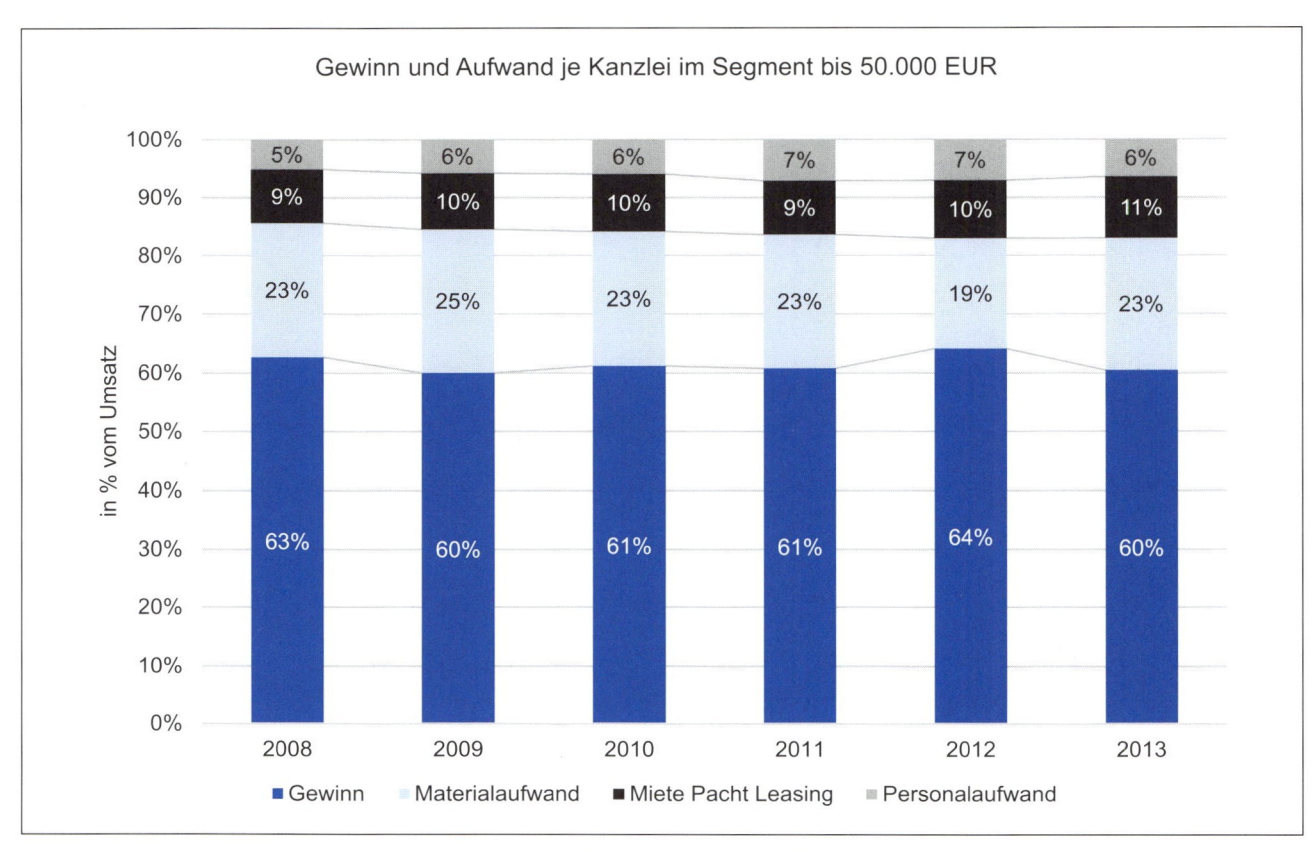

Abbildung 34: Gewinn und Aufwand je Kanzlei im Segment bis 50.000 EUR
*Quelle: Statistisches Bundesamt, Strukturerhebung im Dienstleistungsbereich 2008–2013,
Wirtschaftszweig Rechtsberatung 69.1, eigene Berechnungen*

hier gearbeitet wird, kann nicht darüber hinwegtäuschen, dass dieser Teil der Anwaltschaft zu wenig beachtet wird. Einige aufsehende Gerichtsurteile und Beschwerden bei Anwaltskammern zeigen, dass die Situation der hier Tätigen gerne auch einmal von Kollegen ausgenutzt wird. Auch sind zunehmend Anwälte zwischen 45 und 55 Jahren darunter, die als Einzelanwälte zu wenig unternehmerisch tätig waren und den stetig sinkenden Umsätzen nichts entgegensetzen; die Kammern berichten hier informell über eine zunehmende Anzahl an Abwicklungen, ohne allerdings Daten zur Verfügung zu stellen.

4.1.2 Zweites Teilsegment mit Umsätzen von 50.000–100.000 EUR: Anwälte in Bürogemeinschaften, Existenzgründer, Einzelanwälte auf dem Land sowie freie Mitarbeiter in anderen Kanzleien (ca. 15.000 Anwälte)

Anwälte, die zwischen 50.000–100.000 EUR Umsatz in Rechnung stellen können, sind, verglichen mit jenen des vorherigen Teilsegments, wirtschaftlich etwas besser gestellt; gleichwohl gehen wir davon aus, dass hier noch keine echten Kanzleibetriebe bestehen (mit Ausnahme von einigen ländlichen Gebieten). Oftmals sind die Anwälte in diesen Umsatzkategorien selbstständig tätige Anwälte in KMU und mittelgroßen Kanzleien, was deren Service abrundet (etwa: Tätigkeit im Bereich des Sozialrechts, oder Bearbeitung einfacher Forderungen). Auch eigene Mandanten gehören hierzu, die akquiriert werden. Sowohl sozialversicherungstechnisch als auch gewerbesteuerlich können hier Grenzfälle vorliegen, die nicht ohne Risiko für die beauftragende Kanzlei sind. Anwälte in Bürogemeinschaften, die sich die Kosten teilen, oder Anwälte, die in bestehenden Kanzleien überschüssige Räume anmieten, sind typisch für diese Umsatzklasse.

Im diesem Teilsegment des Privatmandantensegments zwischen 50.000–100.000 EUR ist die Anzahl der Kanzleien stetig angestiegen. Nach einem Schub zwischen 2008 und 2009 geht die Entwicklung kontinuierlich nach oben. In welchem Masse Kanzleien aus dem vorigen Segment sich entwickelt haben, ist aus den Daten nicht ablesbar, allerdings bestand dort eine ähnliche Entwicklung. Hinsichtlich der Umsätze je Kanzlei sehen wir aber eher eine Seitwärtsbewegung in Höhe von ca. 72.000 EUR.

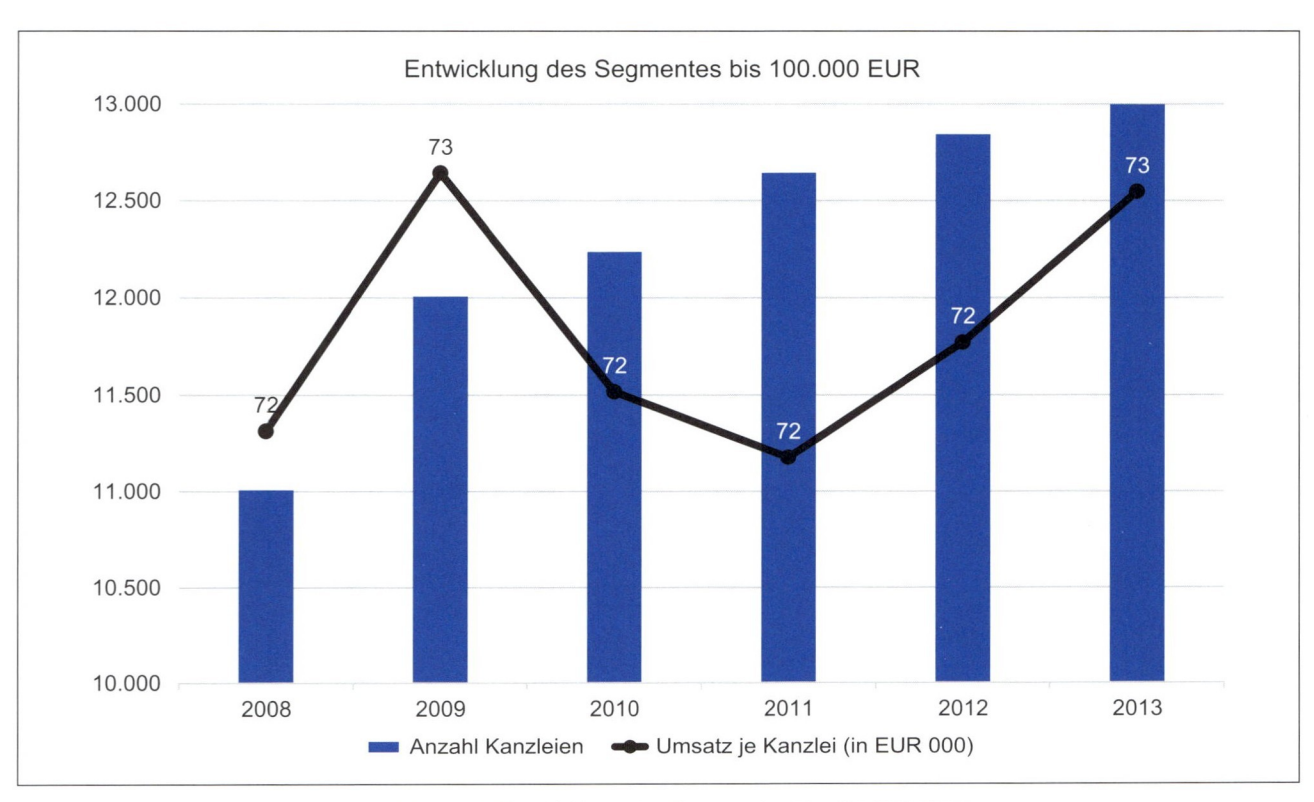

Abbildung 35: Entwicklung des Segmentes bis 100.000 EUR
Quelle: Statistisches Bundesamt, Strukturerhebung im Dienstleistungsbereich 2008–2013, Wirtschaftszweig Rechtsberatung 69.1, eigene Berechnungen

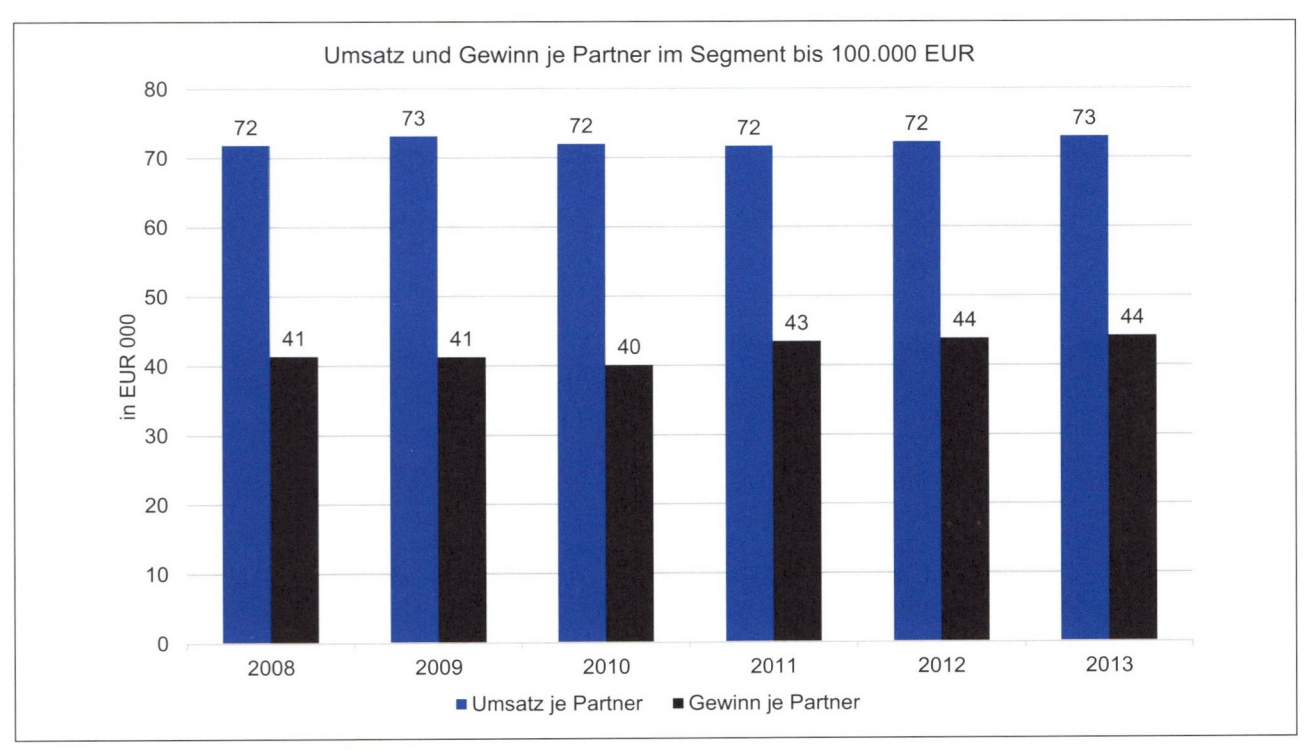

Abbildung 36: Umsatz und Gewinn je Partner im Segment bis 100.000 EUR[44]
Quelle: Statistisches Bundesamt, Strukturerhebung im Dienstleistungsbereich 2008–2013, Wirtschaftszweig Rechtsberatung 69.1, eigene Berechnungen

---

[44] Quelle: Statistisches Bundesamt, Strukturerhebung im Dienstleistungsbereich 2008–2013, Wirtschaftszweig Rechtsberatung 69.1; eigene Berechnungen.

4 Marktsegment Privatmandanten

In diesem Segment verändert sich die Anzahl Kanzleien über den Beobachtungszeitraum von 2008 bis 2013 kaum, allerdings sinkt der durchschnittliche Umsatz je Kanzlei seit 2008 leicht.

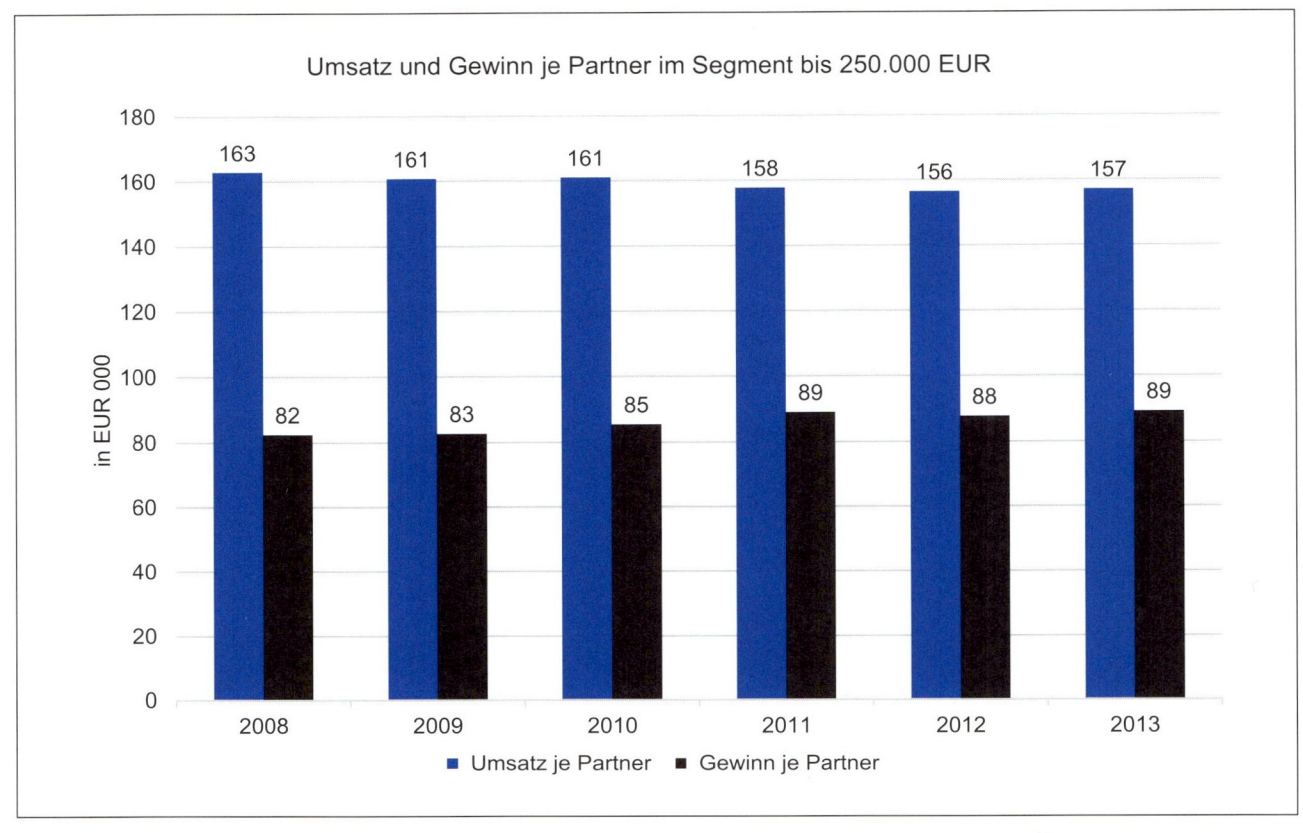

Abbildung 39: Umsatz und Gewinn je Partner im Segment bis 250.000 EUR[48]
Quelle: Statistisches Bundesamt, Strukturerhebung im Dienstleistungsbereich 2008–2013, Wirtschaftszweig Rechtsberatung 69.1, eigene Berechnungen

Der Gewinn je Eigentümer hat sich seit 2008 positiv entwickelt, seit 2011 stagniert er aber bei ca. 89.000 EUR. Der leichte Rückgang der Umsätze hat sich nicht negativ auf die Gewinne ausgewirkt, was zeigt, dass der geringere Umsatz kombiniert mit einem bewussten Kostenmanagement einherging. Dennoch bleibt die Herausforderung, die Gewinne zu steigern, um eine auskömmliche Basis für die Existenz zu sichern. Denn wie die langfristige Sicht zeigt (siehe Abbildung 13: Entwicklung der Einkommen der Kanzleiarten gegenüber dem Index von 1996), sind die Gewinne im Jahre 2013 hinsichtlich der Kaufkraft noch nicht einmal auf dem Niveau von 1996 angekommen. Die Anpassung des RVG im Jahre 2005 hat zwar geholfen, aber es reichte nicht, um die Effekte der Segmentierung des Kanzleimarktes aufzuheben. Denn wirtschaftlich attraktive Mandate sind vor allem in den höheren Marktsegmenten zu finden und kleine Kanzleien müssen durch hohe Spezialisierung (und damit entsprechend schnelle Bearbeitung) die Tatsache wettmachen, dass die Mandanten weniger Geld haben oder zu investieren bereit sind, die RVG bei niedrigen Streitwerten auch nur geringe Umsätze erlaubt und die Kostenbasis nur noch eingeschränkt reduzierbar ist.

Die Gewinnquote in diesem Segment liegt über den gesamten Zeitraum weit unter 60 %, hat sich aber in den letzten Jahren auf zuletzt 57 % verbessert. Zu dieser Entwicklung hat maßgeblich die Reduktion des Materialaufwandes beigetragen, während der Mietaufwand nahezu konstant geblieben ist. Der Personalaufwand wurde leicht reduziert, der Anteil am Gesamtaufwand liegt jetzt bei ca. 20 %.

---

[48] Quelle: Statistisches Bundesamt, Strukturerhebung im Dienstleistungsbereich 2008–2013, Wirtschaftszweig Rechtsberatung 69.1; eigene Berechnungen.

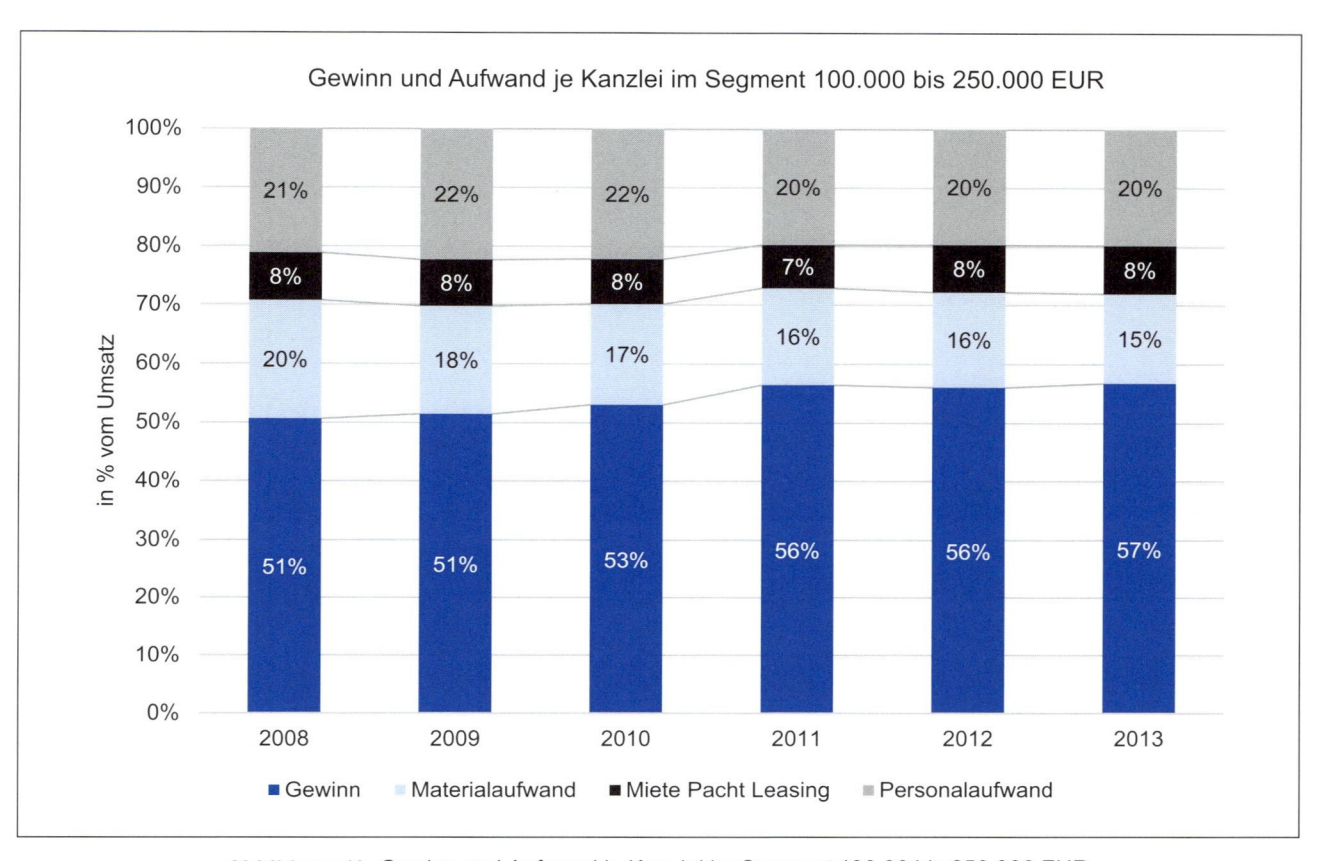

Abbildung 40: Gewinn und Aufwand je Kanzlei im Segment 100.00 bis 250.000 EUR
Quelle: Statistisches Bundesamt, Strukturerhebung im Dienstleistungsbereich 2008–2013, Wirtschaftszweig Rechtsberatung 69.1, eigene Berechnungen

4.2 Entwicklungen in diesem Segment

Das Privatmandantensegment bildet das personell größte Kontingent in der Anwaltschaft ab. Zusammen mit dem Mittelstands und Konzernsegment ist die Zahl der Kanzleien mit über 3 % p.a. am stärksten angewachsen, die Wachstumsrate der Beschäftigtenzahl hingegen ist mit 1,1 % p.a. deutlich geringer[49].

Durch die breite Dienstleistungspalette gibt es nicht die eine „Entwicklung", die im Privatmandantensegment stattfindet. Der Markt verändert sich sehr stark, Dienstleistungen sind zunehmend über das Internet verfügbar, und dies zu einem Bruchteil der Kosten einer individuellen Beauftragung. Eine Vielzahl von Mandaten wird über Beratungshilfe und/oder Prozesskostenhilfe abgerechnet, diese beiden Positionen machen in 2012 ca. 533 Mio. EUR aus (= ca. 10 % des Gesamtumsatzes).

Die Rechtsschutzversicherer, die in diesem Segment ebenfalls stark vertreten sind, werden versuchen, ihre Schadensquote von ca. 70 %[50] weiter zu reduzieren, eine Bestrebung, die diesen in der Vergangenheit bereits gelungen ist. Hierzu können diese Verfahren wie Mediation oder außergerichtliche Schlichtung durch eigene Experten nutzen, und somit den Einzelanwalt in der Einzelkanzlei komplett außen vor lassen.

---

[49] Statistisches Bundesamt, Strukturerhebung im Dienstleistungsbereich 2008–2013, Wirtschaftszweig Rechtsberatung 69.1, eigene Berechnungen.
[50] Kilian, Statistisches Jahrbuch der Anwaltschaft 2013/2014, S. 171 Tab. 7.3.2.

4.2.1 Einkommensentwicklung nach STAR

Im Rahmen der STAR Analysen zur Umsatz- und Einkommensentwicklung der Rechtsanwälte bis 2010[51] (Untersuchung aus 2012) zeigen sich die Ergebnisse, die nur für einzelne Segmente des Kanzleimarktes gelten können. Der Ausweis erfolgt in drei Gruppen, die der sog. Einzelanwälte, die der lokalen Sozietäten und die aus überörtlichen Sozietäten (letztere sind allerdings nicht vergleichbar mit einer der hier dargestellten Segmente, da für Überörtlichkeit nach dieser Untersuchung schon ausreicht, über mehr als einen Bürostandort zu verfügen). Wir halten die Einzelanwälte mit denen aus dem Segment 100.000–250.000 EUR Umsatz vergleichbar, und die der lokalen Sozietäten mit jenen der KMU. (250.000–500.000 EUR). Allerdings beruht die STAR Untersuchung auf freiwilliger Basis und schließt Kanzleien aus anderen Umsatzkategorien nicht aus, daher wird es Unschärfen geben.

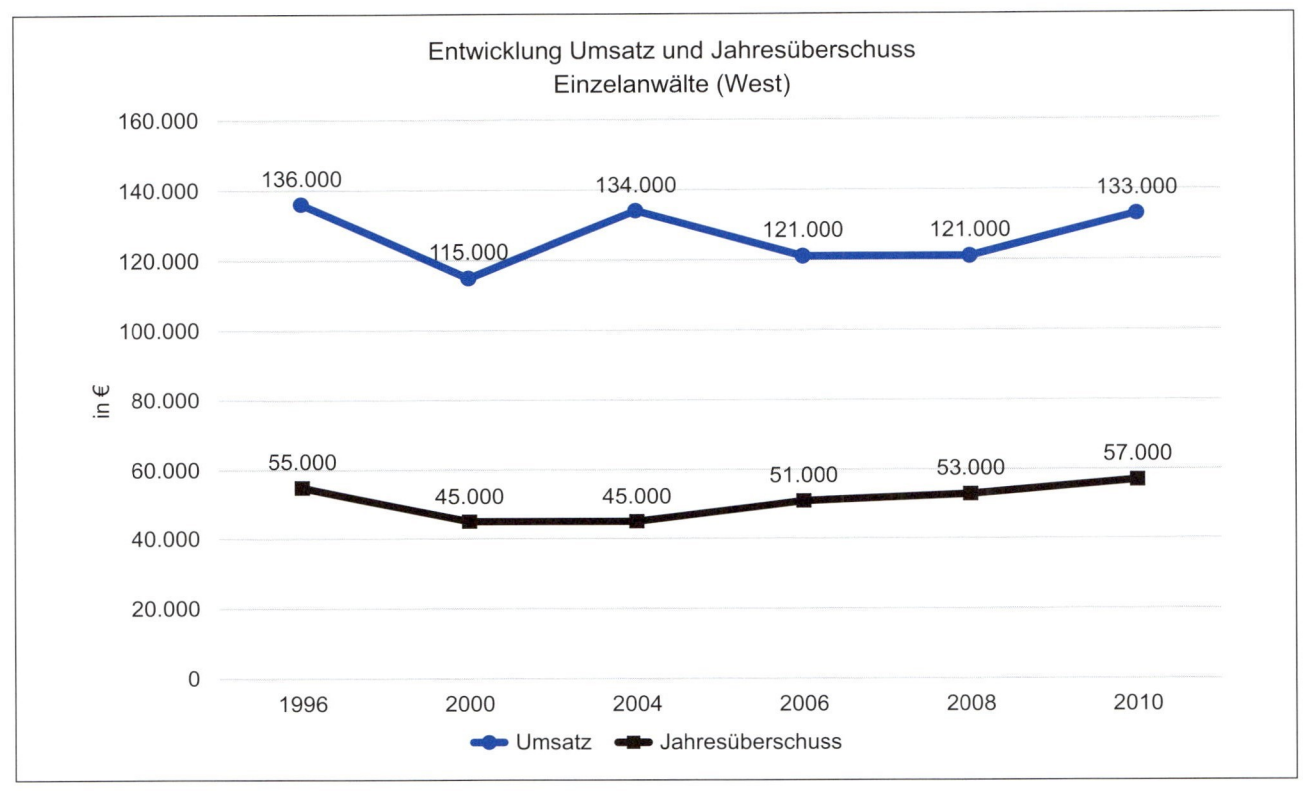

Abbildung 41: Entwicklung Umsatz und Jahresüberschuss Einzelanwälte (West)
Quelle: Institut für freie Berufe (IFB), BRAK Mitteilungen 4/2013

Die Umsatzentwicklung bei den hier befragten Einzelanwälten im Zeitraum 2000–2006 ist sehr sprunghaft verlaufen. Nach einer Stabilisierung sind die Anwaltskanzleien in diesem Segment im Jahre 2010 wieder nahe dem Niveau von 2004[52]. Die Gewinnentwicklung verlief deutlich stetiger und ist in 2010 auf einem höheren Niveau angelangt. Allerdings sind sie hinsichtlich der Kaufkraft noch nicht auf dem Niveau von 1994 angelangt, was wirtschaftlich kritisch zu sehen ist.

---

[51] Soldan Institut für freie Berufe (IFB), in BRAK Mitteilungen 4/2013. S. 154–159, abrufbar u. a. unter http://www.lto.de/; http://ifb.uni-erlangen.de/.

[52] Für die Darstellungen beschränken wir uns auf die Werte aus „West", die aus „Ost" liegen ca. 15 % unter den „West"-Werten. Eine gesamtdeutsche Darstellung gibt es nicht.

4.2.2 Herausforderungen der Zukunft

Kanzleien in diesem Segment haben nur sehr beschränkte wirtschaftliche Möglichkeiten in einem weitgehend segmentierten Markt, in dem nur noch bestimmte Mandate an die hier tätigen Anwälte herangetragen werden. Da sie primär den Privatmandantenmarkt bedienen, sind für sie statistische Hinweise etwa zu Streithäufigkeit[53] oder zu lukrativen Geschäftsfeldern relevant.

Die Anwälte stehen daher vor der Herausforderung, sich im Markt eindeutig zu positionieren und zu differenzieren. Gerade für Berufseinsteiger – sei es Einzelanwalt in eigener Kanzlei oder selbstständig tätiger Anwalt in Bürogemeinschaften – gelingt diese Differenzierung nur über eine frühzeitige Spezialisierung, sei es auf ein bestimmtes Rechtssegment und/oder eine bestimmte Branche. In welchen Bereichen etwa noch keine ausreichende Fachanwaltsdichte besteht, lässt sich etwa mit Hilfe der Anwaltsauskunft[54] herausfinden, bei der die Suche nach einem Fachanwalt mit verschiedenen geographischen Entfernungen gelingt. So ist die Abwesenheit von spezialisierten Anwälten abseits großer Städte gut bestimmbar.

Die weitere Zunahme an Anwälten wird den Trend noch verstärken, sich frühzeitig eine Nische aufzubauen und dies durch weitere Qualifizierungen bspw. über einen Fachanwaltstitel oder einen LLM, zu betonen. Ebenso steht den Anwälten über neue Dienstleister aus dem Internet[55] eine neue Konkurrenz ins Haus, die in den kommenden Jahren noch stärker werden wird. Wie die Erfahrungen in den USA zeigen, sind diese mit Standardlösungen gerade in solchen Märkten erfolgreich, in denen etwa Privatmandanten nicht mehr bereit oder fähig sind, qualifizierten Rechtsrat bei einem Anwalt in Anspruch zu nehmen.

4.2.3 Generische Strategien für dieses Segment

Für Einzelanwälte gelten unterschiedliche Strategien[56].

Wer in eigener Kanzlei in einer Kleinstadt tätig ist, hat es schwieriger sich zu spezialisieren, als in einer Großstadt, wo es ein absolutes Muss ist. Generell lässt sich sagen, dass Spezialisierung Vorteile bringt, aber dann ein Netzwerk an anderen spezialisierten Anwälten vorhanden sein sollte, die sich gegenseitig empfehlen.

Als ein freier Mitarbeiter tätiger Anwalt ist Spezialisierung absolut sinnvoll, da die Zielgruppe dieser Anbieter ja Kanzleien sind, und je weniger man im Wettbewerb mit anderen Anwälten in einer Kanzlei ist, umso besser.

Neben der Spezialisierung auf ein Rechtsgebiet steht auch jene auf eine Branche oder eine sog. „homogene Zielgruppe" gemäß der EKS Strategie[57] zur Verfügung. Im ersten Fall können es etwa Autohäuser sein (noch besser: nur Porsche-Autohändler), im zweiten Fall etwa Porsche-Fahrer (die am besten über Werkstattleiter in Autohäusern zu akquirieren sind). So lassen sich zielgruppenspezifische Strategien entwickeln.

4.3 Optimierungsmöglichkeiten in diesem Segment

Im Folgenden beschreiben wir die wichtigsten Differenzierungskriterien im Wettbewerb.

Kriterium	Ausprägungen derzeit	Herausforderungen
Grad der Spezialisierung	Sehr unterschiedlich hoch; nachweislich bringen höhere Spezialisierungen höhere Erträge, die in diesem Segment sehr wichtig sind. Fachanwaltstitel zeugen hier von Qualität.	Siehe generische Strategien: Einzelkämpfer haben den größten Bedarf an strategischer Positionierung, was immer auch Mut erfordert; neben fachlicher kommen vor allem Zielgruppenspezialisierungen, oder eine Kombination von beiden, in Frage.

---

[53] Siehe etwa: Streitatlas unter https://www.advocard.de/streitlotse/.
[54] https://anwaltsauskunft.de/magazin/.
[55] Beispiele für Anbieter in diesem Marktsegment in Deutschland sind etwa:
https://www.janolaw.de/; https://legalbase.de/; https://www.geblitzt.de/; https://www.advocado.de/; https://www.flightright.de/.
[56] Hierzu gibt es inzwischen eine Vielzahl von Literatur, angefangen bei den kostenlosen Faltblättern der Kammern, bis hin zu einzelnen Büchern wie etwa: Bruno Jahn, siehe dazu auch das Literaturverzeichnis.
[57] http://www.wolfgangmewes.de/wolfgang-mewes.htm.

4 Marktsegment Privatmandanten

Kriterium	Ausprägungen derzeit	Herausforderungen
Regionale Abdeckung	Abhängig von Spezialisierung; je höher spezialisiert, umso größer ist das Einzugsgebiet; in der Regel ist keine klare Aussage zur Spezialisierung vorhanden.	Spezialisierung verbunden mit klaren regionalen Fokus ist etwa ideal mit Hilfe von Google-Marketing fokussierbar.
Marketing	Von Gelben Seiten bis zu ausgeprägten Google-Webseiten Bewerbung; „wirb oder stirb" gilt gerade für dieses Segment.	Marketing ist in Verbindung mit Zielgruppenspezialisierung am einfachsten zu optimieren. Marketing ist der Schlüssel in einem wettbewerbsintensiven Markt, so lange ein klares Leistungsversprechen gegeben werden kann.
Vertriebsstrategie	Meist für persönlichen Beziehungsaufbau wichtiges Element, daher hoher persönlicher Einsatz notwendig; andere Vertriebsstrategien (wie Google) könnten besser genutzt werden.	Mehrere Vertriebsstrategien einsetzen, je nach Zielgruppe; bei Privatmandanten zunehmend Google AdWords einsetzen, um im Internet sichtbar zu sein (was sich ja hinsichtlich Suchwörter örtlich eingrenzen lässt).
Qualität	Zielgruppenangemessene Qualität; da alleine oder nur selten zu zweit an einem Fall arbeitend, wird Feedback nur von Richtern oder Kollegen kommen.	Immer auch Fortbildungen nutzen, um Kenntnisstand abzugleichen; wichtig, dass weder zu viel (gerade bei wirtschaftlich fragwürdigen Mandanten) noch zu wenig auf einem Mandat gearbeitet wird.
Einsatz von Technik	Klassische Anwaltssoftware für Ablaufsicherheit hilfreich; aufgrund Kosten wird dies in den unteren Segmenten aber oftmals vermieden.	Softwareeinsatz für Ablaufsicherheit unbedingt; auch kleinere Mandate immer ausreichend dokumentieren.
Kosten	Kostenquote ist zwar niedrig (40–50 %) in diesem Segment, aber notwendige Kosten, etwa für EDV oder Kanzleiausstattung zahlt sich aus.	Investitionen zahlen sich fast immer aus, vor allem in Fortbildung und EDV; weniger relevant ist das KFZ.
Servicequalität	Privatmandanten sind sehr empfänglich für hohe Empathie und Fähigkeit, zuzuhören auf Seiten des Anwaltes; auch Empfang ist wichtig.	Zeitaufwand für diesen zusätzlichen Service darf nichts kosten, d.h. diese Zeit ist im Vorfeld einzupreisen resp. durch effizientes Abarbeiten zu kompensieren.
Preispolitik	Meist „zielgruppenabhängig"; RVG resp. h-Sätze; RVG ist aufgrund niedriger Streit/Gegenstandswerte wenig attraktiv, höhere Stundensätze aber oft nicht durchsetzbar; realisierter Stundensatz geht bis auf 10 EUR/h herunter!	Umsätze nur mittels Spezialisierung steigerungsfähig; dazu auch von Bedeutung die Zielgruppe; wichtig in diesem Segment ist es, den Aufwand pro Akte mitzuschreiben, um herauszufinden, welche Mandanten/Mandate überhaupt nicht wirtschaftlich sind.
Ressourcennutzung	Nutzung von Sekretärinnen und Juristen zur Unterstützung sehr umsatzabhängig; Nutzung von 450 EUR/Kräften, was allerdings nur in Teilbereichen Sinn macht.	Nutzung von Sekretariat hilfreich, wenn Umsätze dies zulassen, da Entlastung von Routinetätigkeiten; Nutzung von Anwälten in Bürogemeinschaft für gegenseitige Spezialisierungsmöglichkeit sollten genutzt werden.
Netzwerke	Netzwerke werden wenig zielgerichtet genutzt; sind aber wichtig für Abgleich von Erfahrungen, Austausch, gegenseitige Unterstützung; teilweise außergewöhnlich gut.	Formelle Netzwerke wie Anwaltskammer, Anwaltverein sind hilfreich für Erfahrungsaustausch; eigenes Netzwerk an Spezialisten für Mandatsverweisungen wichtig; Vernetzung mit anderen Professionen sinnvoll, wenn dadurch eigenes Lösungsangebot für Mandanten besser wird.

5 Marktsegment KMU

In diesem Kapitel untersuchen wir jene lokalen Kanzleien mit zwei bis fünf Anwälten, die sich zur gemeinsamen Berufsausübung zusammen gefunden haben (und daher auch eine gemeinsame Umsatzsteuererklärung abgeben). Bei den insgesamt über 10.000 Kanzleien in diesem Segment handelt es sich meist um Kanzleien in Klein- und Mittelzentren bis ca. 50.000 Einwohner, die dort meist schnell marktführend sind, oder Kanzleien in größeren Städten, die dort in unterschiedlichen Konstellationen tätig sind. Gelten sie in kleinen Städten schon als „große" Kanzleien und sind daher wettbewerbsfähig, können sie in größeren Städten im Wettbewerb mit den Kanzleien mit mehr als fünf Anwälten nur noch mithalten, wenn sie spezialisiert sind.

Diese Kanzleien sind meist traditionell auf viele Zielgruppen gleichzeitig ausgerichtet und haben keinen klaren rechtlichen Fokus. Sie bedienen neben kleineren Unternehmen oft auch Privatmandanten. Diese Art von Kanzlei ist vom Aussterben bedroht: denn Mandanten aus der Wirtschaft verlangen nach lösungsorientierten Ansätzen, schnellem Arbeiten und Abrechnung nach Stunden, während Privatmandanten eher beziehungsorientiertes Vorgehen akzeptieren. Dies zeigt sich schon in der Sprachgewohnheit der Anwälte: Anwälte, die Privatmandanten beraten, sind gewohnt, langatmig und umfangreich zu berichten. Anwälte, die Wirtschaftsmandanten beraten, sind hingegen eher zielorientiertes Vorgehen gewohnt, und wissen um die Lösungsnotwendigkeit.

In einigen Kanzleien in diesem Segment sind manchmal auch noch beschränkte Öffnungszeiten (8 bis 17 Uhr, evtl. Mittwoch nachmittags geschlossen) durchaus üblich, was für Wirtschaftsmandanten heutzutage nicht mehr hinnehmbar ist. Die Wirtschaftlichkeit im Privatmandantenbereich kann nicht mit dem der für Wirtschaftsunternehmen tätigen Anwälte mithalten, so dass sich häufig ein Streit ums Geld entwickelt, der diese Kanzleien sprengt. Hier zeigt sich die erste und zentralste strategische Weichenstellung für Kanzleien überhaupt: die Zielgruppe der Privatmandanten und die der Wirtschaftsmandanten sind nicht kompatibel und die Kanzlei sollte sich klar entscheiden, wen sie berät.

Die zentrale Herausforderung für diesen Kanzleityp ist es daher, sich klar für eine Zielgruppe zu entscheiden. Denn nur dann sind Spezialisierungsstrategien sinnvoll, und die Abläufe und die Prozesse in der Kanzlei auf die Zielgruppe hin optimierbar.

5.1 Klassifizierung der Anbieter

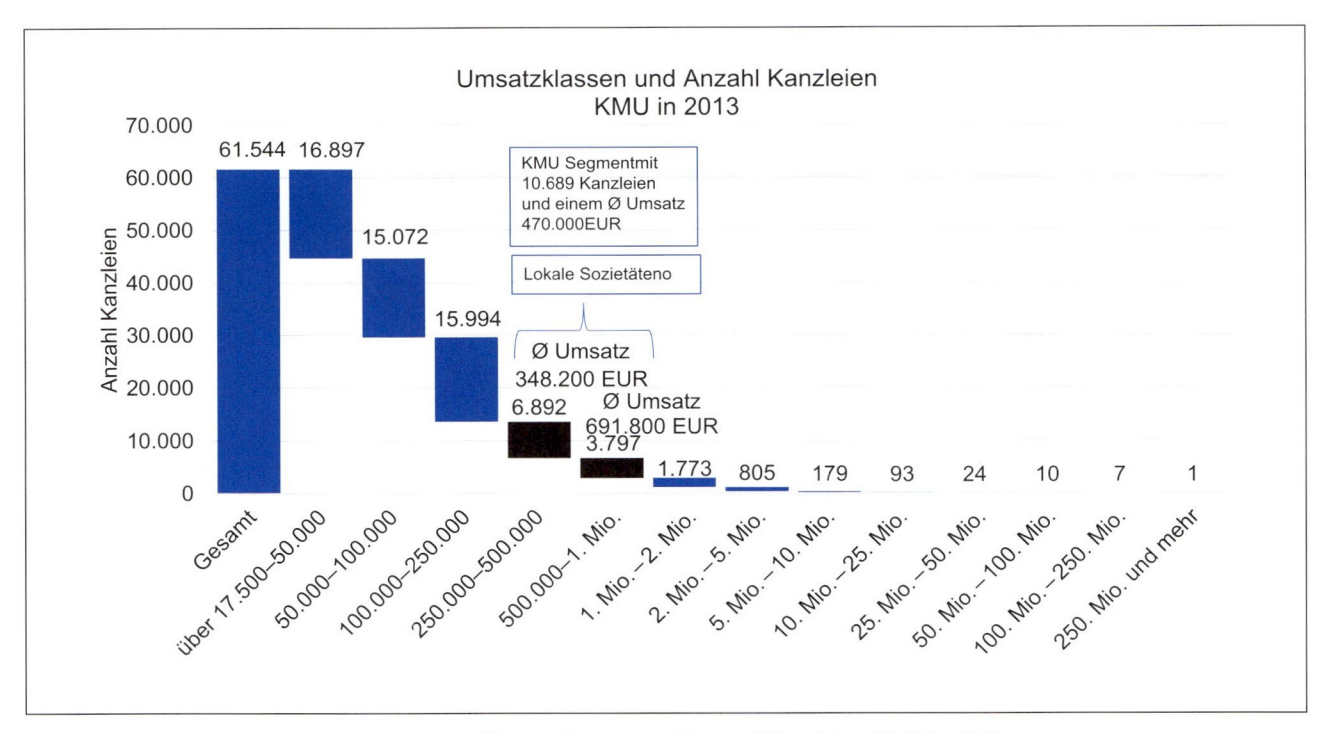

Abbildung 42: Umsatzklassen und Anzahl Kanzleien KMU in 2013
Quelle: Statistisches Bundesamt, Umsatzsteuerstatistik Voranmeldungen, Wirtschaftszweig Rechtsberatung 69.1

Umsätze zwischen 250.000 EUR und 1 Mio. EUR werden von zwei bis fünf Anwälten in Kanzleien im **Segment der KMU** erbracht. Wir können also von ca. 28.000 Anwälten in Kanzleien dieses Segments mit jeweils ca. 145.000 EUR Umsatz ausgehen. Es gibt kein statistisches Material, welches eindeutig eine Umsatz-Grenze bestimmt, daher sind Kanzleien oberhalb 1 Mio. EUR, etwa bei lokalen Kanzleien mit acht bis zehn Anwälten manchmal auch im Markt tätig, die im Profil wie diese sog. KMU Kanzleien arbeiten. Daher ist diese Grenze etwas willkürlich und dient eher der Illustration unterschiedlichen Marktpositionierungen als einer eindeutigen Zuordnung; der Leser muss aufgrund der folgenden Beschreibung für sich klären, ob seine Kanzlei hier zuzuordnen ist oder eher dem nächst höheren Segment.

Ausgehend von der Beobachtung und dem Datenmaterial werden pro Vollzeitanwalt in dieser Art von Kanzleien ca. 140.000 bis 180.000 EUR Umsatz gemacht.

1. Dieses Segment umfasst kleine Sozietäten von mindesten zwei Sozien und evtl. weiteren Anwälten als angestellt oder selbstständig tätige, auch in Teilzeit. Sie sind vor allem für Privatmandanten, teilweise auch für Unternehmensmandanten aus dem Bereich KMU unterwegs. Die Kosten- und Dienstleistungsstruktur ist daher sehr unterschiedlich ausgeprägt, was auch auf die Gewinnmöglichkeiten Einfluss hat.
2. Sozietäten zwischen 500.000–1 Mio. EUR Umsatz fokussieren verstärkt auf kleine Unternehmen, Privatmandanten sind aber auch anzutreffen. Eine Spezialisierung auf bestimmte Privatmandanten bspw. im Familien- oder Erbrecht kann den unternehmerischen Ansatz der Kanzlei unterstützen.
3. Die Kanzleien sind von der Struktur der Berufsträger eher partnerlastig (1,6–2,0). Diese Partner werden dabei von angestellten Berufsträgern, auch freiberuflichen Anwälten unterstützt, wobei erstere stark auf die Partnerschaft ausgerichtet sind.

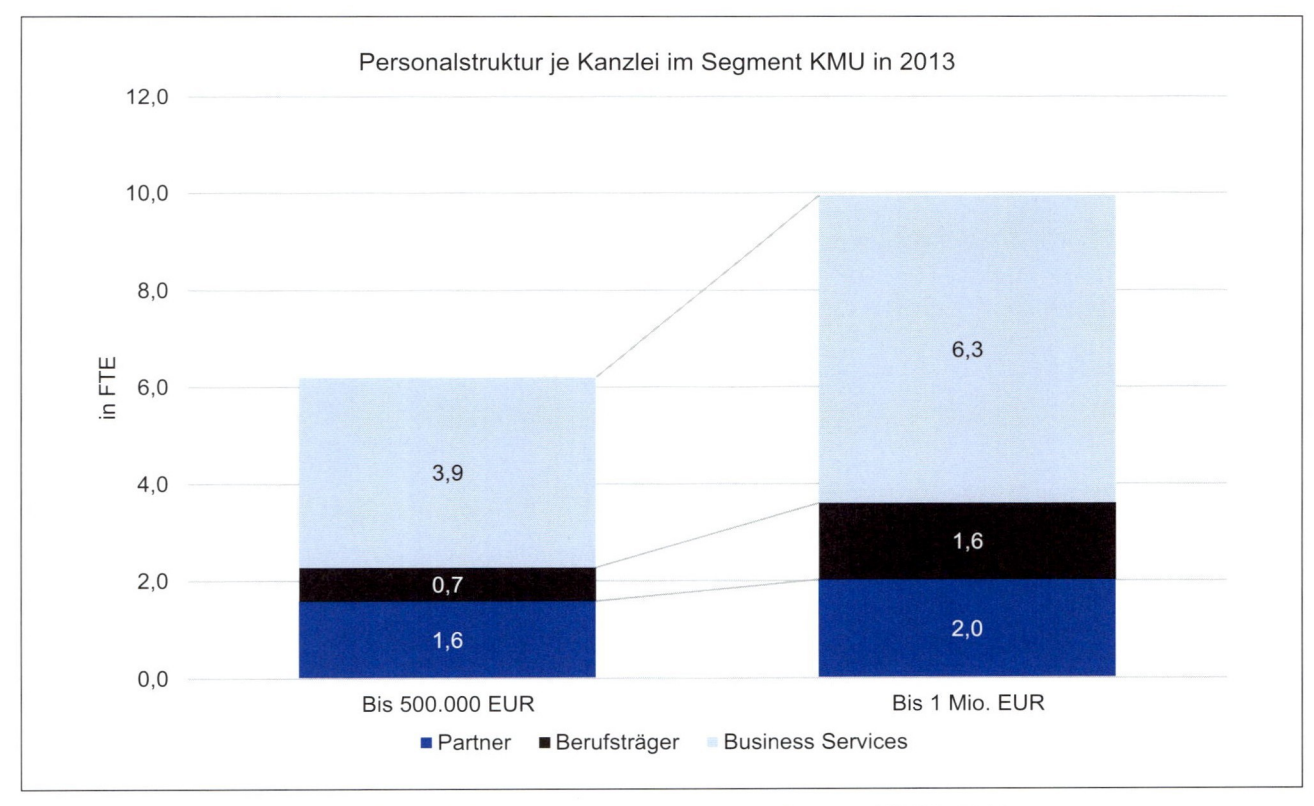

Abbildung 43: Personalstruktur je Kanzlei im Segment KMU in 2013
Quelle: Statistisches Bundesamt, Strukturerhebung im Dienstleistungsbereich 2008–2013, Wirtschaftszweig Rechtsberatung 69.1, eigene Berechnungen

Die Personalstruktur in beiden Umsatzgrößen ist von dem Verhältnis Partner zu Berufsträger recht ähnlich. Es sind immer mindestens zwei Sozien (oder wie hier: Partner) als Gesellschafter tätig, die mit 0,4 bis 1,6 zusätzlichen Vollzeitäquivalenten an Anwälten lt. unserer Kalkulation tätig sind. De facto werden es, ausgehend von ca. 180.000 EUR Umsatz pro Vollzeitanwalt und je nach tatsächlicher Umsatzgröße eine entsprechende Anzahl an Anwälten sein, oftmals in Teilzeit oder als selbstständige Anwälte zuarbeitend oder einzelne Fachgebiete übernehmen. Im Sekretariat (Business Services Bereich) rechnen wir bei der doppelten Umsatzgröße mit 50 % mehr Mitarbeitern für die Betreuung der Mandanten und die Abwicklung der Mandate und unterstützende Funktionen im Bereich Inkasso und der Zwangsvollstreckung. Die Relation Sekretariat zu Anwalt hängt immer vom Bereich ab, in dem die Kanzlei tätig ist: solche mit einem hohen Aufkommen an Gerichtsakten brauchen entsprechend mehr Sekretariatskräfte als rein beratende Anwälte. Unsere Relationsbildung ist aus den Angaben zu Mitarbeitern insgesamt zum Umsatz zurückgerechnet, beruht also nicht auf Befragungen der Kanzleien, spiegelt aber teilweise Erfahrungswerte aus der Beratung wieder, bei der es häufig Teilzeitkräfte, Auszubildende etc. gibt, die die Anzahl der Mitarbeiter erhöht.

5.1.1 Umsätze von 250.000–500.000 EUR: Lokale Sozietäten mit zwei bis drei Anwälten

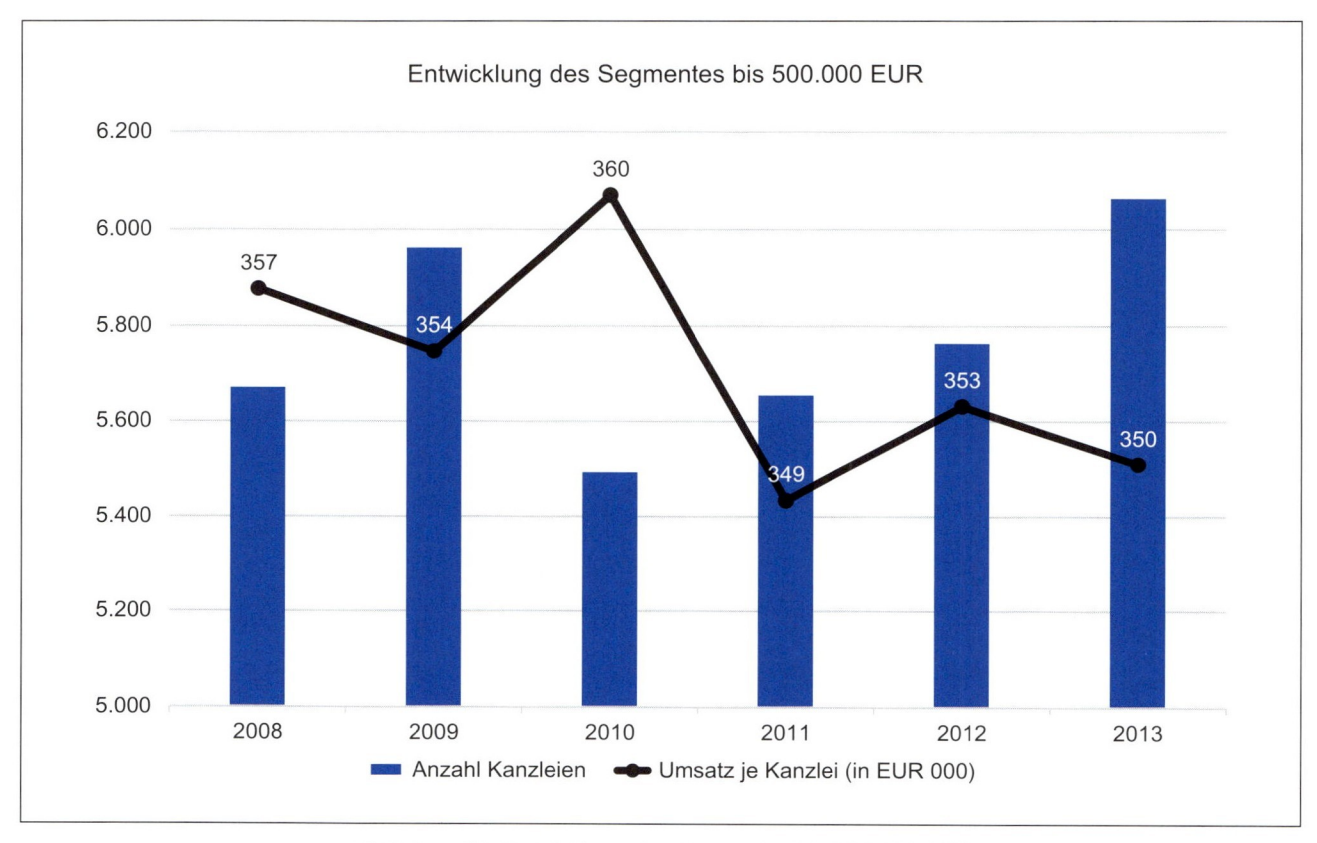

Abbildung 44: Entwicklung des Segmentes bis 500.000 EUR
Quelle: Statistisches Bundesamt, Strukturerhebung im Dienstleistungsbereich 2008–2013,
Wirtschaftszweig Rechtsberatung 69.1, eigene Berechnungen

Nach einem Einbruch in der Anzahl Kanzleien in 2010 auf ca. 5.400 Kanzleien ist die Entwicklung wieder auf eine Höchstmarke in 2013 angestiegen. Die Umsatzentwicklung ist allerdings fallend und lag 2013 bei ca. 350.000 EUR. Ein Mehrumsatz im Segment wird auf mehr Kanzleien verteilt, es findet folglich zunehmend ein Verdrängungswettbewerb statt.

Der Verdrängungswettbewerb kann durch mehr und besseres Marketing gewonnen werden, oder durch Spezialisierung mit Hilfe von Weiterbildung, aber auch durch strategische Überlegungen, etwa durch Fokusbildung auf die Hauptzielgruppe Privat- oder Unternehmensmandanten. Wir nennen dieses Segment KMU, da wir von einer hohen Betreuungsrate für kleine und mittlere Unternehmen neben Privatmandanten ausgehen.

Die Größe von fünf Anwälten gilt generell als unterste Grenze für eine Kanzlei, die die verschiedenen Rechtsgebiete fachlich ausreichend abbilden will, wenn sie sich nicht klar auf ein Rechtsgebiet, wie etwa Arbeitsrecht oder Familienrecht spezialisiert hat.

Der Umsatz pro Berufsträger entspricht weitgehend den Durchschnittsdaten aus der STAR-Analyse, die diese für sog. lokale Sozietäten ermittelt hat. Diese Umsätze sind typischerweise erreichbar und können als Benchmark gelten.

UBT und UEP im Segment bis 500.000 EUR

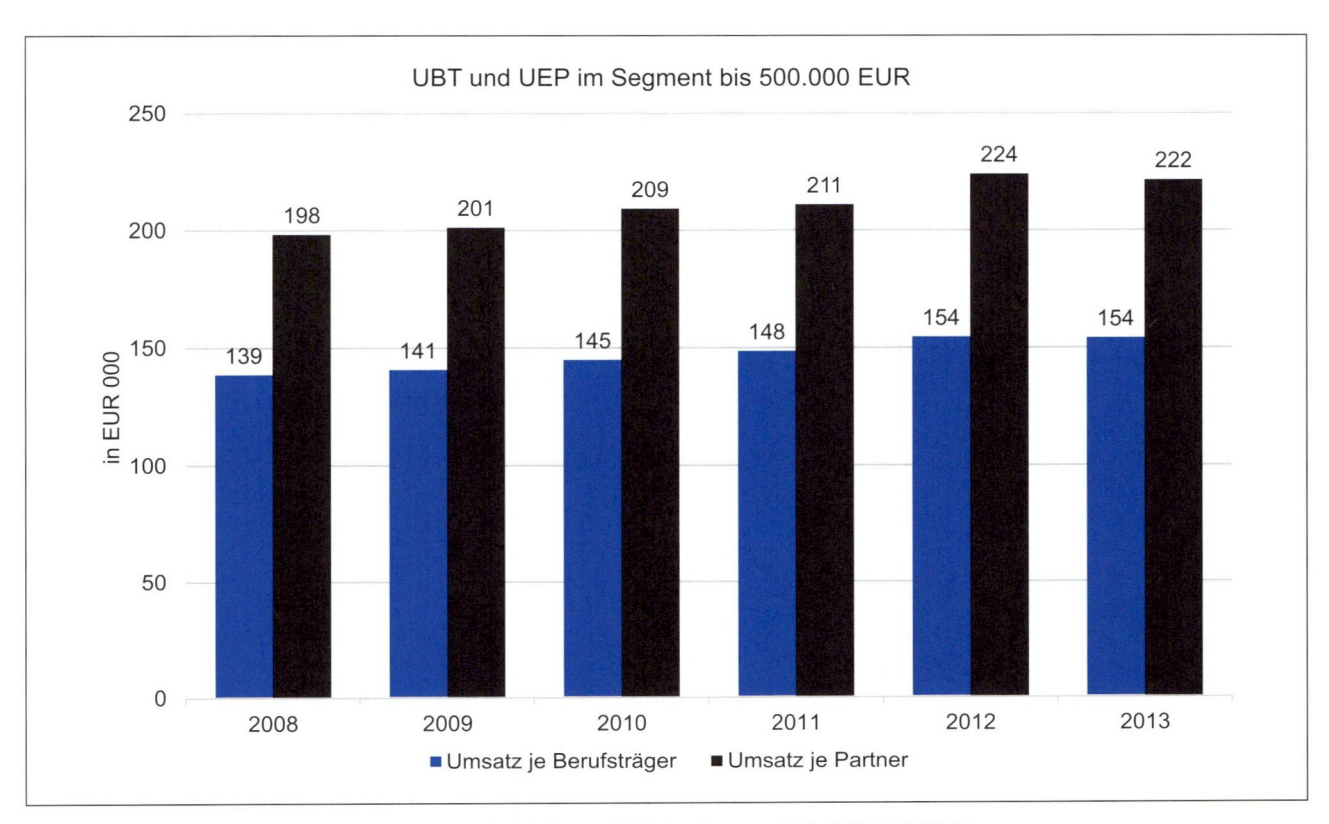

Jahr	Umsatz je Berufsträger	Umsatz je Partner
2008	139	198
2009	141	201
2010	145	209
2011	148	211
2012	154	224
2013	154	222

(in EUR 000)

Abbildung 45: UBT und UEP im Segment bis 500.000 EUR
Quelle: Statistisches Bundesamt, Strukturerhebung im Dienstleistungsbereich 2008–2013, Wirtschaftszweig Rechtsberatung 69.1, eigene Berechnungen

Umsatz und Gewinn je Partner im Segment bis 500.000 EUR

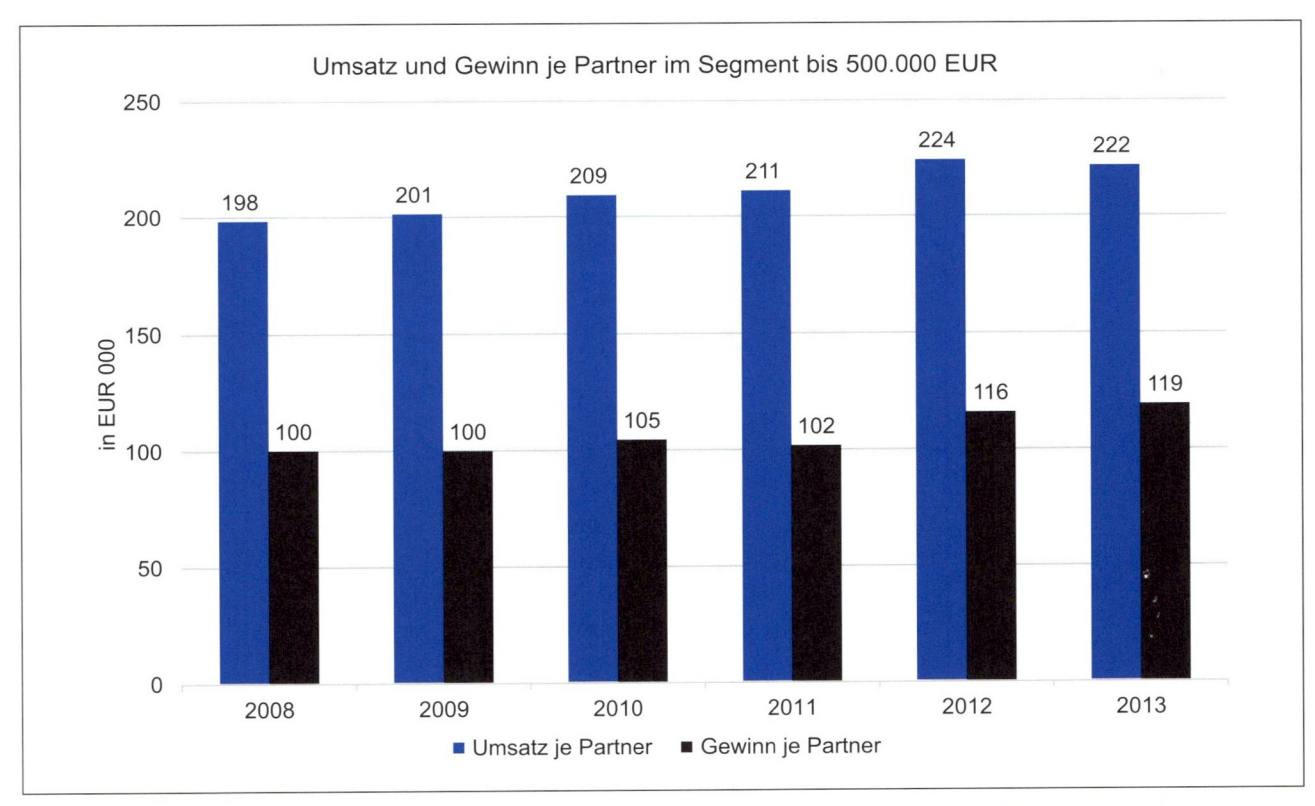

Jahr	Umsatz je Partner	Gewinn je Partner
2008	198	100
2009	201	100
2010	209	105
2011	211	102
2012	224	116
2013	222	119

(in EUR 000)

Abbildung 46: Umsatz und Gewinn je Partner im Segment bis 500.000 EUR
Quelle: Statistisches Bundesamt, Strukturerhebung im Dienstleistungsbereich 2008–2013, Wirtschaftszweig Rechtsberatung 69.1, eigene Berechnungen

Der UBT und UEP entwickeln sich beide stetig nach oben, auch wenn in 2012/2013 eine Stagnation festzustellen ist. Die Hauptarbeitslast liegt in diesem Segment bei den Partnern, eine Delegation auf angestellte Berufsträger ist erst in Ansätzen zu erkennen. Meist sind diese mit der Perspektive angestellt oder in freier Mitarbeit eingebunden, dass sie selber sich zu Anwälten entwickeln, die Mandanten akquirieren und zufriedenstellend bedienen können. Diese Kanzleien sind zu klein, um wirklich Mitarbeiter anzustellen und zu entwickeln, womit sie keine wirkliche Perspektive bieten können außer der möglichst schnellen Aufnahme als Partner.

Diese Kanzleien sind zugleich schon so groß, dass sie sich intern gut organisieren müssen, um die Fristen zu überwachen und organisatorische Prozesse zu harmonisieren. Tun sie es nicht, gibt es meist zwei (oder mehrere) Kanzleien in der Kanzlei.

Mit 80.000–120.000 EUR Gewinn pro Sozius sind diese Kanzleien im Gegensatz zu den Einzelanwälten schon so profitabel, dass sie einem Anwalt eine ausreichende Lebengrundlage ermöglichen. Lt. STAR-Analysen (→ Abbildung 52: Entwicklung Umsatz und Jahresüberschuss Partner lokale Sozietät (West) g. STAR) beträgt der Überschuss im Durchschnitt ca. 87.000 EUR, was 70 % höher ist als bei Einzelanwälten (→ Abbildung 41: Entwicklung Umsatz und Jahresüberschuss Einzelanwälte (West)). Der Zusammenschluss (insbesondere bei Spezialisierung) lohnt sich also.

Der Gewinn je Partner hat sich in 2012 verbessert; der Mehrumsatz konnte fast 1:1 in einen Mehrgewinn verwandelt werden. Diese durchschnittlichen Umsätze sind natürlich immer vom Umfeld, Spezialisierungsgrad, Mandanten, Abrechnungsgebräuchen etc. beeinflusst, zeigen aber, dass es lokalen Sozietäten gelingen kann, einen ausreichenden Gewinn für die Sozien zu generieren, um etwa eine Familiengründung zu wagen.

Bei einer Gewinnquote von ca. 50 % (immer bezogen auf den relativ niedrigen Umsatz), kann ein Sozius beruhigt sein; die Kosten von ca. 80.000 EUR sind nur unwesentlich höher als bei Einzelanwälten, daher zeigt sich hier klar, wie sinnvoll es ist, sich zusammen zu schließen.

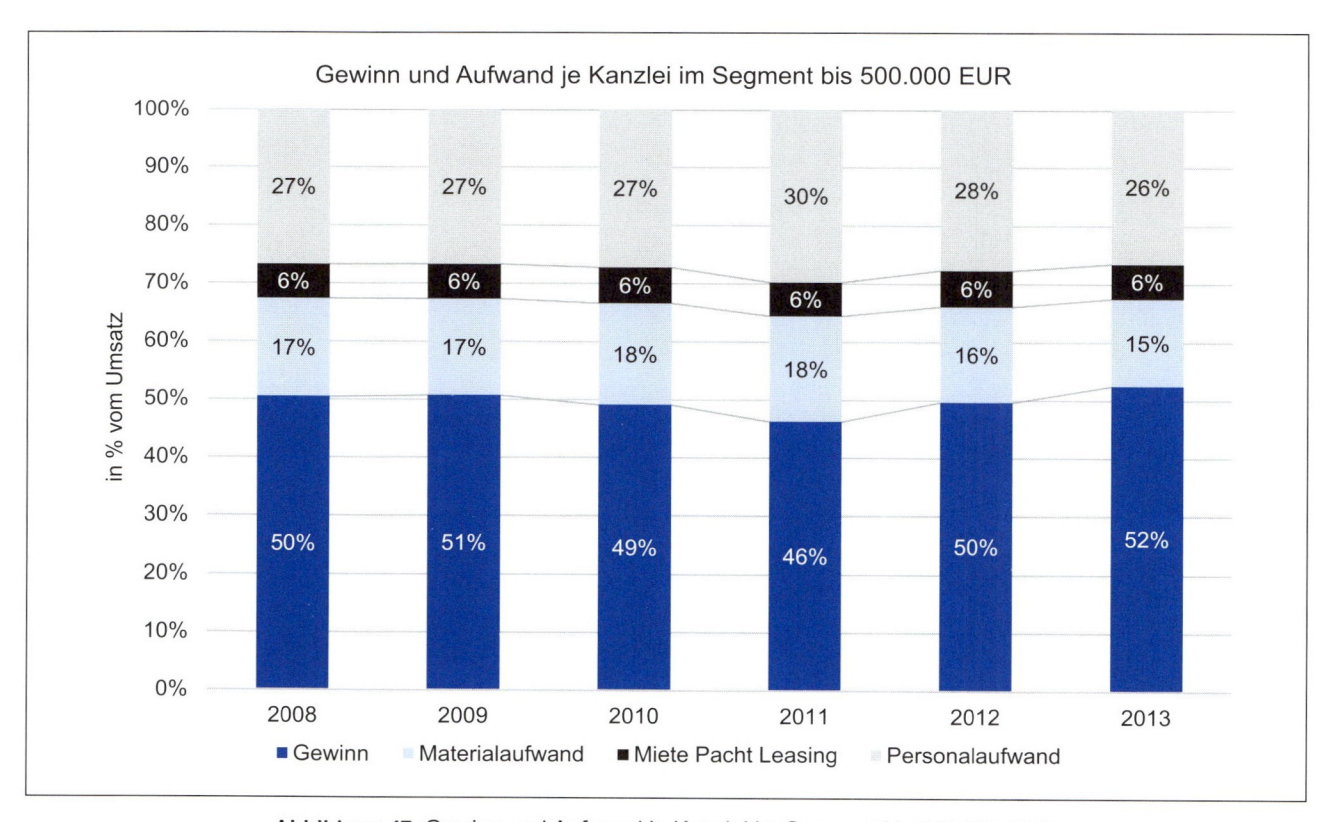

Abbildung 47: Gewinn und Aufwand je Kanzlei im Segment bis 500.000 EUR
Quelle: Statistisches Bundesamt, Strukturerhebung im Dienstleistungsbereich 2008–2013, Wirtschaftszweig Rechtsberatung 69.1, eigene Berechnungen

Die Gewinnquote bewegt sich im Schnitt bei ca. 50 %, zuletzt mit ansteigender Tendenz. Dies liegt insbesondere an einer Reduktion des Personalkostenanteils, was auf eine deutlich effizientere Nutzung des Personals schließen lässt. Gleichzeitig werden neue Berufsträger mit Bedacht eingestellt, die vorher vielleicht nur als selbstständige Anwälte tätig waren, und somit das Problem der Scheinselbstständigkeit mit sich bringen. Eine Aufstockung des Personal findet in diesen Kanzleigrößen nur eingeschränkt statt, es sollte immer erwogen werden, ob nicht durch effizienteres Arbeiten (elektronisches Diktat, Nutzung von flexiblen Überlaufkapazitäten durch Schreibserviceanbieter etc.) eine solche vermieden werden kann.

5.1.2 Umsätze von 500.000–1 Mio. EUR: Lokale Sozietäten mit drei bis fünf Anwälten

Im höheren Teilsegment mit drei bis fünf Anwälten verändert sich vor allem die Nutzung von juristischen Mitarbeitern: diese können jetzt besser ausgelastet werden.

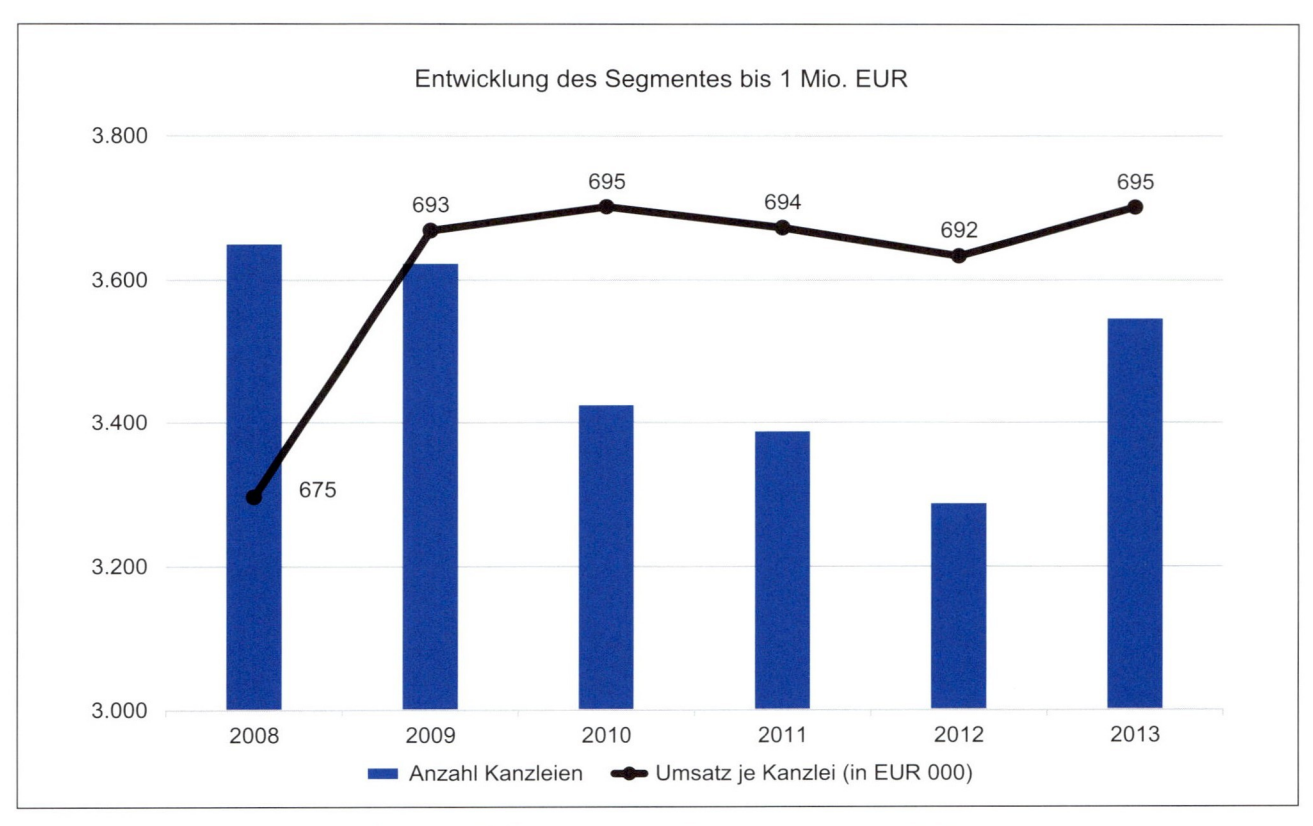

Abbildung 48: Entwicklung des Segmentes bis 1 Mio. EUR
Quelle: Statistisches Bundesamt, Strukturerhebung im Dienstleistungsbereich 2008–2013, Wirtschaftszweig Rechtsberatung 69.1, eigene Berechnungen

Das Segment mit Umsätzen bis zu 1 Mio. EUR war bis 2012 von einer kleiner werdenden Anzahl von Kanzleien geprägt, dieser Trend wurde in 2013 unterbrochen. Die Umsätze der Kanzleien haben sich dagegen verbessert, von 675.000 auf 695.000 EUR im Durchschnitt (→ Abb. 48). Diese Kanzleien profitieren also scheinbar von Entwicklungen im Kanzleimarkt, wie der stärkeren Fokussierung von Rechtsschutzversicherern auf gut eingerichtete und stabilere Kanzleien, denen sie mehr Umsatz zuordnen.

Der UEP hat in 2013 einen deutlichen Schub nach oben erfahren, eine Steigerung um ca. 9% gegenüber dem Vorjahr (→ Abb. 49). Der UBT hat sich zwar ebenso nach oben entwickelt, allerdings liegt er unter dem Niveau des vorigen Segmentes. Hier zeigen sich die Unterschiede im Geschäftsmodell auf, das auf ein stärkeres Leverage setzt, der sich dann auch in einem niedrigeren UBT abbildet. Je konservativer die Kanzleien aufgestellt sind und die Partnerzentrierung beibehalten, desto besser steht diese beim UBT dar.

Der Gewinn je Partner (→ Abb. 50) liegt in 2013 deutlich über dem Vorjahresniveau, eine Steigerung um 15% ist im Beobachtungszeitraum ungewöhnlich. Der Gewinn hat sich gegenüber dem vorigen Segment auch deutlich verbessert, wenn auch nur in 2013, in den Vorjahren bewegte er sich seitwärts. Offensichtlich ist aber der Effekt Größe hier klar zu beobachten; die Gewinne steigen deutlich, sobald die Kanzleien einen entsprechenden Umsatz idH. von oberhalb 500.000 EUR haben.

5 Marktsegment KMU

UBT und UEP im Segment bis 1 Mio. EUR

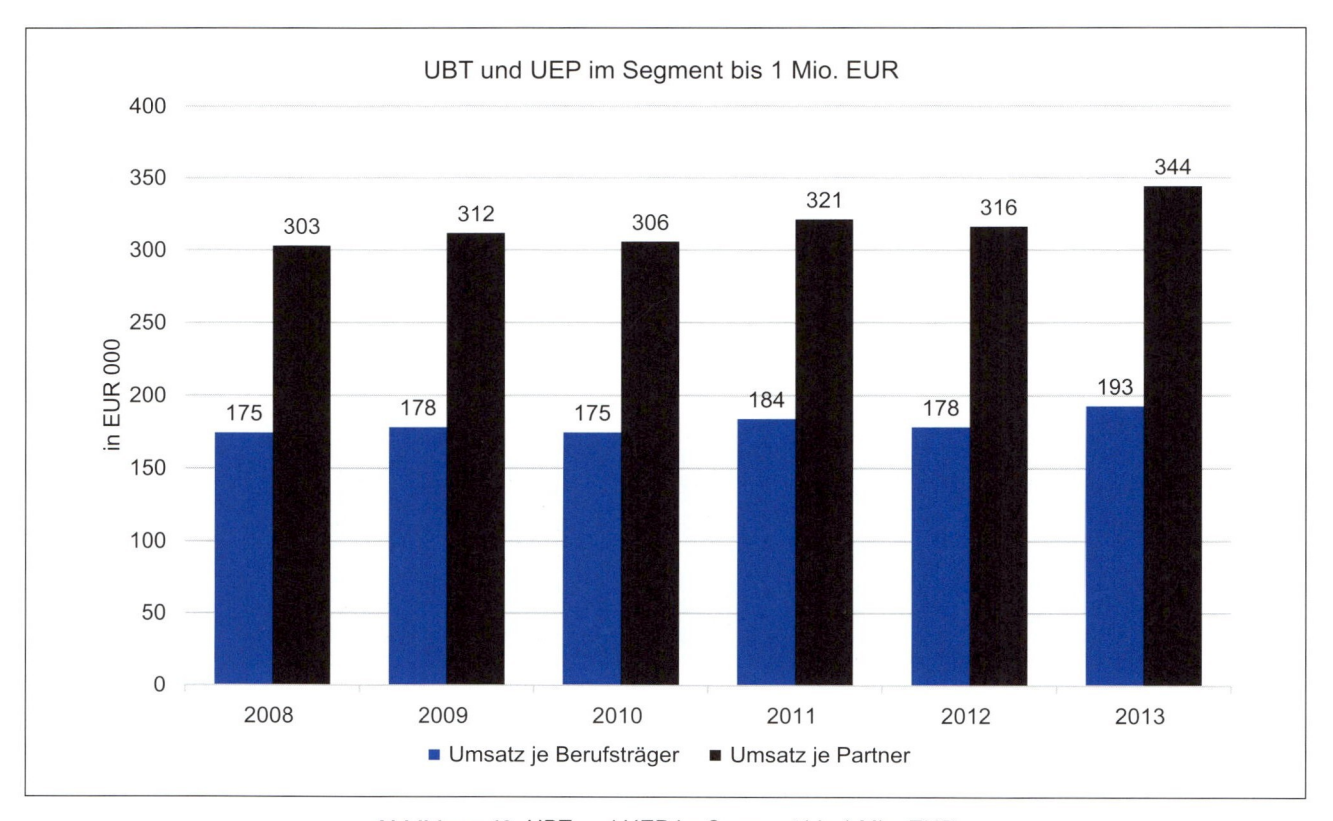

Jahr	Umsatz je Berufsträger	Umsatz je Partner
2008	175	303
2009	178	312
2010	175	306
2011	184	321
2012	178	316
2013	193	344

in EUR 000

Abbildung 49: UBT und UEP im Segment bis 1 Mio. EUR
Quelle: Statistisches Bundesamt, Strukturerhebung im Dienstleistungsbereich 2008–2013, Wirtschaftszweig Rechtsberatung 69.1, eigene Berechnungen

Umsatz und Gewinn je Partner im Segment bis 1 Mio. EUR

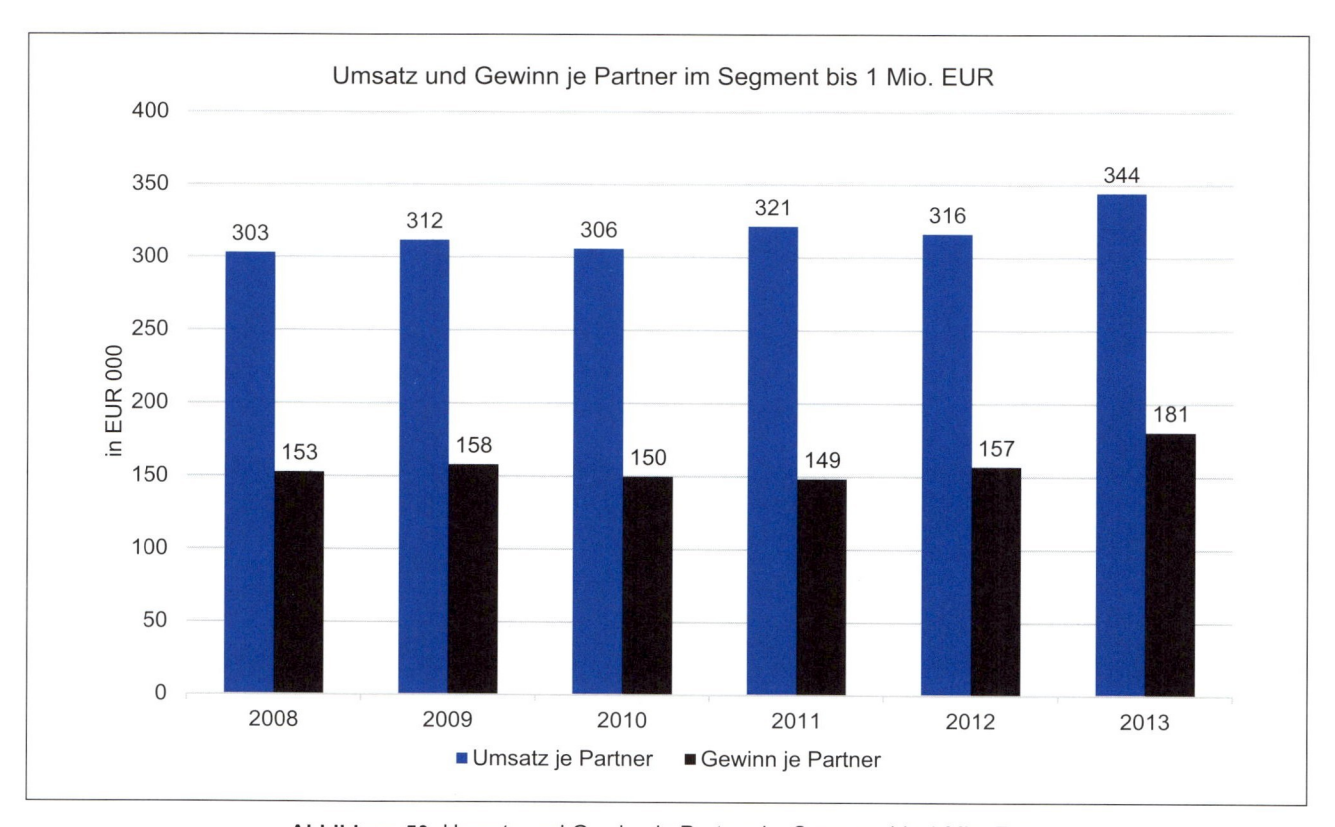

Jahr	Umsatz je Partner	Gewinn je Partner
2008	303	153
2009	312	158
2010	306	150
2011	321	149
2012	316	157
2013	344	181

in EUR 000

Abbildung 50: Umsatz und Gewinn je Partner im Segment bis 1 Mio. EUR
Quelle: Statistisches Bundesamt, Strukturerhebung im Dienstleistungsbereich 2008–2013, Wirtschaftszweig Rechtsberatung 69.1, eigene Berechnungen

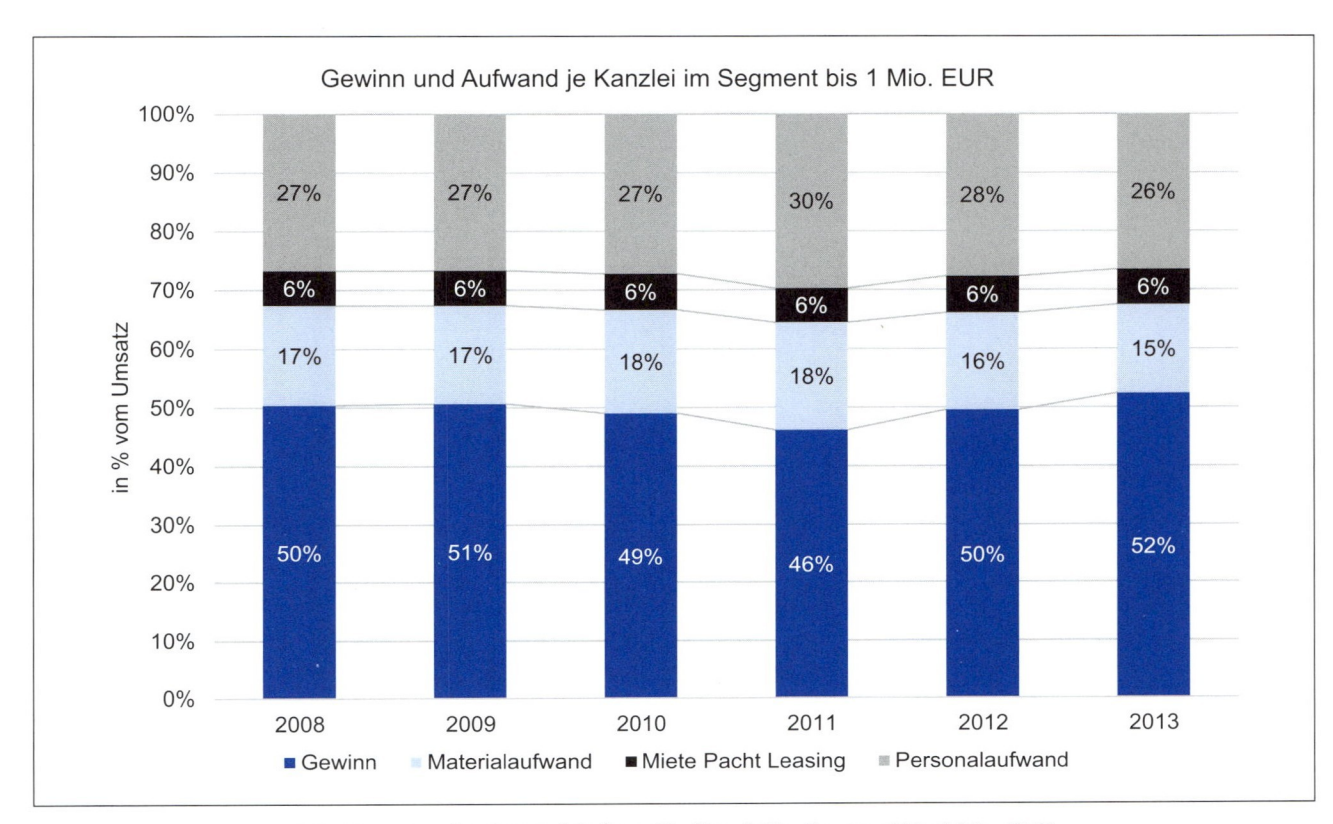

Abbildung 51: Gewinn und Aufwand je Kanzlei im Segment bis 1 Mio. EUR
Quelle: Statistisches Bundesamt, Strukturerhebung im Dienstleistungsbereich 2008–2013, Wirtschaftszweig Rechtsberatung 69.1, eigene Berechnungen

Die Gewinnquote bewegt sich wie in der kleineren Umsatzklasse im Schnitt bei ca. 50 %. Ebenfalls ist der Anteil des Materialaufwandes leicht gesunken, der Mietaufwand bleibt hingegen konstant.

5.2 Entwicklungen in diesem Segment

Die Umsatzentwicklung verläuft lt. STAR seit 2000 für diese Kanzleiklasse stetig nach oben und im Gleichklang mit der Gewinnentwicklung (→ Abb. 52). Im Osten Deutschlands liegen die Werte ca. 31 % niedriger.

Ein Vergleich der STAR Analyseergebnisse mit den Werten des statistischen Bundesamtes ergibt zwar große Unterschiede, sowohl beim Umsatz als auch Gewinn je Partner, insbesondere im Segment bis zu 1 Mio. EUR. Im kleineren Segment hingegen liegen die Werte relativ nahe beieinander. Die Untersuchung des IFB beruht allerdings auf einer repräsentativen Stichprobe, leider gibt es keinerlei Indikation, aus welchen Kanzleigrößenmerkmalen sich diese Stichprobe zusammensetzt. Das KMU Segment beinhaltet lt. Umsatzsteuerstatistik etwa 10.700 Kanzleien mit etwa 17.000 Sozien, die Stichprobe würde ca. 24 %[58] der in der Infrastrukturstatistik enthaltenen Partner abdecken. Dennoch meinen wir, dass die STAR Analyse hilfreich ist, um Anhaltspunkte zu liefern, während die Umsatzsteuerstatistik eindeutigere Zahlen hinsichtlich der Umsatzklassen liefert.

---

[58] http://www.lto.de/juristen/statistiken/wirtschaftliche-kennzahlen-selbststaendige-rechtsanwaelte/umsaetze-und-jahresueberschuesse-partner-in-lokalen-sozietaeten-west/.

5 Marktsegment KMU

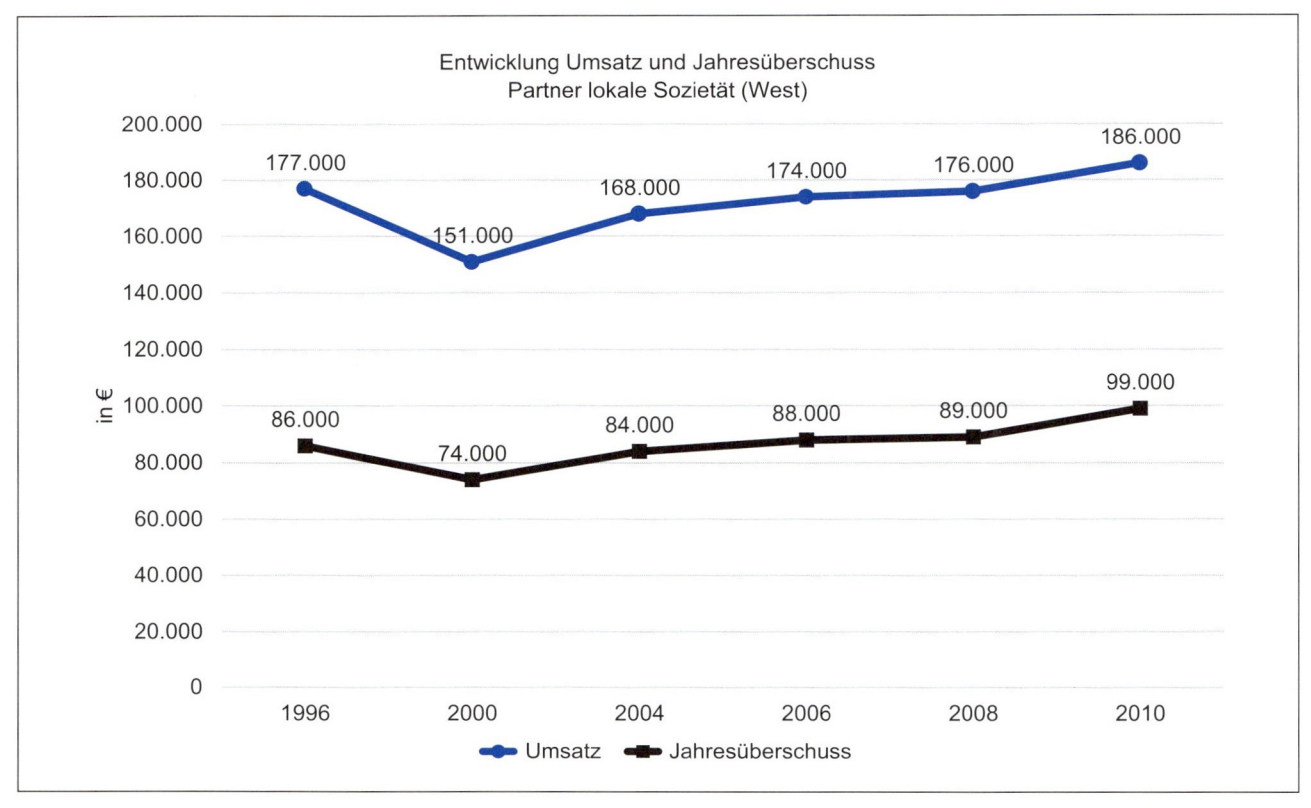

Abbildung 52: Entwicklung Umsatz und Jahresüberschuss Partner lokale Sozietät (West) g. STAR
Quelle: Institut für freie Berufe (IFB), BRAK Mitteilungen 4/2013

5.2.1 Herausforderungen der Zukunft

Das KMU Segment befindet sich in einer Sandwichposition zwischen Privatmandanten und Mittelstand. Auf der einen Seite sind die Kanzleien gefordert, die Geschäftsbeziehungen zu Unternehmen zu intensivieren, da ansonsten das Wachstumspotential für den Aufstieg ins nächsthöhere Segment fehlt. Zum anderen geben die Mandanten aus dem privaten Bereich weniger Umsatzpotential her, da hier der Kostendruck enorm ist, wie auch die Finanzierung der anwaltlichen Beratung zu einem Großteil über Rechtsschutzversicherungen, Prozesskostenhilfe und auch noch über Beratungshilfe abgewickelt wird. Es ist möglich, mit dieser Klientel den Umsatz über die Segmentschwelle von 1 Mio. EUR zu heben, allerdings werden dafür mehr Berufsträger benötigt.

Die Herausforderung ist eine hinreichende Spezialisierung für die jeweilige Kanzlei zu finden, die genügend profitables Wachstum erlaubt. Mit der Spezialisierung bspw. über entsprechende Fachanwaltsausbildung, können attraktive Privatmandanten akquiriert werden, alternativ kann eine Kanzlei Kompetenz aufbauen, um die mittelständische Klientel umfassend zu betreuen. Die Mandanten, die zu Kanzleien im KMU Segment gehen, haben meist keine eigene Rechtsabteilung, so dass eine breite Palette an Rechtsrat geleistet werden muss und dies in respektabler Qualität zu überschaubaren Kosten.

Falls die Expansion aus dem KMU Segment zum größeren Mittelstand erfolgreich verlaufen soll, könnte eine Kanzlei ihre wirtschaftsrechtlichen Kompetenzen weiter ausbauen oder sich weiter auf einzelne Rechtsbereiche fokussieren, sich also bspw. im Bereich Familienrecht/Erbrecht um steuerliche/gesellschaftsrechtliche Expertise verstärken, um für Klienten in der Unternehmensnachfolge oder für gesellschaftsrechtliche Fragen attraktiv zu sein.

5.2.2 Generische Strategien für dieses Segment

Strategien für dieses Segment zielen zum einen auf eine Spezialisierung, um für bestimmte Zielgruppen attraktiv zu erscheinen. Diese Spezialisierung kann auf verschiedenen Ebenen stattfinden, dazu zählen (nicht ausschließlich, auch Kombinationen sind möglich):

- Die Region: Wo will ich als die Kanzlei bekannt sein, die ich für bestimmte juristische Fragestellungen aufsuche, bspw. Metropolregion Nürnberg.
- die Branche: Wenn mein juristischer Rat nur in bestimmten Branchen angewendet werden soll, bspw. nur öffentliche Energieversorger
- das Fachgebiet: Der Fokus auf einzelne juristische Themen, bspw. nur Familien und Erbrecht oder Baurecht für Bauträger
- Die Mandanten: Wie soll die Mandantenstruktur aussehen, welche Privatmandanten bzw. Unternehmen sollen beraten werden und in welchem Bereich gelingt es, dass die Kanzlei diese Beratungskompetenz zugeschrieben bekommt.

Bei der Vielfalt von Kanzleien in dem KMU Segment stehen diese vor Herausforderung, auch gefunden zu werden. Während das Internet hier vieles leichter gemacht hat, ist es gleichzeitig auch komplexer geworden, gefunden zu werden. Wenn ein potentieller Klient nach Rechtsberatung sucht, muss die Kanzlei über Google sicherstellen, in der Suche möglichst auf der ersten Seite zu erscheinen. Hier unterstützen spezielle Beratungen, die Suchergebnisse für die Kanzlei zu optimieren.

Nachdem die elektronische Akte ein weitestgehend etablierter Standard in der Kanzleiarbeit ist, geht die elektronische Mandatsannahme einen Schritt weiter. Hier kann der Mandant elektronisch bestimmte rechtliche Maßnahmen auslösen, und mit einem Anwalt persönlich in den Austausch gehen. Dies eignet sich sehr gut für Standardisierungen wie bspw. Kündigungsschutzklagen (z. B. www.k-112.de) oder Einsprüche bei Flugverspätungen (z. B. www.flightright.de oder www.refund.me/de/). Hier kann die Kanzlei entsprechende Kooperationen eingehen, bzw. eigenständige Angebote entwickeln, die zu der angestrebten Branche oder Zielgruppe passen.

5.3 Optimierungsmöglichkeiten in diesem Segment

Im Folgenden beschreiben wir die wichtigsten Differenzierungskriterien im Wettbewerb.

Kriterium	Ausprägungen derzeit	Herausforderungen
Grad der Spezialisierung	Einzelne Spezialisierungen sind vorhanden, die auch der Reputation dienen.	Die Spezialisierungen sind über Fachanwaltstitel zu betonen, auch müssen die Spezialisierungen zu einem ganzheitlichen Serviceangebot für den Mandanten zusammengeführt werden.
Regionale Abdeckung	In der Region als Spezialist präsent, durch die Größe aber nur beschränkt einsetzbar.	Weiterer Ausbau der Spezialisierung, um in der Region stärker aufzutreten und überregionale Kontakte aufzubauen.
Marketing	Webseite als Hauptwerbeinstrument, Printmedien spielen kaum eine Rolle, lokale Anwaltskammer dient als Multiplikator.	Im Marketing ist die Spezialisierung in Verbindung mit der Zielgruppe zu bringen. Bekanntheitsgrad kann über persönliche Präsenz und regionale Branchenverbände gesteigert werden.
Vertriebsstrategie	Der persönliche Beziehungsaufbau ist das wichtigste Element, daher hoher persönlicher Einsatz notwendig; andere Vertriebsstrategien (wie Google) können ergänzend besser genutzt werden.	Mehrere Vertriebsstrategien einsetzen, je nach Zielgruppe, je nach Spezialisierung verstärkt Kooperation mit anderen Dienstleistern wie Steuerberatern eingehen.
Qualität	Zielgruppenangemessene Qualität und Orientierung an den Wettbewerbern.	Mittels Fachanwaltsausbildung und Teilnahme an den speziellen DAV Arbeitskreisen die Weiterentwicklung suchen.
Einsatz von Technik	Etablierung einer Kanzleimanagementsoftware als Standard.	Zusätzliche Investitionen für Digitalisierung und ein Dokumentenmanagementsystem.
Kosten	Kostenquote ist noch niedrig in diesem Segment, aber die Kanzleiräumlichkeiten sind auf qualitatives und quantitatives Wachstum auszurichten (Besprechungsraum, Räume für angestellte Anwälte), professionelle IT.	Gezielt Investitionen in Spezialisierung und Mandantenakquise, IT nimmt größeren Block ein (schnelles Internet, digitale Anbindung aller am Mandat Beteiligten).

Kriterium	Ausprägungen derzeit	Herausforderungen
Servicequalität	Zunehmend Unternehmensmandanten, die prompte Reaktionen und unternehmerische Qualität erwarten, professionelle Ansprache neuer Mandanten und Pflege der Beziehung.	Qualifizierung der Mitarbeiter, um den gestiegenen Ansprüchen gerecht zu werden.
Preispolitik	Meist zielgruppenabhängige Stundensätze, vereinzelt noch RVG basierte Abrechnungen vorhanden.	Je stärker die Spezialisierung den Beratungsmehrwert stützt, desto höher kann der Stundensatz ausgeprägt sein. Differenzierung der Stundensätze nach Partner und angestelltem/zuarbeitendem Anwalt, um die Abrechnung transparent zu machen. Zeitmitschrift Pflicht, um betriebswirtschaftliche Transparenz der Mandatsbearbeitung sicherzustellen.
Ressourcennutzung	Kleines Kernteam im Support, was die Partner unterstützt; angestellte Anwälte werden zu wenig genutzt, es werden freie Mitarbeiter am Markt zugekauft; zu geringer Fokus auf Qualitätssicherung.	Mandatsprozesse in der Kanzlei klar definieren, damit alle nach einem Standard arbeiten, Delegation von Aufgaben an das Sekretariat, weg vom „alles selber machen" und mehr kontrollieren.
Netzwerke	Überregionale Netzwerke sind kaum etabliert, regionale Netzwerke werden genutzt, aber nur innerhalb der gewählten Spezialisierung.	Formelle Netzwerke wie Anwaltskammer, Anwaltsverein sind hilfreich für Erfahrungsaustausch; informelle Kontakte zu anderen Kanzleien pflegen für potentielles Verweisungsgeschäft, Vernetzung mit anderen Professionen sinnvoll, wenn dadurch eigenes Lösungsangebot für Mandanten besser wird, und für Mandanten ein Mehrwert möglich wird.

6 Marktsegment Mittelstand

Im Folgenden besprechen wir ca. 2.700 Kanzleien mit 1–10 Mio. EUR Umsatz und ca. 28.000 Anwälten. Wie oben angemerkt, sind die Grenzen zwischen den Kanzleien zwischen 1–2 Mio. EUR Umsatz ohne weitere Daten schwer möglich. Es sind vor allem unsere Marktbeobachtungen, die uns dazu verleitet haben, diese Grenze hier zu ziehen. Wichtig ist, dass ab einer bestimmten Größe und Anzahl Berufsträger die Organisation einer Kanzlei zunehmende Beobachtung verlangt, da die Abstimmung der Arbeitsprozesse wichtig für die Effizienz ist. Dies hängt zum einen mit der Zielgruppe zusammen, die bedient wird: diese Anforderungen unterscheiden sich bei Privatmandanten klar von Unternehmensmandanten, wie bereits oben ausgeführt. Im ersten Fall sind bspw. Mandantenbesprechungen in der Kanzlei üblich, während im letzteren Fall die Kommunikation über Email und Telefon vorherrscht. Auch sind Wartezimmer für Unternehmer und Selbstständige eher eine Zumutung: hier wird von Termintreue ausgegangen und Besprechungszimmer sind selbstverständlich. Dementsprechend sind unterschiedliche Anforderungen an Lage, Ausstattung, Arbeitsweisen etc. zu beachten, und dies macht aus unserer Sicht den Unterschied zwischen Einzelanwälten und KMU auf der einen Seite, und Mittelstandskanzleien auf der anderen Seite aus.

6.1 Überblick über das Segment

Der Mittelstand der deutschen Kanzleien bedient den Mittelstand. Auf diese einfache Formel kann man es bringen, auch wenn es natürlich nicht trennscharf ist. Dennoch ist der typische Kanzleizuschnitt auf die Beratung und Begleitung von mittelständischen Unternehmen und den Unternehmern persönlich fokussiert. Diese haben meist 50 bis 500 Mitarbeiter, sind oftmals in privater Hand und mit geschäftsführenden Gesellschaftern ausgestattet. Hier ausreichende Beratungsqualität anbieten zu können ist die große Herausforderung: denn mit zunehmender Komplexität der Rechtsfragen, Auslandsbezügen der Tätigkeit der Mandanten als Regelfall eher denn als Ausnahme und hohen Anforderungen an die Schnelligkeit kommt dieser Kanzleityp schnell an die Grenzen. Auch fachlich fällt es zunehmend schwer mitzuhalten, etwa bei Finanzierungsfragen (Anleihen …), gesellschafts- und steuerrechtlichen Fragen etc. Außerdem sind zunehmend englische Sprachkenntnisse (und evtl. Rechtskenntnisse) notwendig. Dieses Segment steht im anspruchsvollen Bereich im Wettbewerb mit den größeren Kanzleien, die selten sehr viel teurer anbieten, und muss vermeiden, auf einfache Rechtsfragen reduziert zu werden. Ob die Grenze nun bei 1 Mio. EUR oder bei 2 Mio. EUR

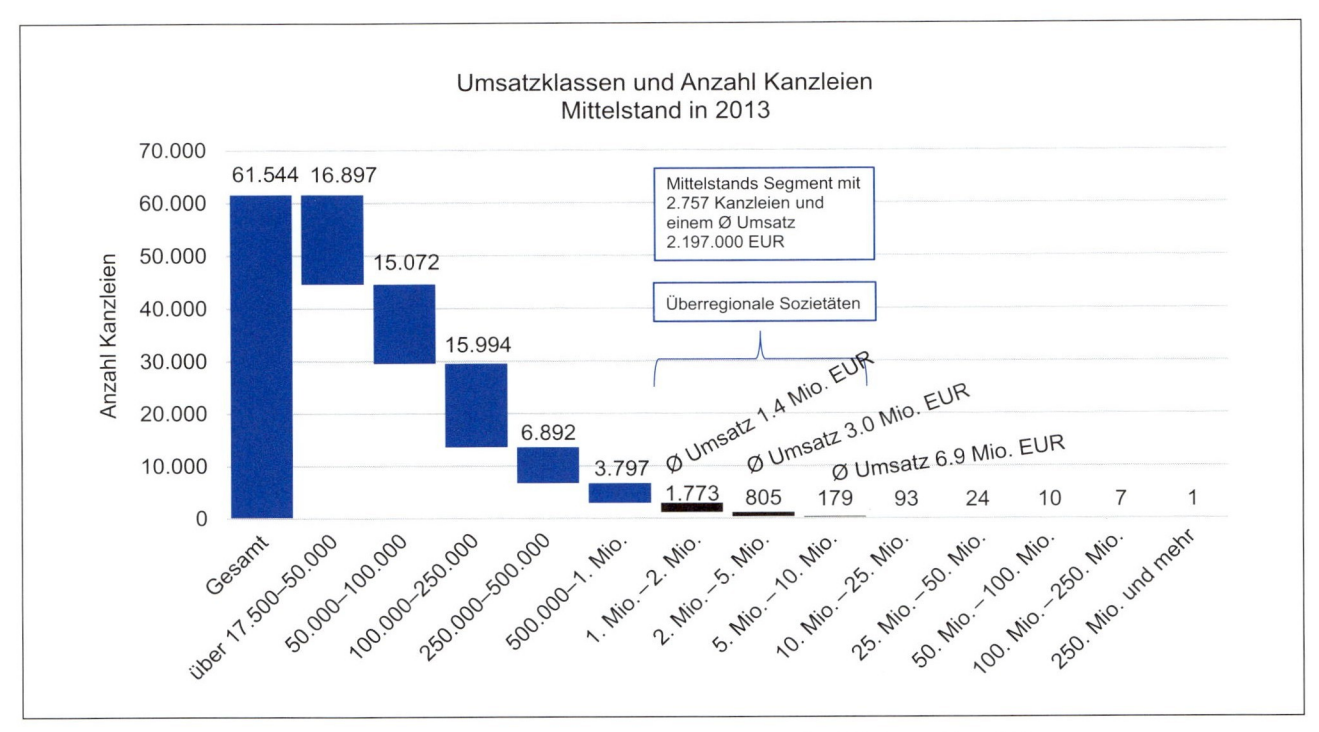

Abbildung 53: Umsatzklassen und Anzahl Kanzleien Mittelstand in 2013
Quelle: Statistisches Bundesamt, Umsatzsteuerstatistik Voranmeldungen, Wirtschaftszweig Rechtsberatung 69.1

gezogen wird, ist aus unserer Sicht daher zweitrangig, aber die Wahrscheinlichkeit, kompetente Anwälte anzutreffen, steigt natürlich mit Umsatz, Größe und somit auch regionaler Bedeutung so einer Kanzlei.

Wie sich anhand der Teilsegmente (1–2 Mio. EUR, 2–5 Mio. EUR und 5–10 Mio. EUR Umsatz) zeigt, sind diese Kanzleien hinsichtlich Inhaber, mitarbeitende Juristen und Sekretariat (Business Services) unterschiedlich ausgestattet. Kanzleien bis 2 Mio. Umsatz haben meist drei Inhaber bei bis zu zehn Anwälten insgesamt, manchmal sind aber auch alle Anwälte Sozien, wobei die Gewinnanteile oder Gesellschaftsanteile mal rein sozialistisch, mal eher meritokratisch verteilt werden. Die Business Services können nach unserer Kalkulation auch Rechtsreferendare und zuarbeitende Juristen enthalten. Dagegen haben Kanzleien mit 5–10 Mio. EUR Umsatz ca. sieben bis 15 Partner (= Sozien). Die Relation Anwalt zu Sekretärin ist bei allen Typen meist bei 1:1 angelangt.

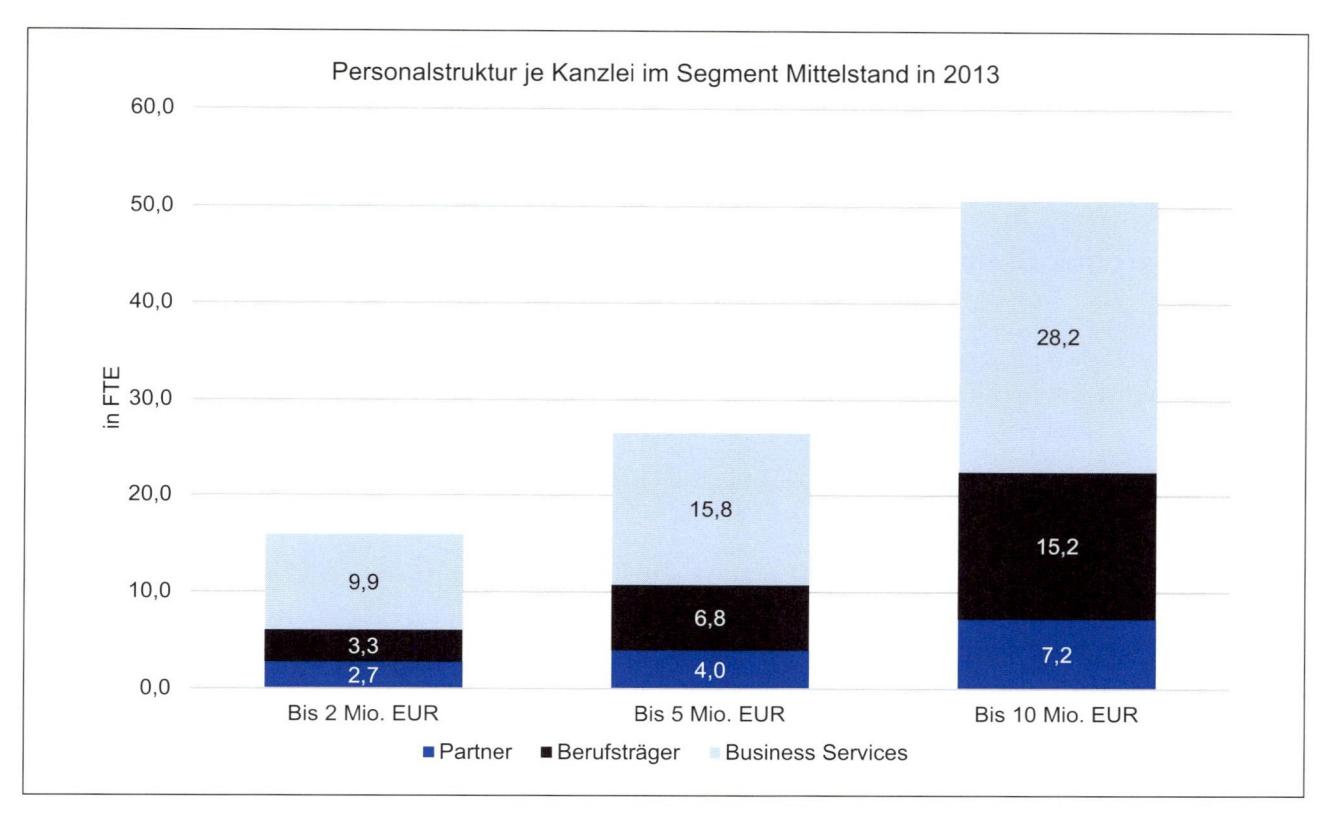

Abbildung 54: Personalstruktur je Kanzlei im Segment Mittelstand in 2013
Quelle: Statistisches Bundesamt, Strukturerhebung im Dienstleistungsbereich 2008–2013, Wirtschaftszweig Rechtsberatung 69.1, eigene Berechnungen

6.1.1 Hauptproblem Mitarbeiter

Diese Kanzleien sind meist zunehmend im Markt für Unternehmen tätig und haben zugleich meist sehr partnerlastige Arbeit, die anspruchsvoll ist und nur in Teilen auf Mitarbeiter delegiert werden kann. Oftmals ist die betriebswirtschaftliche Rechnung hier wie auch bei den einzelnen Gruppen wirtschaftlich fragwürdig: zwar sind neben den Sozien mehrere Berufsträger tätig, aber diese spielen kaum Gewinne in die Kanzlei, sondern arbeiten meist zu ihren kumulierten Gehalts- und Gemeinkosten. Sie sind selten wirtschaftlich und zugleich ist die Hoffnung, dass aus ihnen unternehmerische Mit-Partner werden, meist nicht realistisch. Diejenigen Anwälte, die unternehmerisches Potenzial haben, sind meist im Konzernsegment untergekommen, in der Hoffnung auf hohe Gehälter und in großstädtischen Einzugsgebieten[59].

Dies ist die größte Herausforderung in diesem Segment: überhaupt noch juristische Mitarbeiter zu erhalten, die fachlich ausreichend qualifiziert sind, ausreichend ehrgeizig, um in der Kanzlei und im Markt zu bestehen, und bereit, sich ggfls. am Standort außerhalb der Großstädte einzubringen. Zugleich ist die „Bewirtschaftung" der Ressource Mitarbeiter

---

[59] Dieses Phänomen ist in Großbritannien bereits viel stärker ausgeprägt, so dass eine Unterversorgung der Fläche mit ausreichend qualifizierten Anwälten befürchtet wird, siehe Studie der Law Society.

auch das größte Problem: denn nur wenn die Auslastung gelingt, kann dieser Kanzleityp das Potential entfalten. Hier ist ein großer Abstand in der Profitabilität sichtbar (→ 3.3.3.)

Hier wird der in diesem Kanzleityp derzeit bestehende Generationswechsel am deutlichsten: die jungen Leute zieht es in die Großstädte; lokal verwurzelte Anwälte, die unbedingt in die Provinz wollen, gibt es immer weniger. Damit sind diese Kanzleien im Mittelstandssegment vor die Wahl gestellt: langsamer Rückbau entsprechend dem Alter der Sozien, oder Aufnahme von weniger qualifizierten Mitarbeiter in die Partnerschaft, in der Hoffnung, dass diese so langsam in die Rolle des Partnern hinein wachsen. Jedenfalls sind die Gewinnverteilungssysteme hier nicht mehr angemessen, weil nicht blind darauf vertraut werden kann, dass alle am gleichen Strang ziehen (können). Die junge Generation Y, so sie denn überhaupt bereit ist, sich einzubringen, muss wohl erst am eigenen Leib erfahren, was es heißt, Geld zu verdienen, so die häufige Botschaft in diesem Segment.

6.1.2 Ausdifferenzierung

Wir können derzeit folgende strategischen Gruppen in diesem Segment definieren, sind aber überzeugt, dass die Ausdifferenzierung viel weiter getrieben werden kann:

Im **ersten** Segment der für den Mittelstand tätigen Kanzleien finden wir die regional tätigen und bedeutsamen Kanzleien mit mehr als 1 Mio. EUR Umsatz (und weniger als 5 Mio. EUR). Hier bearbeiten durchschnittlich sieben bis elf und mehr Anwälte wirtschaftsrechtliche Fragen. Diese Kanzleien sind meist traditionell am Ort führend und haben meist nur einen Standort. In diesem Segment sind Stundensätze von 150–300 EUR realisierbar, auf Basis von 1.200 h/Jahr können damit pro Anwalt Umsätze von 180.000 bis 360.000 EUR erzielt werden, im Schnitt sind es 230.000 EUR.

Steckbriefartig lassen sich folgende Kriterien definieren:

1. Mandanten sind meist rein national agierende Firmen und kleinere Töchter ausl. Konzerne, aber auch international agierende Mittelständler aus Deutschland.
2. Mandate sind anspruchsvoll, meist national, meist auf Deutsch zu verhandelnd und auf deutscher Rechtsordnung beruhend.
3. Stundensätze liegen bei 150–300 EUR, im Einzelfall darüber.
4. dort tätige Anwälte sind selten zweisprachig (Heimatsprache und englisch), mit guten Abschlüssen deutscher Universitäten.

Diese Kanzleien beraten meist Mittelständler, evtl. auch Konzerntöchter, oftmals auch vermögende Privatpersonen hinsichtlich der gesellschaftsrechtlichen Stellung, die diese in Beteiligungen haben. Diese Beratung hat einen stärkeren, personenbezogenen Beratungsansatz, in dem es schwerer fällt, Arbeit auf andere Anwälte zu delegieren, wegen dem direkten Kundenkontakt. Dies hat Rückwirkungen auf die internen Strukturen, Arbeitsprozesse und Hierarchien.

Im **zweiten** Segment finden wir überregionale tätige Kanzleien mit mehr als 5 Mio. EUR (und weniger als 10 Mio. EUR). Hier beraten durchschnittlich 20 und mehr Anwälte im Schwerpunkt zu gesellschaftsrechtlichen Fragestellungen und betreuen auch kleinere M&A Transaktionen. Diese Kanzleien haben sich aus einem Standort heraus überregional verbreitet, und zählen regional zu den führenden Adressen. In diesem Segment sind Stundensätze von 200–350 EUR realisierbar, auf Basis von 1.200 h/Jahr können damit pro Anwalt Umsätze von 240.000–420.000 EUR erzielt werden.

Steckbriefartig lassen sich folgende Kriterien definieren:

1. Mandanten sind zunehmend international agierende Firmen und Töchter ausl. Konzerne, auch große inhabergeführte, international agierende Mittelständler aus Deutschland.
2. Mandate behandeln anspruchsvolle nationale, zunehmend internationale, rechtliche Fragestellungen, die neben der deutschen Rechtsordnung auch englische Normen betreffen.
3. Stundensätze liegen bei 200–350 EUR, im Einzelfall darüber.
4. dort tätige Anwälte müssen zunehmend zweisprachig sein (Heimatsprache und englisch), mit guten Abschlüssen deutscher Universitäten und idealerweise Zusatzqualifikationen wie LLM, Steuerberater oder Promotion.

Für diese beiden Segmente liegen bisher keinerlei aussagekräftige Studien oder Erhebungen vor. Wir haben aufgrund unserer Beratungsarbeit in diesem Bereich erfahren, dass die Grundthemen der Kanzleiorganisation im Wesentlichen vergleichbar mit dem des Konzern-Segmentes sind. Allerdings ist das Aufgabengebiet einzelner Personen in diesen Kanzleien viel größer als in Kanzleien des Konzern-Segmentes mit zum Teil ausgeprägten Managementstrukturen. Daher sind diese Kanzleikonstrukte abhängiger von den internen Beziehungsmustern.

Die Anzahl an Partnern (= Sozien) ist in dieser Kanzleigröße von Bedeutung: überschreitet sie die Zahl sieben, verändert sich die interne Gruppendynamik und der Prozess der Entscheidungsfindung. Daher ist es von Bedeutung, wie diese Kanzleien den Übergang schaffen. Meist wird versucht, durch Bildung von Komitees die Aufgabengebiete des Kanzleimanagements einerseits auf mehrere Schultern zu legen und in Arbeitsgruppen von zwei oder drei Sozien bearbeiten zu lassen. Damit sollen sie in die Kommunikation und die Führung einbezogen bleiben. Das ist allerdings sehr schwerfällig und zeitaufwendig. Diese Kanzleien sind daher recht instabil, einige scheitern regelmäßig bei der Erhöhung auf acht oder neun Partner, andere verzweifeln an dem Aufwand für das Kanzleimanagement. Wird dann ein einzelner oder ein Team ausgewählt, beschwert sich der Rest der Partnerschaft über fehlende Kommunikation. Hier zeigt sich, dass es einen Ausgleich zwischen dem Bedarf nach Effizienz des Managementhandelns einerseits, und der Einbindung und Repräsentation der Partnerschaft auf der anderen Seite braucht.

6.1.3 Mandatsbasis

Diese Kanzleien beraten meist große Mittelständler zunehmend international tätig und auch Konzerntöchter, vereinzelt auch vermögende Privatpersonen hinsichtlich der gesellschaftsrechtlichen Stellung, die diese in Beteiligungen haben. Diese Beratung hat einen starken, partnerbezogenen Beratungsansatz, in dem es schwerer fällt, signifikant Arbeit auf andere Anwälte zu delegieren. Dies hat Rückwirkungen auf die internen Strukturen, Arbeitsprozesse und Hierarchien.

6.2 Klassifizierung der Anbieter

6.2.1 Bis 2 Mio. EUR: lokale Sozietäten mit 4–10 Anwälten

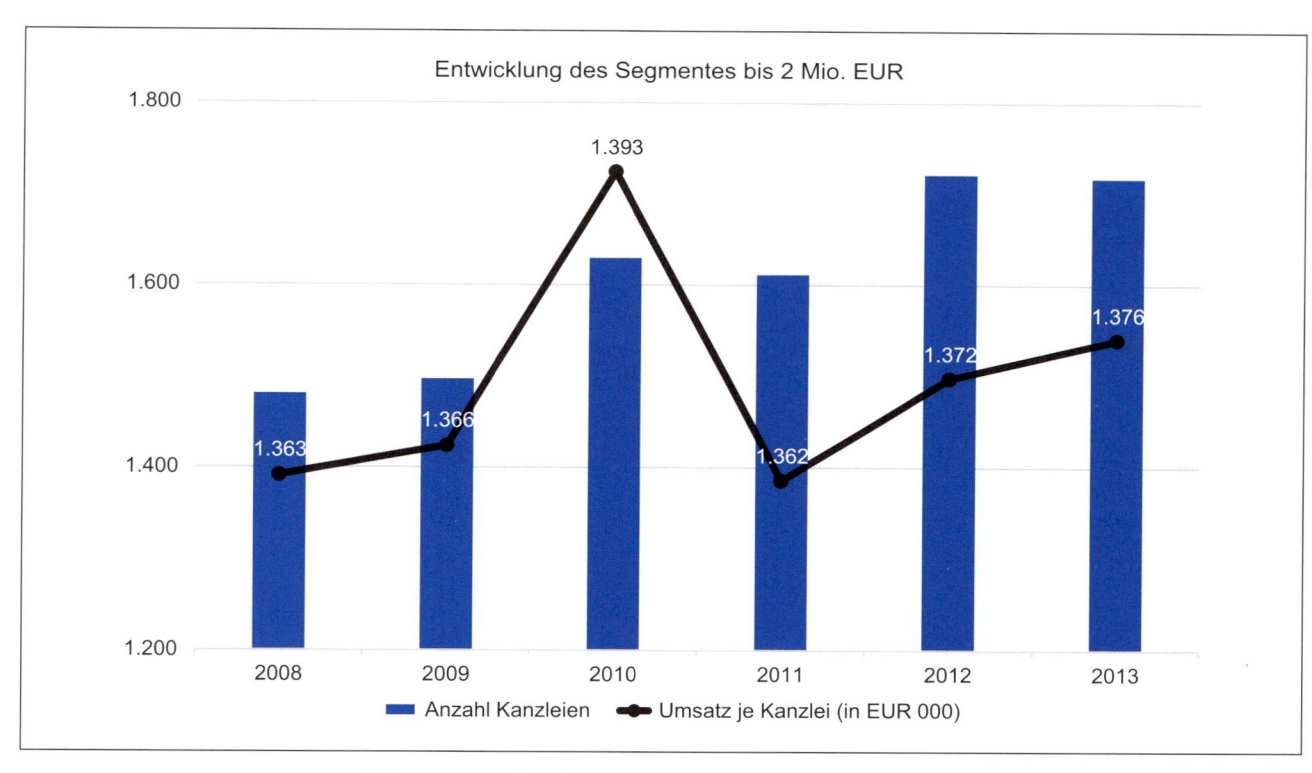

Abbildung 55: Entwicklung des Segmentes bis 2 Mio. EUR
Quelle: Statistisches Bundesamt, Strukturerhebung im Dienstleistungsbereich 2008–2013, Wirtschaftszweig Rechtsberatung 69.1, eigene Berechnungen

Das Segment mit Umsätzen bis zu 2 Mio. EUR zeigt einen leichten Anstieg der Anzahl an Kanzleien; hier sind also Kanzleien vom oberen Segment herunter oder vom unteren Segment heraufgewandert. Die Ergebnisse der Kanzleien haben sich mit den steigenden Kanzleizahlen verbessert; eine Besonderheit zeigt sich in 2010, wo der höchste durchschnittliche Umsatz ausgewiesen wird. Möglich ist auch, dass es sich um eine fehlerhafte Datenzuordnung handelt, da im Folgejahr die Umsätze wieder im langjährigen Mittel sind. Insgesamt ist die Gruppe stabil und bewegt sich von den durchschnittlichen Umsätzen im ersten Drittel des Umsatzsegmentes.

6 Marktsegment Mittelstand

UBT und UEP im Segment bis 2 Mio. EUR

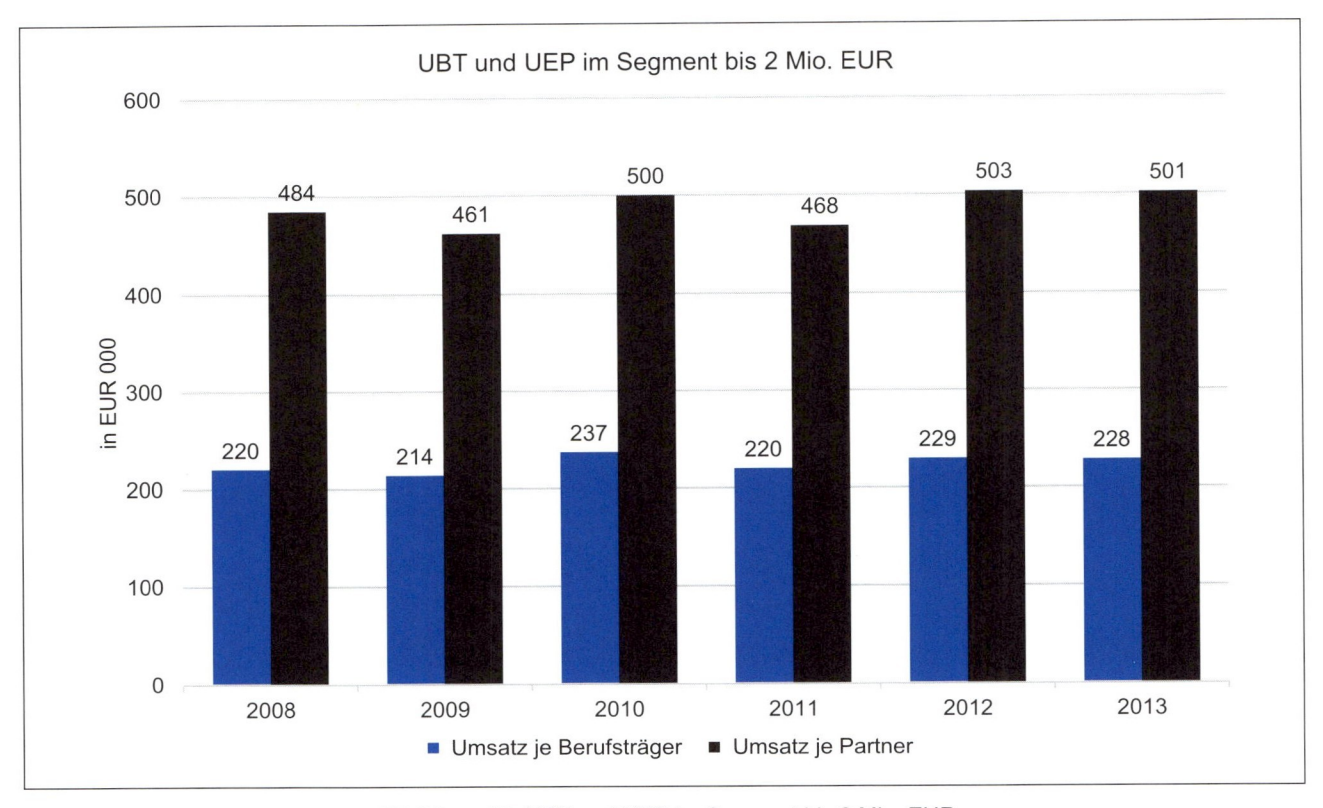

Jahr	Umsatz je Berufsträger	Umsatz je Partner
2008	220	484
2009	214	461
2010	237	500
2011	220	468
2012	229	503
2013	228	501

in EUR 000

Abbildung 56: UBT und UEP im Segment bis 2 Mio. EUR
Quelle: Statistisches Bundesamt, Strukturerhebung im Dienstleistungsbereich 2008–2013, Wirtschaftszweig Rechtsberatung 69.1, eigene Berechnungen

Umsatz und Gewinn je Partner im Segment bis 2 Mio. EUR

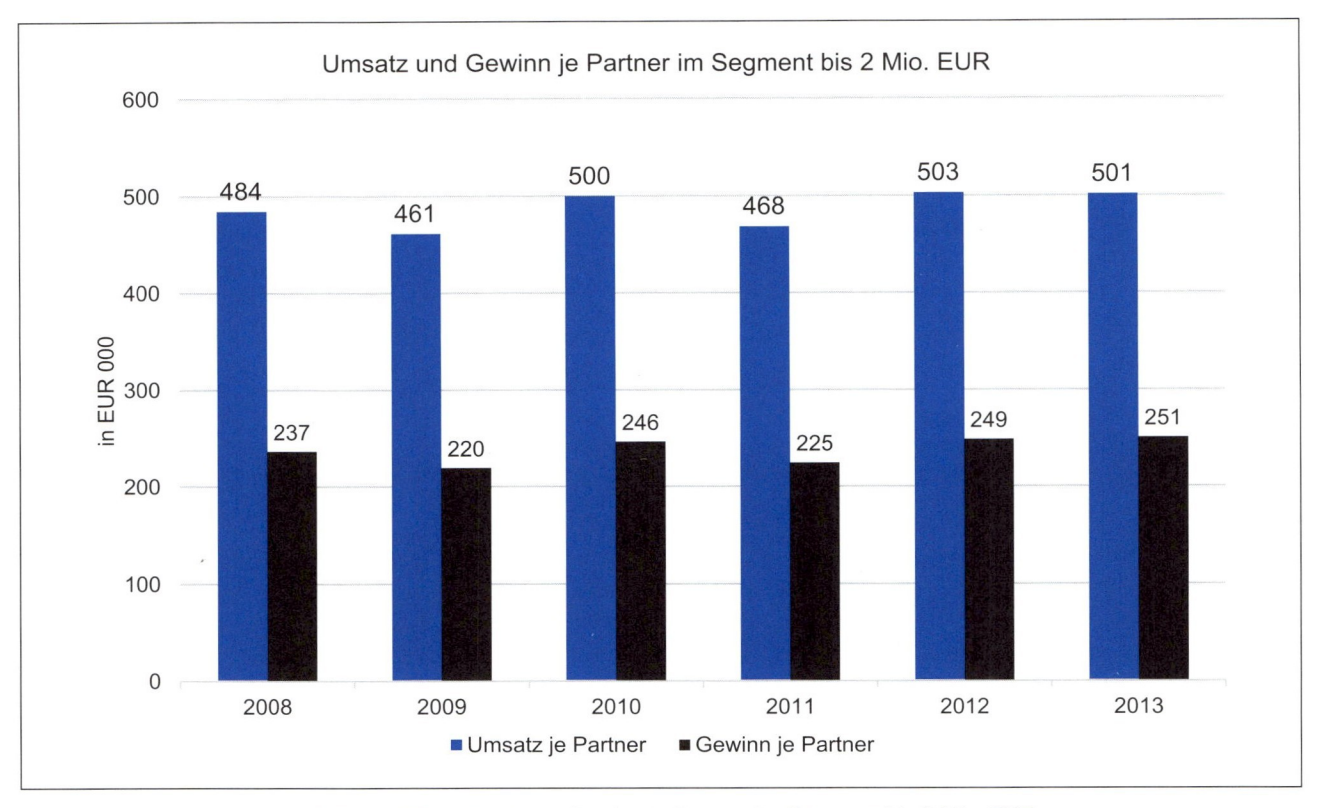

Jahr	Umsatz je Partner	Gewinn je Partner
2008	484	237
2009	461	220
2010	500	246
2011	468	225
2012	503	249
2013	501	251

in EUR 000

Abbildung 57: Umsatz und Gewinn je Partner im Segment bis 2 Mio. EUR
Quelle: Statistisches Bundesamt, Strukturerhebung im Dienstleistungsbereich 2008–2013, Wirtschaftszweig Rechtsberatung 69.1, eigene Berechnungen

Der Umsatz pro Equity Partner (UEP) hat sich in 2013 wie auch in 2012 und 2010 bei über 500.000 EUR gehalten (→ Abb. 57). Dies bedeutet, dass ein Partner eine sehr hohe Arbeitsbelastung hat, die er nur durch Delegation auf angestellte oder freie Mitarbeiter vermeiden kann.

Der UBT zeigt eine Entwicklung, bei der sich der Wert bei 230.000 EUR annähert. Dies ist möglicherweise ein Indiz im Markt, ab wann zusätzliche Berufsträger aufgebaut werden können. Eine Delegation von Mandanten von Partnern auf Mitarbeiter findet in diesem Segment häufig nur eingeschränkt statt, da das Geschäftsmodell partnerzentriert ist und von jungen juristischen Mitarbeitern erwartet wird, dass sie selber Mandanten akquirieren, was angesichts des Wettbewerbs oft unmöglich ist. Besser wäre es, die Partner würden mehr in Delegation und Qualitätssicherung investieren, um den Nachwuchs heranzuziehen, den die Kanzlei braucht. Hier ist der Unterschied zwischen Einzelkämpfern in kleinen Strukturen und dem Bedarf der Organisation nach ordentlichen Prozessen der Zusammenarbeit am offensichtlichsten.

Der Gewinn je Partner hat sich bis 2012 parallel mit den Umsätzen je Partner entwickelt. In 2013 konnte der Gewinn bei leicht fallenden Umsätzen leicht gesteigert werden, und befindet sich in dem Jahr auf einem Allzeithoch.

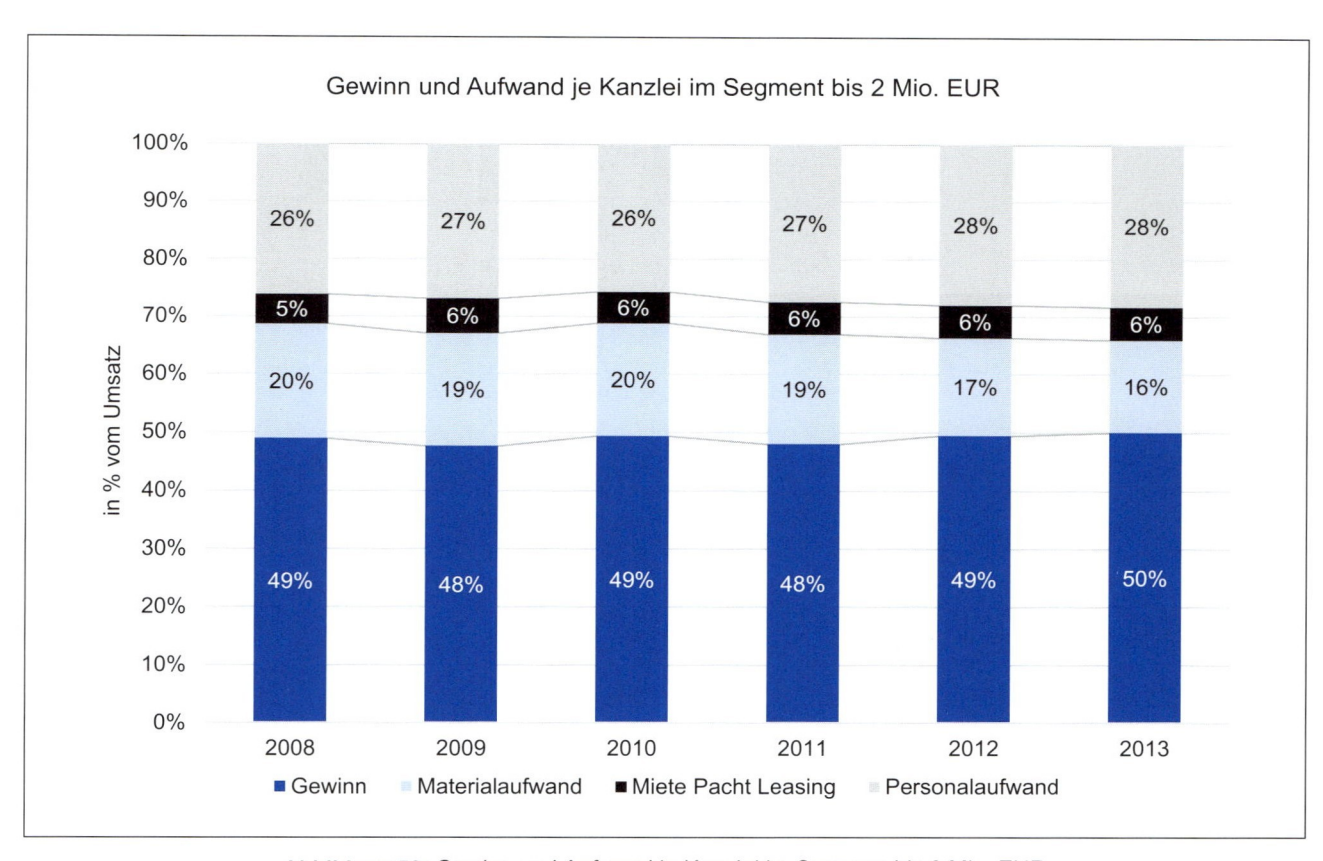

Abbildung 58: Gewinn und Aufwand je Kanzlei im Segment bis 2 Mio. EUR
Quelle: Statistisches Bundesamt, Strukturerhebung im Dienstleistungsbereich 2008–2013, Wirtschaftszweig Rechtsberatung 69.1, eigene Berechnungen

Die Gewinnquote stagnierte bis einschließlich 2012 bei ca. 49 %, in 2013 wurde erstmals die Marke von 50 % erreicht. Diese Entwicklung wurde insbesondere durch die stetige Reduktion des Materialaufwandes auf 16 % in 2013 erreicht. Die Personalkosten sind hingegen leicht angestiegen, dieser Anstieg wirkte sich jedoch nicht gewinnmindernd aus. Der Mietaufwand ist konstant geblieben, die Belastung ist prozentual am Umsatz gemessen vergleichbar mit fast allen Kanzleisegmenten.

6.2.2 Bis 5 Mio. EUR: Regionale Sozietäten mit 8–15 Anwälten

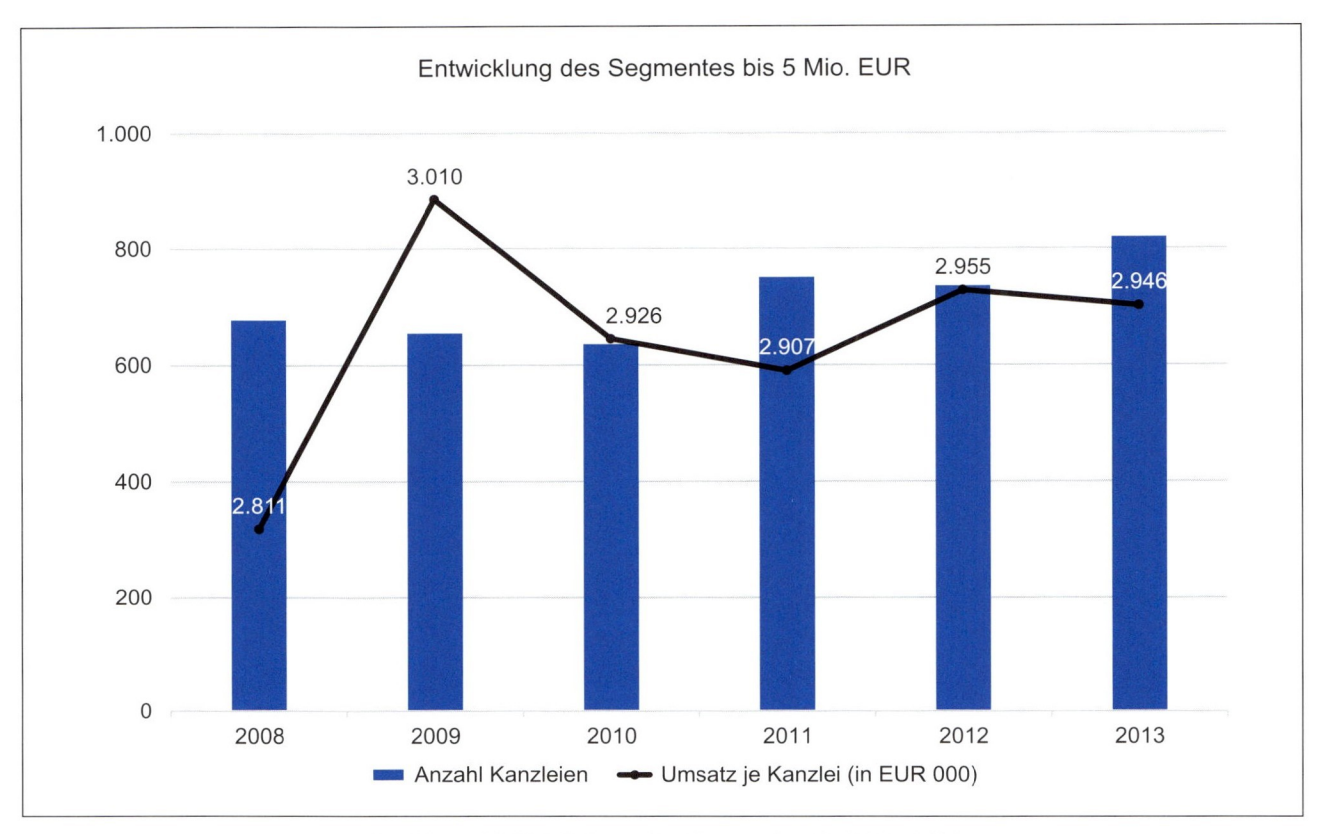

Abbildung 59: Entwicklung des Segmentes bis 5 Mio. EUR
Quelle: Statistisches Bundesamt, Strukturerhebung im Dienstleistungsbereich 2008–2013,
Wirtschaftszweig Rechtsberatung 69.1, eigene Berechnungen

Das Segment mit Umsätzen von 2 bis zu 5 Mio. EUR zeigt erst in 2013 eine leichte Erhöhung der Kanzleiumsätze. Der Trend zeigt, dass der Umsatzrückgang pro Kanzlei deutlich schwächer ausfällt, als die prozentuale Zunahme der Kanzleien.

Insgesamt ist die Gruppe stabil und bewegt sich von den durchschnittlichen Umsätzen knapp im zweiten Drittel des Umsatzsegmentes. Sie profitierte offensichtlich von der Finanzkrise, bei der die Mandanten auf der Suche nach billigeren Anbietern waren, und dann auch mittelständische Kanzleien dieser Größe beauftragten. Diese Anforderungen zu befriedigen, fällt diesen Kanzleien fachlich aber nicht immer leicht; oftmals wurde nur die Belastung der Partner größer. In diesem Kanzleityp besteht ein Bedarf nach strukturierter Information über die Ressourcenauslastung, die die gängigen Softwareprogramme oftmals nicht in ordentlicher Form bereitstellen. Hier finden wir manchmal Associates, die weder ordentlich an die Arbeit herangeführt werden, noch einen angemessenen wirtschaftlichen Beitrag leisten können, da sie nicht in Mandate eingebunden werden, und die Partner ängstlich an den Mandanten selber festhalten, anstelle für ordentliche Prozesse der Mandatsbearbeitung zu sorgen.

Der UEP (→ Abb. 60) hat durch die oben gemachten Beobachtungen in 2013 einen deutlichen Schub auf ein Allzeithoch erfahren, eine Steigerung um ca. 10% gegenüber dem Vorjahr. Die Entwicklung zeigt, dass in den zwei Jahren der Stagnation in den Kanzleizahlen der UEP jeweils eine positive Entwicklung genommen hat. Der UBT konnte die in 2008/2009 gezeigte Entwicklung nicht fortführen und ist um ca. 13% eingebrochen, erst in 2013 konnte der UBT wieder stärker steigen, allerdings noch nicht auf das vorherige Niveau. Hier zeigt sich, dass die Produktivität dieses Kanzleitypes die größte Herausforderung ist: die Auslastung der vorhandenen Anwälte zu prüfen, durch sinnvolle Mandatsannahme oder Delegation zu verbessern, wären sinnvollere Wege.

Die Umsätze der Berufsträger zeigen, dass die Kanzleien in diesem Teilsegment zwar verstehen, ihre Mitarbeiter halbwegs auszulasten und also die Mandate entsprechend zuzuordnen. Die Größe der Kanzlei erzwingt aber eine bessere Koordination, auch wenn immer wieder festzustellen ist, dass die Aufsicht über die jungen Anwälte oftmals vernachlässigt wird, weniger fachlich als wirtschaftlich. So lässt man die Anwälte ohne Aufsicht ihre Zeiten erfassen, oftmals Tage oder gar Wochen später, was nicht mehr zu rekonstruieren ist. So entgehen Umsätze iHv. 15–30%. Auch überlässt man

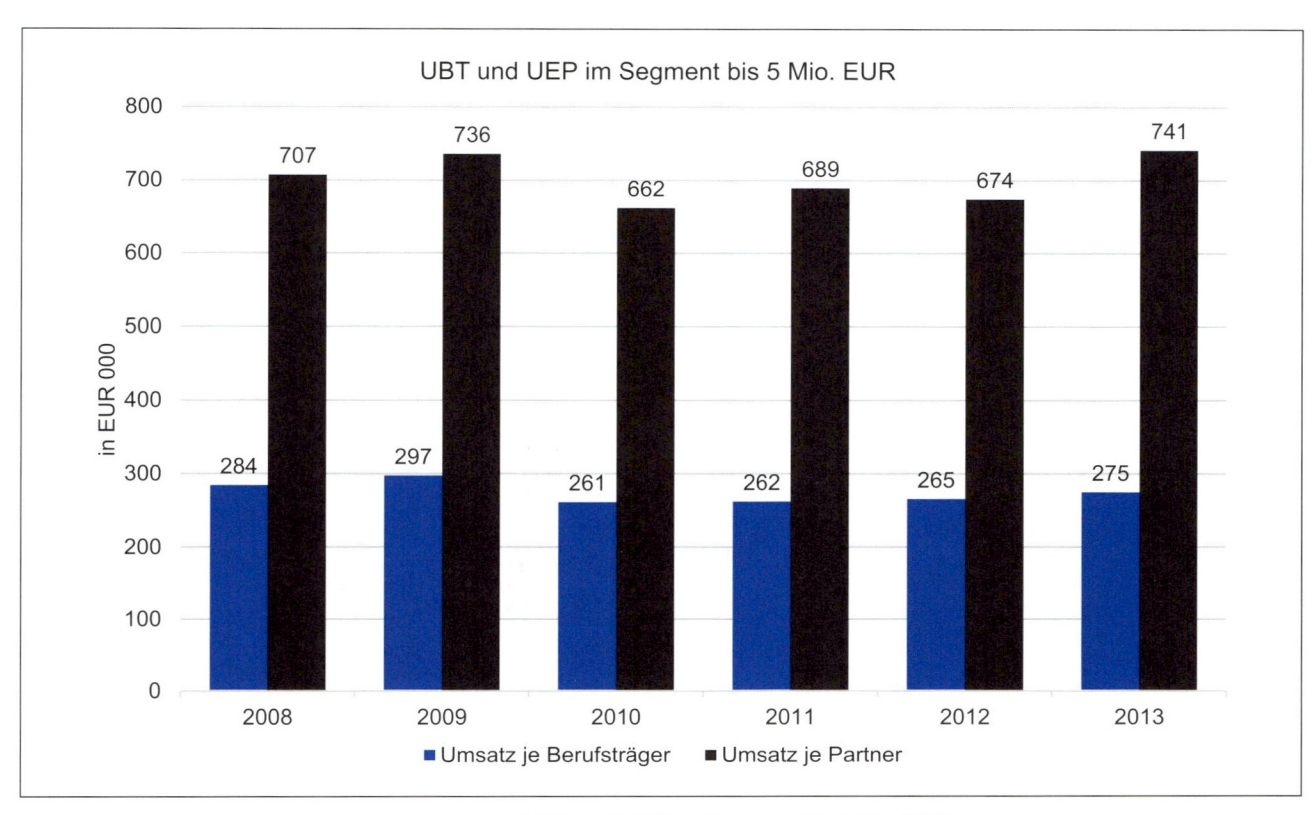

Abbildung 60: UBT und UEP im Segment bis 5 Mio. EUR
Quelle: Statistisches Bundesamt, Strukturerhebung im Dienstleistungsbereich 2008–2013, Wirtschaftszweig Rechtsberatung 69.1, eigene Berechnungen

ihnen das Rechnungsschreiben, womit die Kontrolle nun vollends verloren geht. Beides gehört klar durch den Partner beaufsichtigt, notfalls täglich hinsichtlich der Zeitmitschrift, in jedem Fall laufend hinsichtlich der Rechnungen und monatlich hinsichtlich der Umsätze.

Diese Kanzleigrößen haben vielfältige Führungsthemen[60]: sie sind einerseits noch so übersichtlich, dass man aus Sicht eines Partners meint, sie funktioniert quasi von selbst, vertrauend auf ein gemeinsames Berufsverständnis. Zugleich sind gerade junge Anwälte an das Mandat heranzuführen, und hinsichtlich der wirtschaftlichen Rahmenbedingungen eng zu führen. Dabei sind diese Kanzleien meist noch nicht groß genug, um das Problem der gemeinsamen Kanzleiführung, der notwendigen Standards, und auch der Beobachtung der wirtschaftlichen Entwicklung außerhalb der jährlichen Gewinnverteilung zu erkennen und anzugehen. Ohne dies gehen aber Umsätze und oft auch Mandate verloren. Dieses Führungsdilemma mittelständischer Kanzleien ist mit dem Konstrukt „Managing Partner" nicht ausreichend beantwortet, weil die Kanzleien meist einfach noch zu klein sind, oder aber bei Anwesenheit der Gründer ja gerade die Dominanz einzelner Partner verhindern und gemeinsame Teilhabe ermöglichen wollen. Hier hilft oft nur ein Komiteewesen, welches dann die Aufgaben unter sich verteilt und mit Einzelverantwortlichkeit bearbeitet, aber gemeinsam gegenüber der Restpartnerschaft vertritt resp. in ihrem Namen handelt.

Der Gewinn je Partner dieser mittelgroßen Sozietäten konnte die in 2008/2009 gezeigte Entwicklung nicht fortführen und ist um ca. 22% eingebrochen, erst in 2013 konnte der UBT an das Niveau vor der Finanzkrise anknüpfen, und es sogar leicht übertreffen. Die Varianz von bis zu 100.000 EUR Gewinn pro Jahr und Partner ist in diesen Kanzleien nicht unüblich, sind sie doch oftmals von wenigen umsatzstarken Transaktionen anhängig, die zu dem Brot- und Butter-Geschäft, der laufenden Beratung in eher kleineren Angelegenheiten, hinzukommen. Das Alltagsgeschäft besteht meist aus laufenden Anfragen von Mandanten, mit denen sie seit längeren zusammenarbeiten. Hier arbeiten Generalisten, und Spezialfragen sollten an Spezialisten weitergegeben werden können; dazu gehören vor allem Arbeitsrecht und gewerblicher Rechtsschutz. Das Handels- und Wirtschaftsrecht ist Grundlage, und qualifiziertes Gesellschaftsrecht hilfreich, um den oder die Unternehmer auf Dauer an sich zu binden. Diese anbieten zu können setzt aber sowohl hohe Qualifikation voraus, als auch die Fähigkeit, diesen Bereich nachhaltig am Markt zu halten.

---

[60] Literatur aus der Sicht jener, die dies erlebt und erlitten haben, teilweise als Handlungsanweisung, bei: Heussen, Anwaltsunternehmen führen, 3. Auflage 2016; Appelhagen, Kanzleiführung, 2002.

6 Marktsegment Mittelstand

Umsatz und Gewinn je Partner im Segment bis 5 Mio. EUR

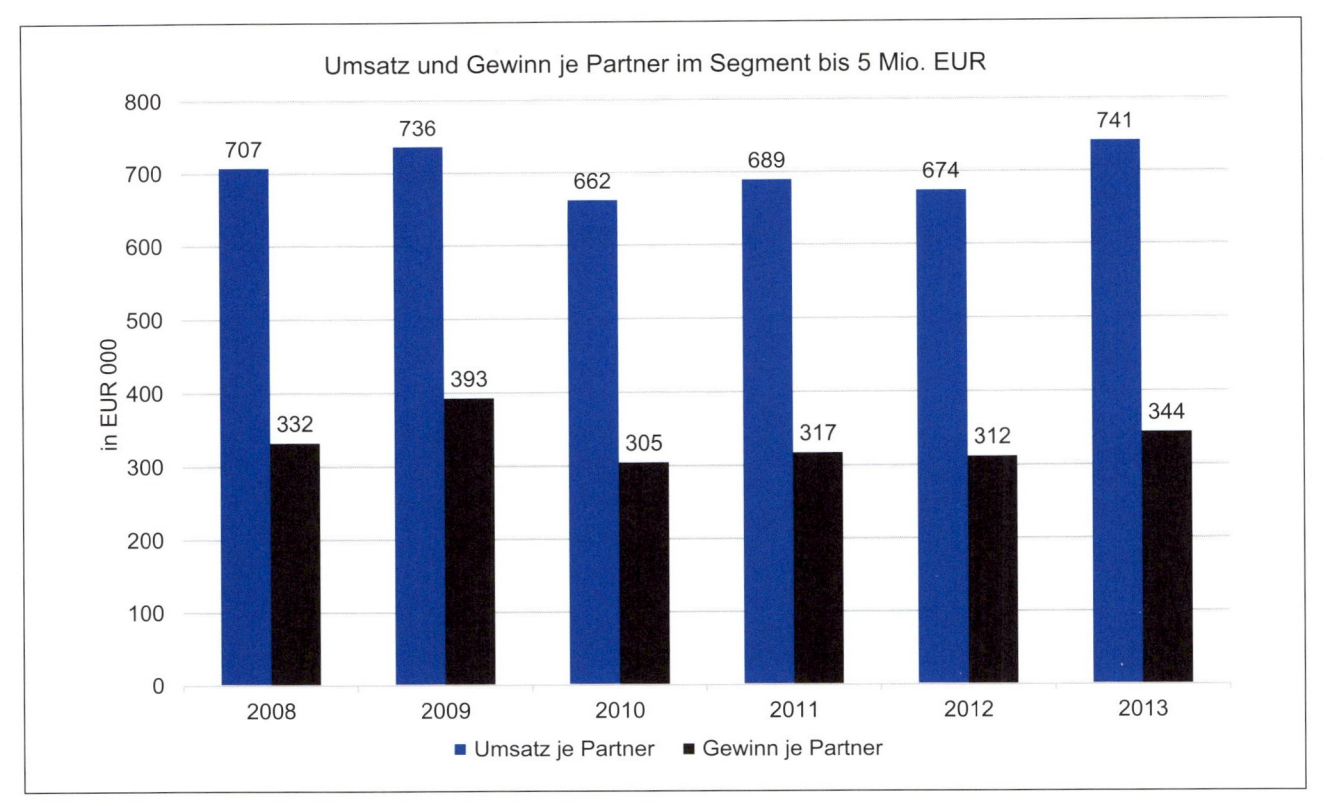

Jahr	Umsatz je Partner	Gewinn je Partner
2008	707	332
2009	736	393
2010	662	305
2011	689	317
2012	674	312
2013	741	344

(in EUR 000)

Abbildung 61: Umsatz und Gewinn je Partner im Segment bis 5 Mio. EUR
Quelle: Statistisches Bundesamt, Strukturerhebung im Dienstleistungsbereich 2008–2013, Wirtschaftszweig Rechtsberatung 69.1, eigene Berechnungen

Gewinn und Aufwand je Kanzlei im Segment bis 5 Mio. EUR

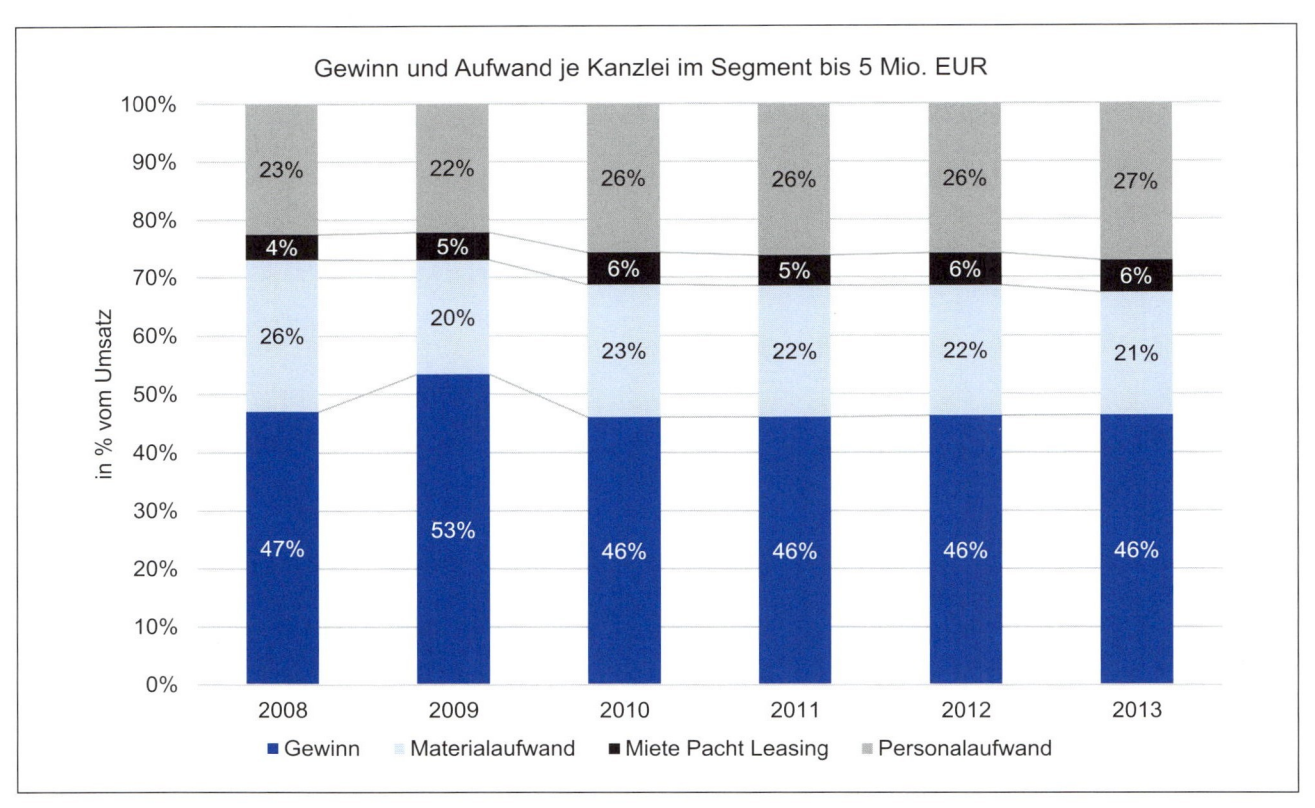

(in % vom Umsatz)

Jahr	Gewinn	Materialaufwand	Miete Pacht Leasing	Personalaufwand
2008	47%	26%	4%	23%
2009	53%	20%	5%	22%
2010	46%	23%	6%	26%
2011	46%	22%	5%	26%
2012	46%	22%	6%	26%
2013	46%	21%	6%	27%

Abbildung 62: Gewinn und Aufwand je Kanzlei im Segment bis 5 Mio. EUR
Quelle: Statistisches Bundesamt, Strukturerhebung im Dienstleistungsbereich 2008–2013, Wirtschaftszweig Rechtsberatung 69.1, eigene Berechnungen

Die Gewinnquote stagnierte bis einschließlich 2013 bei ca. 46 %, in 2008 hingegen gab es einen Gewinnsprung auf 53 %. Dies geht mit der Umsatzsteigerung je Kanzlei um ca. 10 % einher. Hier waren zwei Marktkräfte am Werk: einmal die bewusstere Auswahl durch Mandanten, die von den hohen Kosten der Kanzleien weg wollen und sich günstigere Anbieter auswählen; zum anderen das gestiegene unternehmerische Bewusstsein dieser Anwaltskanzleien, die man bis ca. 2010 selten auf Kanzleimanagement-Seminaren sah, aber seitdem regelmäßig Gast sind. Auch haben die Anbieter von Software etc. ihr Marketing verbessert.

Die Materialkostenquote ist besonders stark gefallen, hier haben noch zusätzliche Einsparungen stattgefunden.

Die Personalkosten bewegen sich seit 2010 konstant bei ca. 26 %, hier wurde aufgestockt und höhere Gehälter für Associates wirken sich ebenfalls aus. Der Mietaufwand ist über die Jahre leicht gestiegen, neben einem verstärkten Platzbedarf ist dies vermutlich auch der Mietpreisentwicklung in den 1B Lagen geschuldet.

6.2.3 Bis 10 Mio. EUR: Überregionale Sozietäten mit 15 bis 30 Anwälten

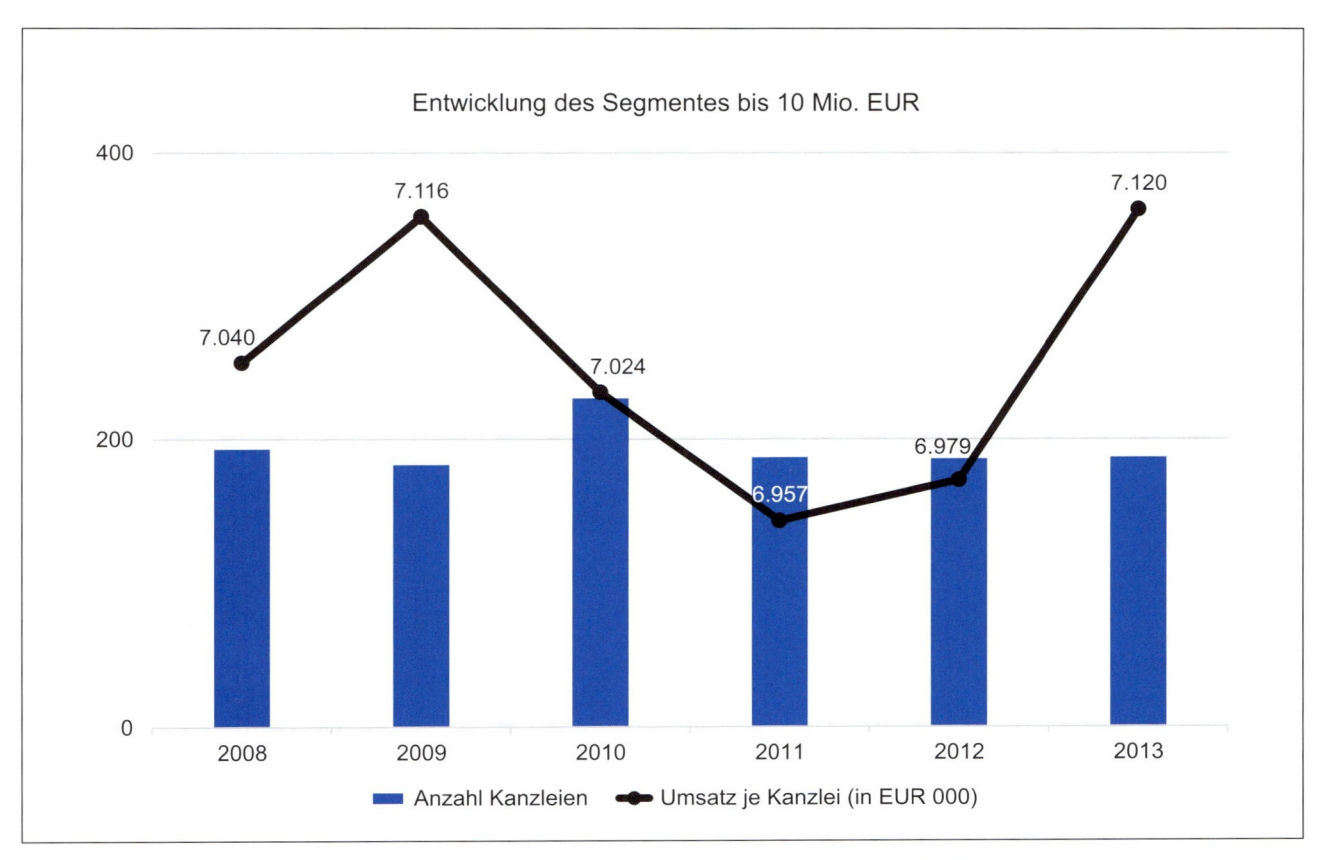

Abbildung 63: Entwicklung des Segmentes bis 10 Mio. EUR
Quelle: Statistisches Bundesamt, Strukturerhebung im Dienstleistungsbereich 2008–2013, Wirtschaftszweig Rechtsberatung 69.1, eigene Berechnungen

Das Segment mit Umsätzen von 5 bis zu 10 Mio. EUR zeigt einem Anstieg der Kanzleizahlen bis 2010 einen Höchststand, im Folgejahr einen Rückgang um 18 % der sich dann auch nicht weiter verändert. Das Jahr 2010 zeigt hier allem Anschein nach einen statistischen Ausreißer, den weder wir noch das Bundesamt für Statistik erklären können.

Die durchschnittlichen Umsätze der Kanzleien konnten erst in 2013 wieder auf das Niveau von 2009 und damit in der Zeit vor der Finanzkrise ansteigen. Der Trend zeigt hier klar nach oben. Diese Kanzleien haben an sich gearbeitet und sind nicht nur zufällig besser geworden.

Dennoch ist das Thema Controlling von größter Wichtigkeit für diese Kanzleien. Während Großkanzleien inzwischen über entsprechende. Software verfügen, sind in mittelständischen Kanzleien meist unausgereifte finanzwirtschaftliche Instrumente am Werk. Da die DATEV mit ihren BWAs keine ordentlichen Instrumente zur Verfolgung der Wirtschaftlichkeit zur Verfügung stellt[61] (und das DATEV-eigene „Cockpit", welches Teil der eigenen Softwarelösung für Kanzleien ist, zu wenig relevante Kennzahlen zur Verfügung stellt), muss sich jede Kanzlei behelfen, diese Zahlen herauszufinden und die Entwicklung zu beobachten[62]. Das sind vor allem Zeitreihen zu den Kennzahlen:

- Umsatz pro Berufsträger
- Realisierter Stundensatz (abgerechneter Umsatz durch Anzahl Stunden, die auf dem Mandat verbracht wurden)
- Anzahl abrechenbarer Stunden/Tag, Stunden/Monat; Stunden/Jahr
- Marge je Mandat und Mandant

Leider bieten die in diesen Kanzleien üblichen Softwareanbieter (RA Micro, Annotext, Renoflex etc.) keine ausreichenden Instrumente zur Selbstbeobachtung an, obwohl die Daten in den Tiefen der Systeme durchaus vorhanden und auswertbar sind.

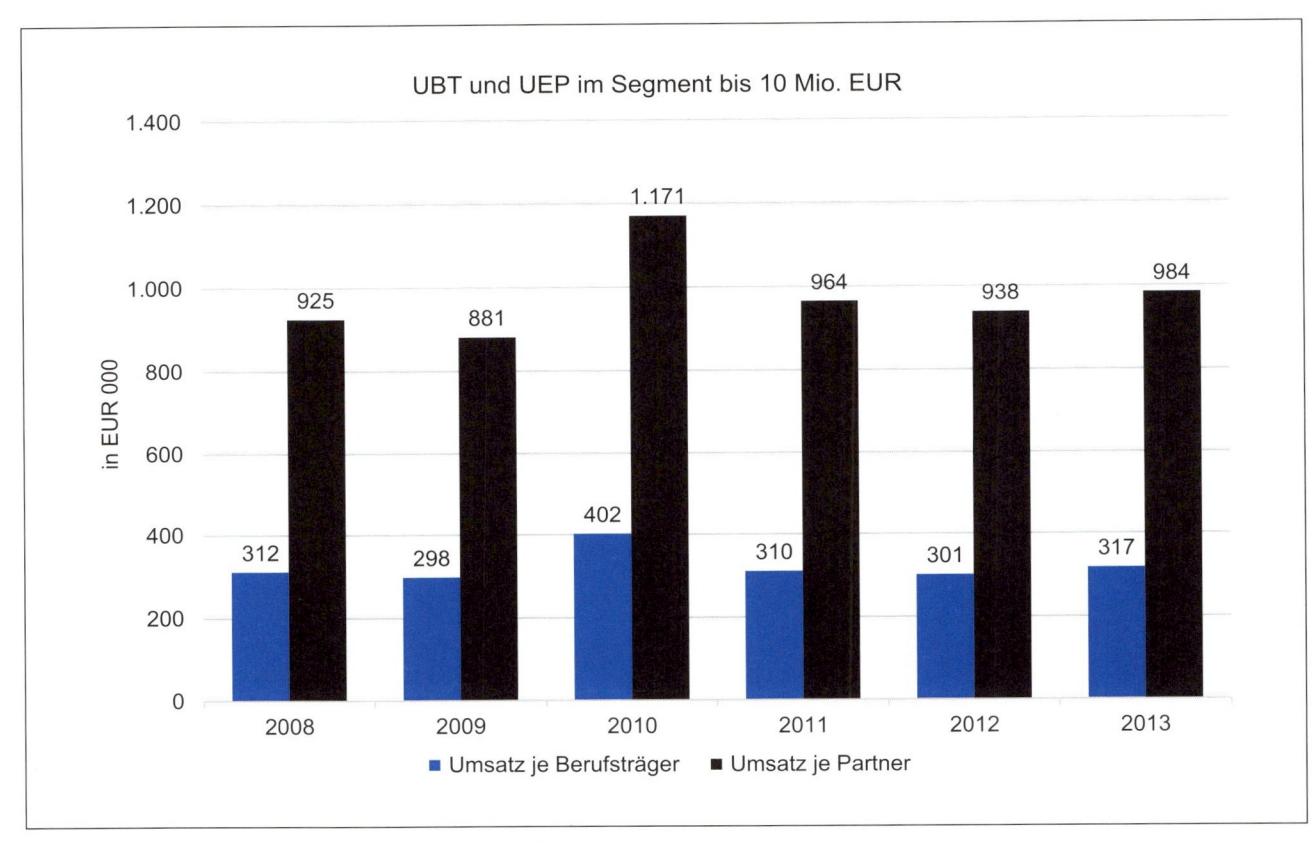

Abbildung 64: UBT und UEP im Segment bis 10 Mio. EUR
Quelle: Statistisches Bundesamt, Strukturerhebung im Dienstleistungsbereich 2008–2013, Wirtschaftszweig Rechtsberatung 69.1, eigene Berechnungen

Der UEP zeigt im Beobachtungszeitraum eine Schwankungsbreite von ca. 0,1 Mio. EUR auf. Werte über 1 Mio. EUR je Partner sind in diesem Segment aber erreichbar, wobei wir hier auch Annahmen hinsichtlich der Zahl an Partnern hinterlegt haben. Der UBT in den Jahren pendelt um die 310.000 EUR (auch hier in 2010 ein Spitzenwert von 402.000 EUR, der so nicht mehr erreicht wurde, und unserer Ansicht nach in diesem Segment untypisch wäre).

Der Gewinn je Partner zeigt im Beobachtungsraum eine enorme Schwankungsbreite und hat sich seit 2011 deutlich über 400.000 EUR stabilisiert. Der Spitzenwert von 689.000 EUR in 2010 erscheint vor diesem Hintergrund wie eine statistische Anomalie, die durch das Geschäftsmodell nicht abbildbar ist. Die Kanzleien haben aber seit 2008 eine deutlich positive Entwicklung fortgesetzt, wo Umsatzzuwächse auch Gewinnzuwächse sind.

Die Gewinnquote zeigt über die Jahre einen stetigen Anstieg bis auf 47% in 2013. Die Quote von 59% in 2010 ist wieder als Ausreißer einzustufen. Insgesamt wurde gerade im Materialbereich auf einen effizienten Einsatz der Mittel

---

[61] Zur Kritik: Knief, http://www.peter-knief.de/Betriebswirtschaft/BWA_DATEV/bwadatev.html.
[62] Vaagt, Kapitel OV, Finanzen, in: Heinz/Ritter (Hrsg.), C.H. Beck'schen Formularbuch für die Anwaltskanzlei.

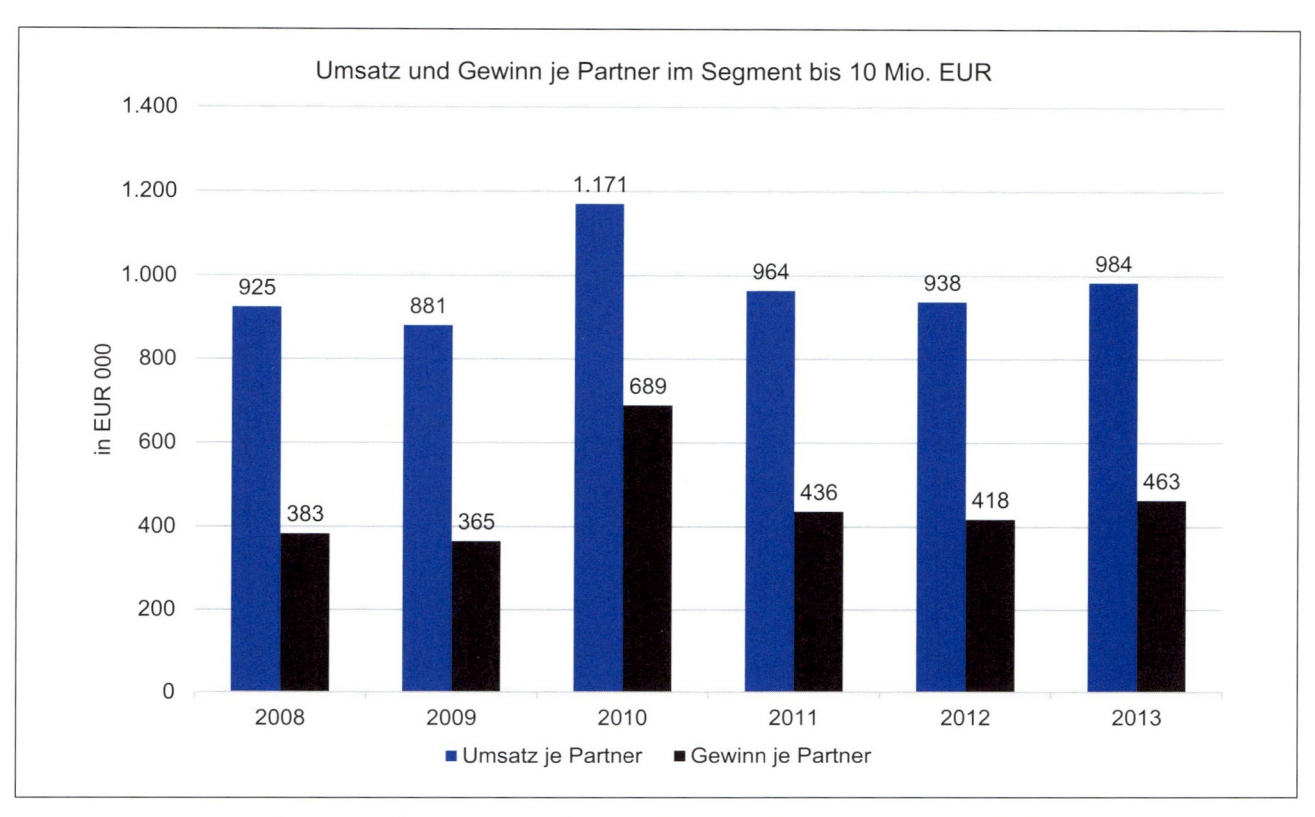

Abbildung 65: Umsatz und Gewinn je Partner im Segment bis 10 Mio. EUR
Quelle: Statistisches Bundesamt, Strukturerhebung im Dienstleistungsbereich 2008–2013, Wirtschaftszweig Rechtsberatung 69.1, eigene Berechnungen

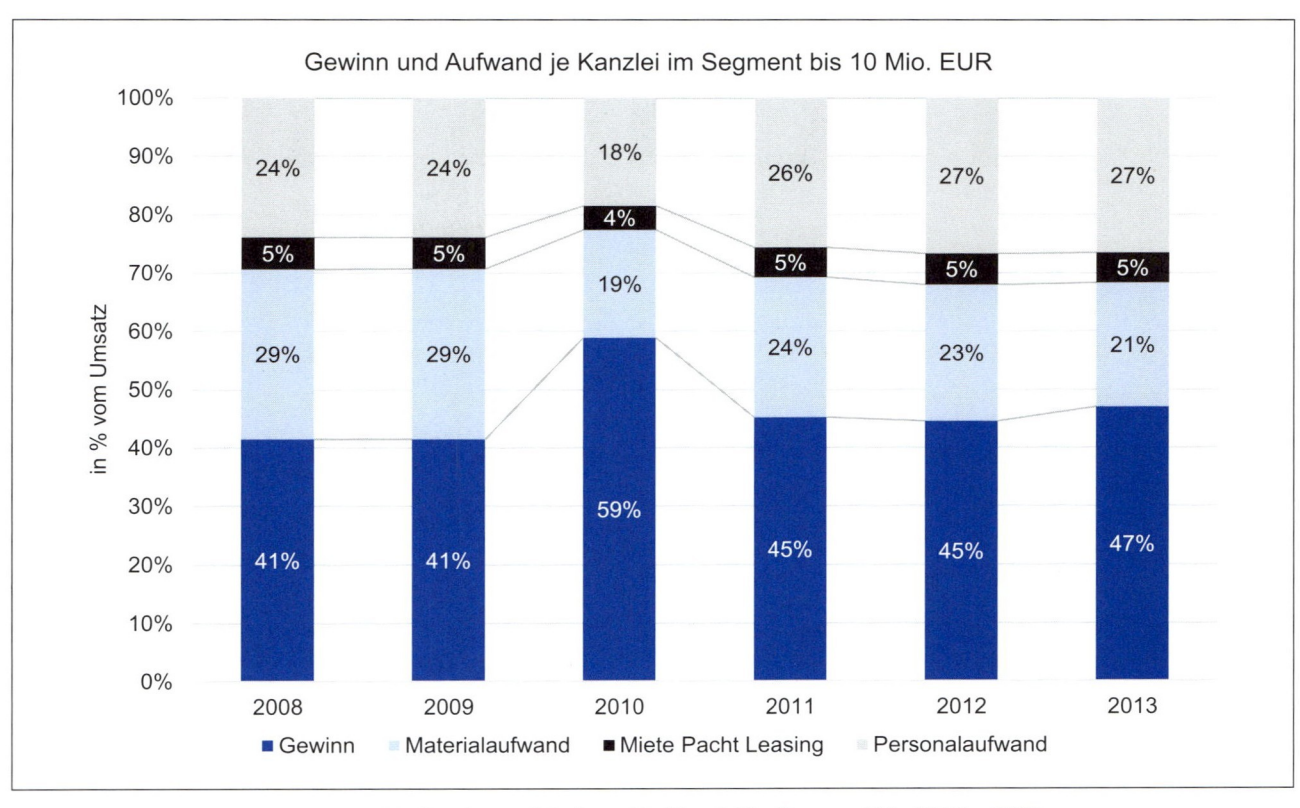

Abbildung 66: Gewinn und Aufwand je Kanzlei im Segment bis 10 Mio. EUR
Quelle: Statistisches Bundesamt, Strukturerhebung im Dienstleistungsbereich 2008–2013, Wirtschaftszweig Rechtsberatung 69.1, eigene Berechnungen

geachtet, mit 21 % in 2013 liegt diese im Rahmen des Gesamtsegmentes Mittelstand. Die Personalkostenquote von 27 % in 2013 ist in den letzten drei Jahren ebenfalls stabil geblieben, hier steht die effizientere Nutzung der Ressourcen im Vordergrund, ein weiterer Aufbau ist nur langsam zu erwarten. Der Mietaufwand ist über die Jahre konstant geblieben, etwaige Steigerungen aus Nebenkosten und Miete werden über die deutlich höheren Umsätze kompensiert.

6.2.4 Weitere Ausprägungen in diesem Segment

In diesem Segment gibt es sehr viele unterschiedliche Kanzleitypen, die nach vielerlei Kriterien differenzierbar sind. Es gelten die im Konzernsegment gemachten Aussagen, mit folgenden Präzisierungen:

1. Fokussierte Kanzleien kommen in diesem Segment ebenfalls vor, vor allem solche, die sich auf Rechtsgebiete (vor allem Arbeitsrecht, Steuerrecht, …), Geschäftsfelder (Beratung mittelständischer Unternehmen, Industriespezialisationen wie Versicherungswirtschaft, Bauwirtschaft, …) oder Zielgruppen (neben Privatmandanten etwa: Unternehmen der Film- und Medienindustrie, etc.) spezialisieren.
2. Die Überregionalität in diesen Märkten ist wenig von Bedeutung; Kanzleien, die versuchen überregional aufzutreten, sind meist zu klein, um diese Standorte wirklich ordentlich zu führen und wirtschaftliche Vorteile zu generieren.
3. Internationalität: diese ist schwierig darstellbar, aber für die größeren Mandanten teilweise notwendig. Hier hilft ggfls. der Anschluss an internationale Kanzleinetzwerke.

6.2.4.1 Generalisten oder Fokussierte Kanzleien unterhalb der größten 50 Kanzleien

Diese Sozietäten mit einem klaren wirtschaftsberatenden Profil im Markt sind meist vom Juve-Verlag erfasst (ca. 500 Kanzleien). Sie agieren entweder als „Generalisten" oder als „Fokussierte", wofür im Markt der Ausdruck „Boutique" gebräuchlich, aber wenig trennscharf ist.

Als „Generalisten" sind diese Kanzleien mit einem breiten fachlichen Profil im Wirtschaftsrecht tätig. Die Mandatsbasis sind kleinere und mittlere Unternehmen der Region, manchmal auch Großunternehmen, aber dann meist nur in jenen Bereichen des Wirtschaftsrechts, die entweder eine lokale vor-Ort Betreuung brauchen (Arbeitsrecht bei Streitigkeiten mit Mitarbeitern, privates Baurecht, etwa bei Umbaumaßnahmen, lokales Notariat etc.). Schon bei Fragen, die eine besondere Kompetenz verlangen, stehen diese Kanzleien im Wettbewerb mit fokussierten Kanzleien oder Einzelanwälten mit entsprechender Kompetenz oder Nischenkanzleien (so im Steuerrecht, Gesellschaftsrecht, Vertriebsrecht, UWG, immateriellen Schutzrechten etc.). Aus unserer Beratung sind uns einige Fälle bekannt, in denen diese Art von Kanzleien auch anspruchsvolle Rechtsfragen bearbeiten konnten:

- Betreuung der Eigentümerfamilien in Gesellschaftsrecht, weil auch Steuerrechtskompetenz vorhanden war.
- Aufgrund langjähriger Betreuung auch Spezialrechtsgebiete, wie Bierlieferverträge, Anlagenbauverträge, insbesondere auch grenzüberschreitend, weil ein Anwalt mit besonderem technischen Vorverständnis hier tätig war und sich tief eingearbeitet hatte. Außerdem sonstige Spezialrechtsfragen, die mit dem Kernbereich der Unternehmung zu tun haben und für die sich bundesweit (noch) keine Spezialistenkanzlei hervorgetan hat, bzw. das Marktvolumen bisher zu gering war für mehrere Anbieter.
Verdrängt wird diese Art von Kanzlei typischerweise von Anwälten oder Kanzleien bei folgender Sachlage:
- Übernahme durch einen ausländischen Konzern; dann geht oft auch das lokale Betreuungsmandat an in Deutschland tätige, internationale Kanzleien über, auch wenn die neuen Kanzleien eine schlechtere Kostenstruktur haben.
- In Spezialrechtsfragen, in denen sich überörtlich tätige Kanzleien hervorgetan haben, so bei Arbeitsrechtsfragen, insbesondere mit leitenden Angestellten/Vorständen, IP, Vertriebsrecht, etc.
Bedroht wird diese Kanzlei daher vor allem von Spezialkanzleien aus den Großstädten. Dort ist das notwendige Wissen vorhanden.
Die zentrale Herausforderung für diese Art von Kanzlei ist es daher, Rechtsgebiete hinsichtlich Tiefe und Breite aufrechtzuerhalten resp. auszubauen, so dass die Wirtschaftsmandanten den Vorteil der eher generalistischen Arbeitsweise zu schätzen wissen. Hierzu ist es häufig notwendig, Mitarbeiter aus den Großstädten zu rekrutieren, die dieses Spezialwissen mitbringen.

6.2.4.2 Büros ausländischer Kanzleien

Diese Büros sind aufgrund der geringen Teamgröße umsatzmäßig hier aufgeführt, üben aber in Deutschland nachhaltig wirtschaftsberatende Tätigkeiten aus. Hierzu gehören alle UK und US-Büros, sowie französische, italienische, spanische und skandinavische Kanzleien. Kanzleien aus Schwellenländern, dem Nahen Osten, wie auch der östlichen Peripherie der EU spielen hier kaum eine Rolle. Sie sind meist zwischen 20 und 30 Anwälte groß und primär in den großen Zentren in Deutschland tätig.

Das Geschäftsmodell dieser Kanzleien beruht oftmals auf einem Modell der mehrfachen Hierarchie. Sie rekrutieren junge Anwälte und bilden sie in sehr engen Bereichen aus, so dass sie zwar einerseits schnell zu Spezialisten werden, andererseits außerhalb dieses Kanzleitypus nur wenige Möglichkeiten haben, in diesen Arten von Mandaten tätig zu sein.

Wir verweisen im Weiteren auf die Beschreibung zu den Internationalisierern in der Benchmarkstudie[63] sowie S. 94. Die größte Herausforderung besteht in der Aufrechterhaltung der Präsenz im deutschen Markt. Denn sie sind zum einen Teil von Kanzleien, deren internationale Strategie nicht ausreichend abgesichert ist, zum anderen sind die Kanzleien in ihren Heimatmärkten nicht stark genug, um die Internationalisierung wirklich voranzutreiben. Diese Kanzleien sind im Laufe der Zeit oftmals gezwungen zu fusionieren. Auch besteht die Gefahr, dass bei fehlender Wachstumsperspektive Teams zu den in Deutschland etablierten Kanzleien abwandern, bzw. eigenständige Präsenzen etablieren.

6.2.4.3 Spin offs

Eine neue Klasse von Kanzleien kommt dazu: Nämlich die Abspaltungen von größeren Kanzleien, insbesondere die Neugründungen durch Associates aus den führenden Kanzleien. Sie bieten bei niedrigerer Kostenstruktur und zugleich hoher Beratungsqualität ein neues Teilsegment von Kanzleien, die den Nukleus für ein neues Segment bilden könnten. Sie sind entweder wie fokussierte Kanzleien auf nur wenige Bereiche des Wirtschaftsrechts ausgerichtet, weil der Qualitätsanspruch, mit dem Sie antreten, nur haltbar ist, wenn sie in sehr engen Märkten tätig sind, oder als Generalisten (mit der Gefahr, zu breit aufgestellt zu sein und damit an Marktposition zu verlieren).

Kanzleien in diesem Segment sind teilweise schon in Juve erfasst (dort zählen wir ca. 500 Kanzleien von insgesamt ca. 1.600 erfassten).

Diese Kanzleien sind hinsichtlich ihrer Entwicklung noch nicht abschließend zu beurteilen. Einerseits sind sie fachlich oftmals so kompetent, dass sie mit den großen Wirtschaftskanzleien mithalten können. Daher macht es eigentlich Sinn, dass sie auch in solchen Kanzleikonstrukten tätig sind. Andererseits wurden sie von jungen Anwälten gegründet, die entweder in den Großkanzleien keine Perspektive sahen resp. hatten, oder gerade der individuellen Freiheitsräume wegen eine Ausgründung wagten. Sie werden daher in der Tendenz im Laufe der Zeit wieder Teil von großen Sozietäten werden, oder sich am Markt behaupten müssen. Was sie oftmals nicht haben, ist eine Kultur des Miteinanders, welches echtes Wachstum ermöglicht. Da die Gründergeneration oftmals sehr jung ist und die Gründung meist auch in der Form der Partnerschaftsgesellschaft erfolgte, sind sie in einem Geschäftsmodell gefangen, welches der gleichen Logik unterliegt wie jenes, welches sie verlassen haben.

Daher ist die größte Herausforderung für diese Art von Kanzleien die Herausbildung einer Kultur der Zusammenarbeit, welches es erlaubt, junge Berufsträger zu integrieren und ihnen eine Langfristperspektive anzubieten.

6.3 Entwicklung in diesem Segment

Auch wenn die Abgrenzung schwer fällt (nach oben wie nach unten), so ist doch aufgrund der Tatsache, dass in jedem Mittelzentrum in Deutschland traditionell meist 2–3 Kanzleien dieser Art vorhanden sind, die primär wirtschaftsberatend tätig sind. 1997 wurde die Anzahl von Sozietäten mit mehr als sieben Außensozien anhand des DAV Verzeichnisses ausgezählt (dieses galt als das Kompendium der aktiv beratenden Kanzleien in Deutschland); die Zahl war 237. Eine Überprüfung in 2005 ergab, dass diese Zahl nicht wesentlich größer war, aber ca. die Hälfte dieser Kanzleien vom Markt ganz verschwunden waren, also entweder zerfallen, in andere aufgegangen oder sonst wie umbenannt worden waren. Dies zeigt, wie sehr sich der deutsche Kanzleimarkt gerade am obersten Ende verändert hat. Darunter hingegen sind noch viele jener Namen im Markt vorhanden, die auch schon 1995 lokal oder regional bekannt waren.

---

[63] Vaagt/Zulauf, Erfolgreiche Strategien von Wirtschaftskanzleien, Benchmarkstudie 2015, 2016.

Von den heute unter den größten 50 Kanzleien in Deutschland im Juve Verlag geführten Kanzleien sind die meisten nunmehr englische oder US-amerikanische Ableger; der Rest gehört nach wie vor zum Mittelstand. Wir beobachten zwar ein Größenwachstum von Kanzleien in diesem Segment in den letzten Jahren, meinen aber verzeichnen zu können, dass sich die Relationen nicht wesentlich verändert haben.

Die meisten Sozietäten in diesem Segment sind an einem Standort und meist nur regional tätig. Dennoch kann die Tätigkeit manchmal auch international geprägt sein, je nach Mandanten und eigenem Netzwerk.

Haben diese Kanzleien mehr als einen Standort, so ist es oftmals der Versuch, Mandantenbeziehungen zu halten oder auszubauen. Allerdings geht diese Strategie fast nie auf. Auch ist die durch zwei oder mehr Standorte notwendige Verwaltung, angefangen bei überörtlichem Konfliktcheck und IT-Infrastruktur, eine Belastung der Ressourcen, wie auch die Inspruchnahme der Partner für die Koordination der Aktivitäten. Daher sind diese Strategien selten wirklich erfolgreich; eine ökonomische Analyse zeigt in der Regel, dass die Standorte sich zwar tragen, aber es keinen Gewinnzuwachs, geschweige denn einen Gewinntransfer vom neuen Standort zu dem Hauptstandort gibt. Damit ist aber die wirtschaftliche Logik nicht sinnvoll, und nur selten wird auch das Ziel der Haltung von Mandanten oder deren Neugewinnung nachhaltig erzielbar. Nach einer Phase der Euphorie durch das Wachstum, die gefühlte Differenzierung von unmittelbaren Wettbewerbern und dem enttäuschten Aufstieg in profitablere Mandatsbeziehungen, erfolgt nach und nach die Ernüchterung. Viele der zugrundeliegenden Geschäftspläne, soweit welche existieren, fokussieren auf die Chance und blenden Risiken weitestgehend aus. Dies gilt insbesondere für das zeitliche Investment der Partner aus den Hauptstandorten, um die Integration frühzeitig abzusichern[64].

Einige Kanzleien versuchten insbesondere Anfang der neunziger Jahre im Zuge der Osterweiterung zu wachsen, aber dies funktionierte nur auf kurze Zeit, da es einer lokalen Präsenz bedurfte und die Überörtlichkeit nicht zu verwalten war. Die meisten Kanzleien, die sich auf dieses Abenteuer Anfang der Neunziger Jahre eingelassen haben, buchen die Erfahrung genauso ab: als Abenteuer, und nicht als unternehmerische Veränderung des Geschäftsmodelles.

Die größte Herausforderung für alle mittelgroßen Sozietäten besteht hier in der Frage, ob die Überörtlichkeit überhaupt strategisch Sinn macht, und ob der Koordinationsaufwand dafür gerechtfertigt ist.

6.3.1 Herausforderungen für mittelständische Kanzleien

Mittelständische Kanzleien müssen ihre interne Entwicklung laufend den Marktbedürfnissen anpassen und insbesondere den Wechsel zwischen Wachstum und Konsolidierung beherrschen lernen.

Dies meint zum einen die Planung und Umsetzung von Wachstum, welches immer nur profitables Wachstum sein sollte. Dies bedeutet zum anderen die Erhöhung des realisierten Stundensatzes, sei es durch Erhöhung des verkauften Stundensatzes, durch Pauschalisierungen bei vorhersehbarem Aufwand, oder besserer Auslastungskontrolle der Mitarbeiter. Hierzu gehört insbesondere, dass die Mitarbeiter die Zeiten nicht nach eigenem Ermessen aufschreiben dürfen, sondern einer Kontrolle und eines Feedbacks bedürfen.

Dies meint auch die Konsolidierung der Organisation und der Kommunikation durch Standardisierung der Kommunikation, also vor allem regelmäßige Gespräche, Feedback, Konfrontation mit Zahlen zu Wirtschaftlichkeit etc.

Dies meint zusätzlich den Aufbau von Wissen und Fähigkeiten sowie die professionelle und zeitnahe Zurverfügungstellung dieses Wissens und den Austausch in der Kanzlei. Der Sprung von dem Einzelkämpfer zu einem Teamansatz ist wichtig, um Mandanten schnell und hochwertig bedienen zu können.

Kanzleien müssen insbesondere lernen, sich mit sich und der Umwelt zu beschäftigen, um daraus etwas über die weitere Entwicklung ableiten zu können. Sie sind noch stärker vom Nachwuchs hinsichtlich der Wachstumsstrategien abhängig (und beschränkt), insbesondere weil sie hohe unternehmerische Erwartungen haben. Das verlangt nach besonderer Aufmerksamkeit für die Bereiche Personalführung und Personalentwicklung.

Die Anforderungen an Kanzleien als Arbeitgeber wandeln sich zunehmend, was auch Folge des demographischen Wandels ist, den die junge Generation selbstbewusst ausnutzt. Hierzu gehören elterngerechte Arbeitszeiten resp. die Toleranz dafür, ohne aber auf die unternehmerische Grundeinstellung zu verzichten.

Dazu gehört auch die Fähigkeit, das Arbeitsumfeld so zu gestalten, dass in limitierter Zeit und ohne die zwingende physische Büropräsenz gearbeitet werden kann.

---

[64] Mehr dazu unter „Regionalisten" im → Kapitel 7.

Dies stellt die Bereitschaft der älteren Generation, ihre Werte zu überprüfen, auf den Prüfstand. Denn all diese Veränderungen stehen im Gegensatz zu ihrer eigenen beruflichen Sozialisation, in der das traditionelle Anwaltsbild dominierte.

Ein profitables Wachstum als Conditio sine qua non darf dabei nicht aufgegeben werden, da es die Grundlage der anwaltlichen Tätigkeit ist. Mittelständische Kanzleien sind hinsichtlich der Beratungskompetenz meist noch stärker Generalisten als jene im Segment darüber und könnten ihre Beratungstiefe ausbauen. Sie müssen die Fähigkeit zur Spezialisierung bei gleichzeitigem Erhalt von Generalistentum haben (sog. umgekehrte T-Form: breite Basis sowie Spezialistenkenntnisse).

Generalistentum ist das Erkennungszeichen der Anwälte dieses Kanzleityps. Mandanten schätzen das, weil sie hier einen Rechtsrat von hoher Qualität erhalten. Gleichzeitig verlangt die Mandantschaft hohe Spezialisierung, die ständig fortschreitet. Die Anwälte müssen daher den Weg einer breiten Ausbildung bei einer gleichzeitigen zielgruppenspezifischen Spezialisierung gehen. Also etwa: nach breitem Einsatz in allen Rechtsgebieten Gesellschaftsrecht der GmbH in Holdingstrukturen kennen lernen. Oder gewerblichen Rechtsschutz von Autohäusern beherrschen.

Die Beratungstiefe können nur solche Kanzleien leisten, die den entsprechenden Erfahrungshintergrund haben. Daher muss es gelingen, diese Kenntnisse von der alten auf die jüngere Generation weiter zu geben. Keinesfalls darf der Senior mit seinem Wissen die Kanzlei verlassen, denn der Aufbau des Wissens geht heute nicht mehr schnell genug.

Mittelständische Kanzleien sind meist sehr nahe an den Lebenssachverhalten der Unternehmen und aufgefordert, schnellen und schnörkellosen Rat zu geben; zugleich sind auch sie unter Kostendruck, allerdings weniger stark, wenn sie den Wertbeitrag deutlich machen können. Sie sind oftmals im Markt gegenüber größeren Wettbewerbern im Vorteil, weil sie ortsnah und realitätsnah arbeiten. Sie verlieren aber auch Mandate, die oftmals besonders komplex sind, an größere Kanzleien oder die Rechtsberatungsarme der Big 4 und anderen Wirtschaftsprüfer- und Steuerberatungs-Gesellschaften, wenn sich wirtschaftliche und steuerliche Fragestellungen mischen. Nur wenige mittelständische Kanzleien haben in diesem Bereich umfangreiche Kompetenz bzw. arbeiten in Kooperation mit solchen Anbietern.

Die Fähigkeit zur Beherrschung komplexerer Fallgestaltung hängt mit der Fähigkeit der Partner zur Zusammenarbeit im Mandat zusammen. Dort, wo es gelingt, bemerkt der Mandant zu seiner Entlastung, dass hohe Beratungskompetenz bereitgestellt wird. Da er den ortsnahen Rat der Anwälte dieses Typs schätzt, wird er ihm gerne den Vorzug gegenüber anderen Kanzleitypen geben, zumal er in der Regel billiger ist.

Mittelständische Kanzleien müssen die Bepreisung ihrer Dienstleistung überdenken, teilweise nach unten anpassen, teilweise nach oben korrigieren, insbesondere bei hohem zeitlichen Einsatz, Einsatz von Erfahrungswissen, Nutzung von Vorlagen. Dazu müssen sie vor allem kritisch die reine Zeitmitschrift als Instrument für die Abrechnung überdenken und stärker wertorientierte Ansätze einsetzen und diese Wertschaffung aktiv im Mandat kommunizieren.

Die Abrechnung nach RVG Pauschalen ist unüblich in diesem Segment. Dennoch sollte sie genutzt werden, wenn der Streitwert entsprechend hoch ist.

Die Abrechnung nur nach Stunden kann problematisch sein, wenn der Stundensatz begrenzt ist resp. wenn die durch den anwaltlichen Rat möglich gewordene Wertschöpfung weit oberhalb der Abrechnung nach Stunden realisiert wird. Für diesen Fall sollte es möglich werden, alternative Preisbildung möglich zu machen. Dabei sind folgende Gestaltungen möglich:

1. Absprachen am Beginn des Mandates: flexiblen Stundensatz besprechen; doppelte oder dreifache RVG Gebühr ansetzen; Pauschale Bepreisung nach Ende des Mandates abhängig von der erzielten Wertschöpfung ankündigen (Vermeidung eines strikten Erfolgshonorars); Verabredung, nach Beendigung des Mandats den Preis bzw. einen Bonus festzulegen.
2. Am Ende des Mandates: angepassten Honorarvorschlag übersenden; telefonische Absprache höherer Abrechnung als ursprünglich angedacht; Pauschalisierung bestimmter Tätigkeiten, wie genutzter Vertragsmuster, Verzicht auf Reduktion der Zeiten um Lernkurven oder Einarbeitungs- und Recherchezeiten....

Mittelständische Kanzleien müssen kritisch darauf achten, sich von den unteren Marktsegmenten abzugrenzen, was nicht immer leicht ist, weil Mandanten einen Rundumservice bevorzugen: dies geht aber oftmals zu ihren Preisen nicht. Dabei müssen sie wie folgt vorgehen:

1. Trennung von Mandanten, die offensichtlich nicht profitabel sind, resp. Neuverhandlung der Konditionen mit diesen Mandanten.
2. Trennung von Anwälten, die offensichtlich nachhaltig keinen angemessenen Deckungsbeitrag bringen, auch von Partnern. Dieser Trennungsprozess führt idealerweise dazu, dass der betroffene Anwalt in einer anderen Kanzlei oder

einer eigenen Kanzlei mit den gleichen Mandaten wie bisher tätig ist, aber dank geringerer Kostenbasis profitabler arbeiten kann.
3. Mittelständische Kanzleien müssen auf regionales Marketing achten, damit sie im Reputationswettbewerb nicht zu sehr abfallen. Dies betrifft insbesondere die Räumlichkeiten, die bei diesen Kanzleien nicht immer dem Anspruch ihrer Mandanten genügen (Stichwort: Altbauvilla versus Neubau).
4. Da die juristische Kernleistung bei der typischen Mandantschaft dieses Kanzleityps nicht nachvollzogen oder beurteilt werden kann, bedarf es umso mehr geeigneter Substitute. Dies sind neben der Äußerlichkeit der Schriftsätze/E-Mails, der Empfängerorientierung i.S. von Handlungsempfehlungen anstatt des Ausweises der juristischen Optionen in langen Gutachten, auch die Kanzleiräume und das Auftreten der Mitarbeiter/des Anwaltes selber.
5. Die regionale Präsenz sollte vor allem dort vorhanden sein, wo die Zielgruppe ist: bei Unternehmern die Handelskammer etc.; bei Privatleuten örtliche dominante Veranstaltungen oder Organisationen (Sportclubs, Stadtfeste etc.). Mittelständische Kanzleien müssen sehr kritisch ihre Kostenbasis managen, weil die Umsätze nicht beliebig steigerbar sind und die Anwerbung guter Anwälte aus den Großstädten für den Transfer von Wissen gelingen muss. Ansätze sind insbesondere die Umstellung von einer umfangreichen Handbibliothek und Zeitschriftensammlung durch Zugriff auf elektronischen Datenbanken (die BWA gibt Auskunft über die Kosten im Vorjahr, dividiert durch die Anzahl der Anwälte; dies ergibt die monatlichen Datenbankkosten zzgl. 30%, die nach wie vor für Printprodukte ausgegeben werden, wie NJW, Palandt). Fortbildungskosten sind nicht zu streichen, eher Kosten für KFZ.
6. Mittelständische Kanzleien müssen ihre Beratungskompetenz laufend steigern, inklusive englischer Sprachkenntnisse, um im Markt nicht nach unten gedrückt zu werden. Fortbildung ist ein Muss, insbesondere in Kommunikation und Methoden (Mediation), weniger in fachlichen Angeboten, weil hier Aufwand/Ertrag billiger durch Schriftgut erreicht wird. Die Überprüfung der Tätigkeiten sollte einmal im Jahr überdacht werden; dabei ist auf Verbesserungspotential zu achten, insbesondere durch neue Prozesse und den dafür notwendigen Aufbau neuer Kompetenzen. Die Digitalisierung bietet hier eine Gelegenheit, bisherige Abläufe kritisch zu hinterfragen und bei Eignung zu digitalisieren, bspw. die Einführung und Nutzung der digitalen Akte mit Schnittstelle zu den jeweiligen Mandanten.

Mittelständische Kanzleien stehen vor der Herausforderung, ihre interne Organisation anzupassen, um wachsen zu können, also insbesondere den Übergang von der Gründergeneration zu den Nachfolgern zu organisieren und sich zu professionalisieren.

1. Hierzu gehört ein Nachfolgeplan für jedes (profitable) Referat. Ebenso gehört dazu die gezielte Planung und Aufbau von Kompetenz in Kerngebieten, wie Gesellschaftsrecht und weiteren Bereichen.
2. Hierzu gehört auch die Konsolidierung der Organisation, etwa durch Qualitätsmanagement, durch Definition von Entscheidungsprozessen, durch Delegation von Verantwortung in die Organisation.
3. Mittelständische Kanzleien müssen lernen, Trennungsprozesse so zu organisieren, dass die Arbeitsfähigkeit des Restes erhalten bleibt, weil ihre Kanzlei eine Marktstellung erarbeitet hat, die einen hohen Wert hat. Dies ist den Partnern nicht immer bewusst, aber klares Ergebnis einer Reihe von Beratungen, bei denen Mandanten das Wort erhielten.
4. Mittelständische Kanzleien müssen beachten, dass die Nutzung von Leverage (also mitarbeitende Anwälte, die selbstständig Mandate bearbeiten, ohne Gesellschafterstatus zu haben) dadurch beschränkt ist, dass Finanzämter zusehends dazu übergehen, diese Tätigkeit als eine „gewerbliche" anzusehen, und entsprechend Gewerbesteuer erheben[65].
5. Auch die Beaufsichtigung der Anwälte und die Dokumentation der Tätigkeit in jedem Mandat und größere Mandate sollten immer zu zweit oder mit mehreren bearbeitet werden, auch um dem Mandanten die Gewissheit zu geben, es gibt einen Notfallplan bei Ausfall eines Anwaltes.
6. Dieser Kanzleityp bringt meist „Generalisten" hervor, was für die Beratungsqualität einen nicht zu unterschätzenden Vorteil für die Erkennbarkeit am Markt mit sich bringt.

6.3.2 Beratungsqualität Mittelstand

Der Großteil dieses Marktsegmentes bietet zwar oftmals Beratungsqualität, die nahe an dem nächst höheren Segment liegt, aber es fehlt die internationale Kompetenz fast komplett: Es sind im Wesentlichen deutsche Juristen, die nach althergebrachten Regeln arbeiten und abrechnen. Anwälte in diesen Kanzleien sind überdurchschnittlich in Kammern und Verbänden aktiv, sie sind aufgrund ihrer Grundqualifikation und fachanwaltlichen Weiterbildung oftmals sehr umfassend und erfolgreich tätig. In diesem Segment finden sich viele „hidden Champions", also Kanzleien, die aufgrund der Qualität ihrer Arbeit herausragen (nicht durch Umsatz oder PR). Sie können oftmals mit den Wettbewerbern der

---

[65] Uwe Clausen RAKMagazin 6/2007, S. 12.

höheren Segmente mithalten, wenn es um angemessene Lösungen geht. Aber ihr Geschäftsmodell ist eher „traditionell": verdient wird, was ein Anwalt ehrlicherweise abrechnen kann. Das Leverage ist gering, selten gerät ein Ratio oberhalb von 1:1, und die Stundensätze sind im Rahmen zwischen 180–300 EUR, selten darüber (was aber oft nicht dem Wert der Beratungen entspricht: sie könnten teurer sein). Der Fokus steht hier auf der Erbringung von angemessenem Rechtsrat, die Profitmaximierung steht meist im Hintergrund. So wird die Formulierung von Kaufpreisklauseln in Transaktionen auf Stundenbasis geltend gemacht, während die wirtschaftlichen Werte, die hier beschützt bzw. geschaffen werden, den Wert des Honorars um ein Vielfaches überschreiten.

Diese Kanzleien sind oftmals sehr kreativ, hier werden vielerlei rechtliche Innovationen angestoßen. Hier paart sich Selbstbewusstsein mit Können; Rechtsfragen werden pragmatisch angegangen, lösungsorientiert und ohne Scheu vor Konflikten. Diese Kanzleien müssen also lernen, den Wert ihrer Beratung viel besser einzuschätzen und in Honorarverhandlungen klarer die Wertsteigerung zu vertreten und durchzusetzen (dies haben internationale Großkanzleien inzwischen weitgehend perfektioniert). Und sie müssen an den Mobilitätskriterien arbeiten, die für sie ganz besonders relevant sind.

6.3.3 Geschäftsmodell

Das Geschäftsmodell dieser Art von Kanzleien besteht in der Beratung durch einzelne Berufsträger, die sich nur selten zuarbeiten lassen. In vielen Sozietäten mit einem Gewinnverteilungssystem, welches die Zusammenarbeit unterstützt, oder in denen die Partner oder einzelne von ihnen die Zusammenarbeit mit anderen pflegen, werden Mandate auch gemeinsam bearbeitet. Aufgrund des eher geringen Umfanges der rechtlichen Fragen und der eher geringen Komplexität bedarf es aber oftmals auch nicht der Bearbeitung durch mehrere Berufsträger (komplexere Rechtsfragen werden typischerweise entweder an multidisziplinäre Kanzleien oder solche, die im Segment darüber tätig sind und denen die Komplexitätsbeherrschung eher zugetraut wird, gegeben).

Diese Kanzleien befinden sich zunehmend in einer „Geschäftsmodellfalle": sie rechnen oftmals nicht mehr nach RVG ab (obwohl sie oftmals hohe Gegenstandswerte bearbeiten), sondern nach Stunden. Sie sind damit umsatzmäßig auf die dadurch generierbaren Umsätze limitiert, insbesondere aufgrund der personenbezogenen Beauftragung. Daraus ergibt sich in Verbindung mit einer oftmals sehr selbstkritischen Zeitmitschrift eine „Geschäftsmodellfalle", bei dem die Umsätze pro Berufsträger zwischen 180.000–350.000 EUR liegen.

6.3.4 Trends generell und deren Auswirkungen für diesen Kanzleityp

Das Mittelstandssegment ist unter Druck geraten. Zum einen von dem Konzern-Segment, dass die Beratungsmandate der internationalen Mittelständler an sich sieht. Zum anderen aus dem KMU Segment, welches mit größeren Mandaten mittelständischer Mandanten wachsen will.

Mit zunehmender Größe einer mittelständischen Kanzlei steht auch die Belastbarkeit der Mandantenbeziehungen mit eher kleinen Unternehmen im Fokus. Dies beginnt bei den Stundensätzen, die die Kanzlei aufrufen muss, um eine dieser Größe und den Erwartungen der Partner angemessene Profitabilität zu erzielen. Weitere Aspekte sind die Betreuung durch angestammte Partner, die nicht mehr so viel Zeit in die Pflege der Beziehung investieren können (oder wollen), da diese in größeren Mandaten gebunden sind. Ehemals angestammte Rechtsbereiche wie Familienrecht, Arbeitsrecht, Öffentliches Recht oder IP führen ein Nischendasein, da der Fokus auf dem gesellschaftsrechtlichen Bereich liegt. Teilweise werden die Bereiche desinvestiert oder die hier tätigen Partner mit Teams verlassen die Kanzlei.

Diese Entwicklungen können zu Spannungen in der Partnerschaft führen, die nur durch eine gemeinschaftliche Neuausrichtung unter Beteiligung aller bewältigt werden kann. Mit zunehmender personeller Größe wachsen auch die Anforderungen an die Führung der Kanzlei, eine Steuerung durch alle Partner ist organisatorisch anspruchsvoll, bspw. durch die Anzahl der Partner, die verschiedenen Standorte, so dass die Kanzlei ein Management aufbauen muss. Dies bedeutet nicht ein zentrales Führungsgremium, welches in alle Bereiche hereinregiert, aber ein Organ, welches von allen Partnern akzeptiert ist und die Entwicklung beobachtet und für Umsetzung sorgt.

Ebenso sind die internen Strukturen zu professionalisieren. Die veränderte Dienstleistungserbringung erfordert effiziente Kanzleiprozesse, angefangen von der IT, dem Controlling, wie auch dem Business Development. Teilweise sind hier völlig neue Funktionen und Prozesse zu etablieren, die bisher in Partnerhand waren, deren fachliche Kompetenz in diesem Umfeld aber nicht mehr genügt, bzw. deren zeitlicher Aufwand in der Mandatsarbeit und Pflege der Mandatsbeziehung besser investiert ist.

6.3.5 Interne Struktur

Diese Art von Kanzleien hat das traditionelle Partnerschaftssystem, in dem junge Anwälte langsam in die Kanzlei und evtl. auch Partnerschaft hineinwachsen. Dieses Modell des „up or out" sichert eine gewisse Homogenität hinsichtlich dem Qualitätsniveau, Mandantenumgang und sozialer Kohärenz, die ein möglichst reibungsloses Miteinander gewährleisten.

Die Auswahl der neuen Partner ist immer eine Abwägung zwischen sozialen und unternehmerischen Aspekten. Allzu oft wird hier gesündigt: Anwälte, die zwar menschlich hervorragend passen, aber unternehmerisch keinen Beitrag zu leisten zustande sind, finden sich oftmals in den Partnerrängen. Gerade hinter der Gründergeneration sind diese Partner ein echtes Hindernis, weil sie zum einen keine unternehmerischen Anstöße liefern, zum anderen auch ein schlechtes Vorbild für die junge Generation sind. Die Partnerernennung wird immer wieder auch als Bindungsinstrument für die Kanzlei genutzt, obwohl diese sich hinsichtlich der unternehmerischen Herausforderungen meistens als problematisch herausstellt. Zugleich ist der Zugang von guten jungen Juristen zunehmend schwierig: diese bleiben lieber in den großen Städten und sind, soweit die Hypothesen zu der Generation Y richtig sind, auch weniger bereit, einen so hohen zeitlichen Einsatz zulasten des Privatlebens zu zeigen, wie ihn die derzeit herrschende Partnerriege selber erbracht hat und auch erwartet. Dies ist zunehmend ein echtes Wachstumshindernis.

Das „up or out" ist bei dieser Art von Kanzlei zugleich oftmals eine Notwendigkeit, um sich weiter zu entwickeln. Es reguliert die soziale Kohärenz, die fachliche und ethische Qualität des Nachwuchses. Diese Kanzleien haben zunehmend Mandate, die mehr als einen Anwalt zur Bearbeitung bedürfen. Sie haben oftmals einen Ruf am Ort oder in der Region, und dieser ist zu verteidigen.

Die echte Herausforderung ist es, jene jungen Leute, die unternehmerisch sind und sich weniger einfach einordnen lassen, zu halten, und hingegen jene eher weniger unternehmerischen Anwälte ziehen zu lassen, die zwar sozial einfach sind, aber unternehmerisch keinen Mehrwert bringen. Diese Wahl scheint die schwierigste überhaupt zu sein, und es gibt nicht wenig Städte, in denen die drei wichtigsten Kanzleien aus einer einzelnen hervorgegangen sind, nur weil es einer alteingesessenen Kanzlei nicht gelang, diese Wahl richtig zu treffen. In diesem Zusammenhang ist die frühzeitige Nachfolgeplanung essentiell, um die Überlebensfähigkeit der Kanzlei sicherzustellen und eine neue Partnergeneration ans Ruder zu lassen.

Die Partnerschaft, die oftmals zwischen 5 und 15 Partner umfasst, kommt außerdem oftmals in die Nähe jener Größe, in der die rein informelle Führung, insbesondere durch die Gründergeneration oder Senioren, nicht mehr einfach gelingen mag, zumal die junge Generation Mitsprache verlangt. Formale Verfahren der Einbeziehung, ohne den Kernbereich der Verantwortung der Eigentümer preiszugeben, gehören eingeführt. Informelle Macht der Senioren gehört transparent gemacht. Eine Kultur der offenen Diskussion ist notwendig, um die Bedürfnisse aller Mitarbeitenden einzubeziehen und die unternehmerischen Impulse aufzunehmen.

6.4 Optimierungsmöglichkeiten in diesem Segment

Im Folgenden beschreiben wir die wichtigsten Differenzierungskriterien im Wettbewerb.

Kriterium	Ausprägungen derzeit	Herausforderungen
Grad der Spezialisierung	Die meisten Kanzleien in diesem Segment sind Generalisten. Seitenbereiche wie etwa gewerblicher Rechtsschutz werden nur selten ausreichend umfangreich bedient.	Eine große Breite und Tiefe des Angebotes anzubieten, um ihren Mandanten ausreichend Sicherheit zu bieten, ist wichtig, je größer die Mandanten werden. Die Beherrschung der Komplexität des Rechts außerhalb von Standardanfragen ist eine Herausforderung.
Regionale Abdeckung	Meist regional fokussiert, aber zunehmend bundesweit und sogar international tätig, da die Mandanten dies brauchen.	Die entsprechende Kompetenz (etwa englische Sprach- und Rechtskenntnisse) vorzuhalten oder aufzubauen bedeutet eine erhebliche Anstrengung.
Marketing	Lokales oder regionales Marketing, oftmals mit Bewusstsein hinsichtlich Branding.	Das Marketing nicht nur als Einmalanstrengung alle 3–5 Jahre, sondern als laufenden Prozess zu begreifen, um nachhaltig am Markt tätig zu sein.

Kriterium	Ausprägungen derzeit	Herausforderungen
Vertriebs-strategie	Primär beziehungsbasiert von Partner zu Mandant, oftmals seit vielen Jahren oder Jahrzehnten vorliegende Beziehung. Dazu Empfehlungsgeschäft hinsichtlich Neumandanten, selten Kaltakquise, da nicht zum Selbstverständnis dieses Segmentes passend.	Zunehmend wichtig: Kenntnis aller relevanten Unternehmen der Region. Versuch, diese direkt oder per Veranstaltungen etc. anzusprechen. Aktivere Vorgehensweise im Vertrieb wählen, und dazu Kulturwandel intern anstoßen.
Qualität	Qualitätsversprechen ist oftmals sehr anspruchsvoll, kann aber mangels ausreichender Breite und Tiefe oft nur in Kernbereichen gehalten werden. Hier Gefahr von Verlust des Mandates an Spezialisten oder größere Einheiten.	Ausreichende Breite und Tiefe des Angebotes, durch mindestens doppelte Besetzung aller Themen (d.h. mind. 20 Anwälte, besser 40 und mehr, womit die Grenze zum nächsten Marktsegment überschritten wird).
Einsatz von Technik	Standardkanzlei-EDV ist meist vorhanden.	Oftmals fehlt CRM (also Vertriebsdatenbank), die auch ausgewertet und genutzt wird.
Kosten	Kostenquote liegt meist um die 45 %.	Anfangsgehälter für Juristen sind oftmals zu niedrig, um hochqualifiziertere Kollegen aus großen Städten zu locken.
Servicequalität	Die Servicequalität im Mittelstandssegment ist inzwischen auf dem Niveau der Großkanzleien; fand man vor 10 Jahren noch Anwälte in diesem Segment, die kein Handy nutzen, ist das heute anders. Auch sind die Gebäude, Besprechungsräume, etc. für Kunden der Wirtschaft angemessen gestaltet.	Digitale Dienstleistungen werden heute von den Mandanten noch nicht verlangt, wie etwa elektronische Dealrooms, die seit 2000 in Großkanzleien üblich sind. Aber dennoch werden die Anforderungen auch in diesem Segment steigen, wenn der Generationswechsel bei den Mandanten vollzogen ist. Denn auch die Kosten für Rechtsberatung sind diesen ein Dorn im Auge.
Preispolitik	Die Preispolitik ist durch mäßige Stundensätze zwischen 200 und 350 EURO geprägt; es gab kaum Steigerungen in den letzten Jahren.	Wachstum zu generieren ist zunehmend schwierig, zumal die Auslastung der Mitarbeiter zunehmend kritisch geprüft wird. Stundensatzerhöhungen lassen sich in der Mandantschaft aber kaum durchsetzen, es muss also darum gehen, über die Themen Leverage und Auslastung Wachstum zu erzeugen.
Ressourcennutzung	Während Anwälte auch in diesem Segment zunehmend selber schreiben und nicht mehr diktieren, ist die Zusammenarbeit mit Mitarbeitern teilweise noch zu paternalistisch angelegt. Mitarbeiterführung ist erst langsam auch in diesem Segment zu spüren.	Mitarbeiterorientierung, Zielgespräche, Personalführungsinstrumente einsetzen: all das wird vom Nachwuchs verlangt. Die großen Rekrutierungsprobleme im Mittelstandssegment, die auf gute Juristen auch in der Provinz angewiesen sind, lassen sich nur durch besseres Personalmanagement lösen.
Netzwerke	Kanzleien sind meist weniger als Organisation vernetzt, sondern vor allem durch die einzelnen Anwälte, die in berufsständischen Organisationen und Netzwerken auch international unterwegs sind.	Eine Netzwerkstrategie ist für Kanzleien zunehmend relevant, um sowohl Wissen als auch Kontakte, gerade international, für die Mandanten zur Verfügung zu haben. Dabei sind die vorhandenen Kanzleinetzwerke auf Potentiale zu untersuchen.

7 Marktsegment Konzerne

7.1 Überblick über das Segment

Oberhalb von 10 Mio. EUR Umsatz sind in Deutschland über 11.000 Anwälte in Kanzleien tätig, die primär für Konzerne, aber auch für den großen deutschen international tätigen Mittelstand tätig sind. In Übereinstimmung mit der Zielgruppenlogik wird dieses Segment daher demnach als das **Konzernsegment** bezeichnet. An deren Spitze steht eine Kanzlei mit über 500 Anwälten, die also etwa zehnmal so groß ist wie eine der kleinsten Kanzleien dieses Segments.

Die Tätigkeiten umfassen meist anspruchsvolle Aufgaben des Wirtschaftsrechts, zunehmend mit einem für diese Zielgruppe typischen Bedarf an grenzüberschreitender Tätigkeit, der stark von wirtschaftsrechtlichen Fragestellungen geprägt ist.

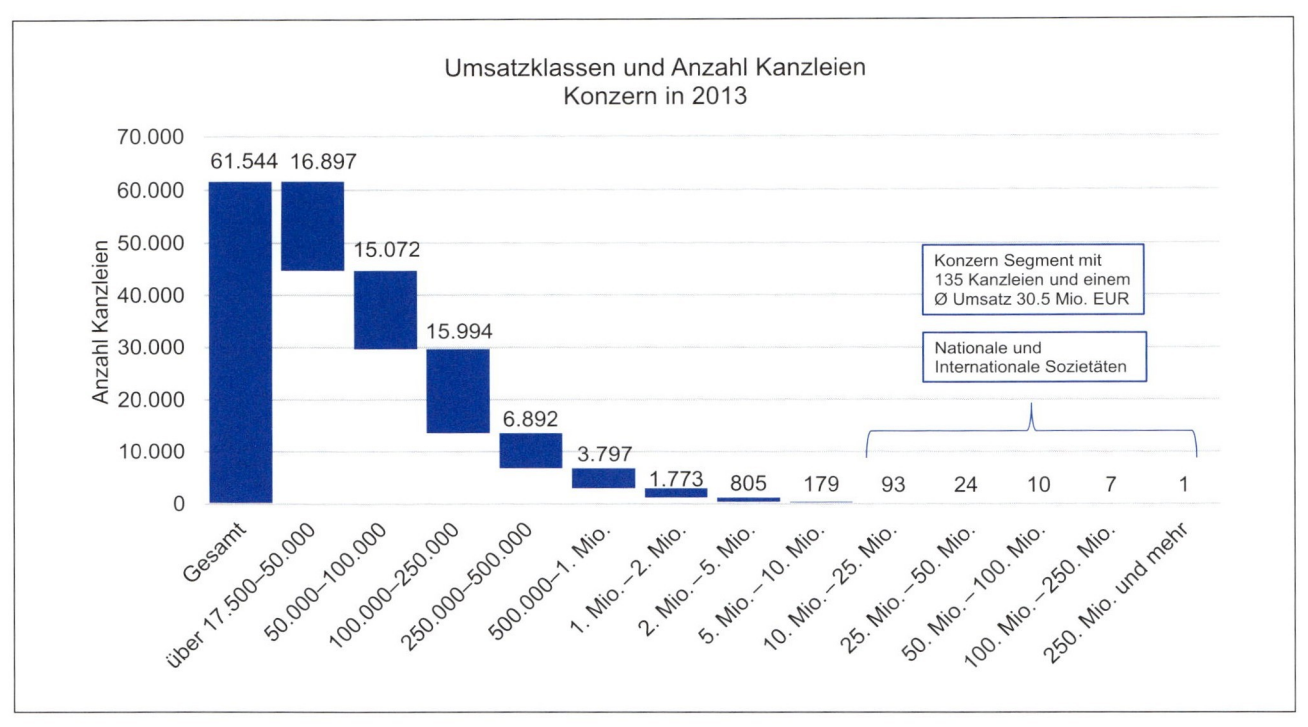

Abbildung 67: Umsatzklassen und Anzahl Kanzleien Konzern in 2013
Quelle: Statistisches Bundesamt, Umsatzsteuerstatistik Voranmeldungen, Wirtschaftszweig Rechtsberatung 69.1

Die Kanzleien in diesem Segment werden in der Umsatzsteuerstatistik in folgenden, aus unserer Sicht aber nicht weiter relevanten Umsatzklassen erfasst:

- 93 Kanzleien mit 10–25 Mio. EUR Umsatz, und ca. 45 Anwälten
- 24 Kanzleien mit 25–50 Mio. EUR Umsatz mit ca. 100 Anwälten
- 10 Kanzleien mit 50–100 Mio. EUR Umsatz mit ca. 180 Anwälten
- 7 Kanzleien mit 100–250 Mio. EUR Umsatz mit ca. 250 Anwälten
- sowie 1 Kanzlei mit mehr als 250 Mio. EUR Umsatz und ca. 500 Anwälten

Diese 135 Kanzleien sind ausschließlich im Wirtschaftsrecht tätig. Der Juve-Verlag berichtet regelmäßig in seinem Monatsheft Juve Rechtsmarkt über eine Teilmenge, nämlich ca. 50 Kanzleien, die an der Selbstdarstellung in diesem Medium interessiert sind; in dem Handbuch sind über 1.000[66] Kanzleien aufgeführt, allerdings beschränkt sich die Darstellung der Rangfolgen nur auf einen Teil, ca. 100 bis 200 Kanzleien tauchen in den Statistiken auf.

Diese Kanzleien stellen zahlenmäßig eine Minderheit des Kanzleimarktes dar, gerade einmal ca. 10% der tätigen Anwälte arbeiten dort. Sie nehmen aber einen unverhältnismäßig großen Teil in der öffentlichen Wahrnehmung ein. Die Kanzleien unterscheiden sich grundlegend von allen anderen Segmenten des Kanzleimarktes, in der der einzelne

---
[66] Auszählung im Buch Juve Rechtsmarkt von 2015/16.

Anwalt dominiert. Es sind nunmehr organisatorische und betriebswirtschaftliche Abläufe, die relevant sind, um die Dienstleistungen dieser Kanzleitypen am Markt zu positionieren und einen Gegenwert zu erhalten, der die Unternehmensgröße rechtfertigt.

Personalstruktur je Kanzlei im Segment Konzern in 2013

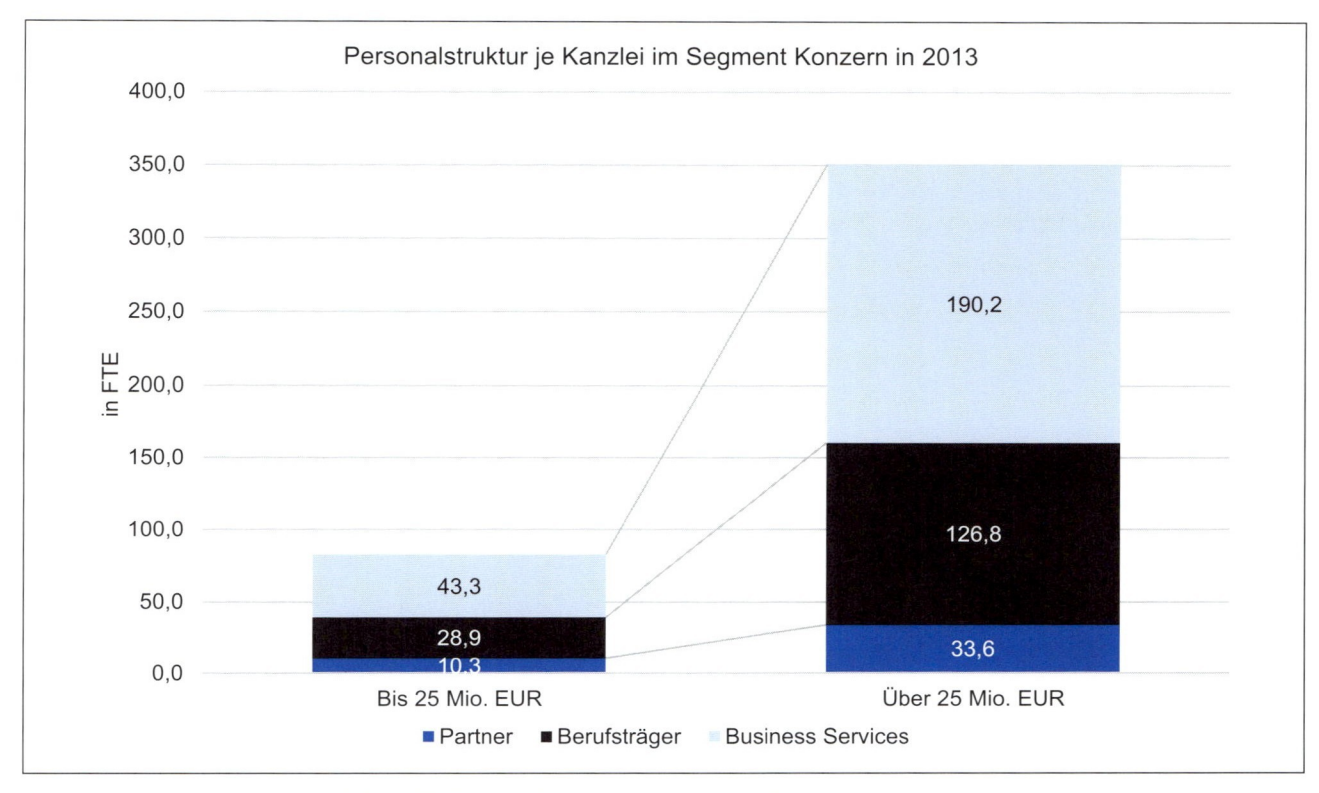

Bis 25 Mio. EUR: Partner 10,3; Berufsträger 28,9; Business Services 43,3
Über 25 Mio. EUR: Partner 33,6; Berufsträger 126,8; Business Services 190,2

Abbildung 68: Personalstruktur je Kanzlei im Segment Konzern in 2013
Quelle: Statistisches Bundesamt, Strukturerhebung im Dienstleistungsbereich 2008–2013, Wirtschaftszweig Rechtsberatung 69.1, eigene Berechnungen

In dem Konzernsegment finden sich mehrere strategische Gruppen[67] wieder; die Kanzleien sind aber nur begrenzt im Wettbewerb miteinander. Eine weitere, aber wenig überzeugende Differenzierung gelingt über das Größenmerkmal Umsatz: einmal die Kanzleien bis zu einem Umsatz von 25 Mio. EUR und dann solche, die diese Grenze überschreiten. Eine Differenzierung der Top 50 Kanzleien in Deutschland über das Konzept der strategischen Gruppen ist sinnvoll, die wir daher der umsatzorientierten Klassifizierung[68] gegenüberstellen.

7.1.1 Regionales resp. überörtliches Angebot

Die meisten Sozietäten in diesem Segment sind an mehreren Standorten tätig, dies meistens mit einigen wenigen großen Standorten und kleineren Satelliten. Die Kanzleien im Kanzleisegment bis 25 Mio. EUR weisen häufig eine starke regionale Prägung auf. Die Mandatstätigkeit ist mit zunehmender Kanzleigröße internationaler. Kleinere Kanzleien arbeiten verstärkt mit Hilfe von internationalen Netzwerken, um die internationale Beratungskompetenz abzusichern. Große Kanzleien arbeiten mit festen , internationalen Kooperationspartnern – sogenannte best friends – in Ländern, in denen ihre Mandanten eine gleichwertige und abgestimmte Beratung erwarten, oder wurde Teil von mehr oder weniger stark integrierten international auftretenden Dachmarkenkonstrukten.

Kanzleien mit mehreren Standorten stehen vor der Herausforderung, eine standortübergreifende Beratungsqualität sicherzustellen, die einen echten Mehrwert für den Mandanten generiert. Die größte Herausforderung für alle Sozietäten im Konzernsegment besteht in der Frage, an welchen Standorten welches Beratungsangebot vorzuhalten ist und wo zukünftig noch Wachstum möglich ist. Dies gilt insbesondere für global wie international aufgestellte Kanzleien, da damit auch die Phantasie für neue Partner genährt wird bzw. Enttäuschungen verknüpft werden.

---

[67] Vaagt, Erfolgreiche Strategien von Wirtschaftskanzleien, 2011.
[68] etwa im Juve-Verlag S. 38 ff.

7.2 Klassifizierung der Anbieter

7.2.1 Bis 25 Mio. EUR: Überregionale/Internationale Sozietäten mit 30–75 Anwälten

Entwicklung des Segmentes bis 25 Mio. EUR

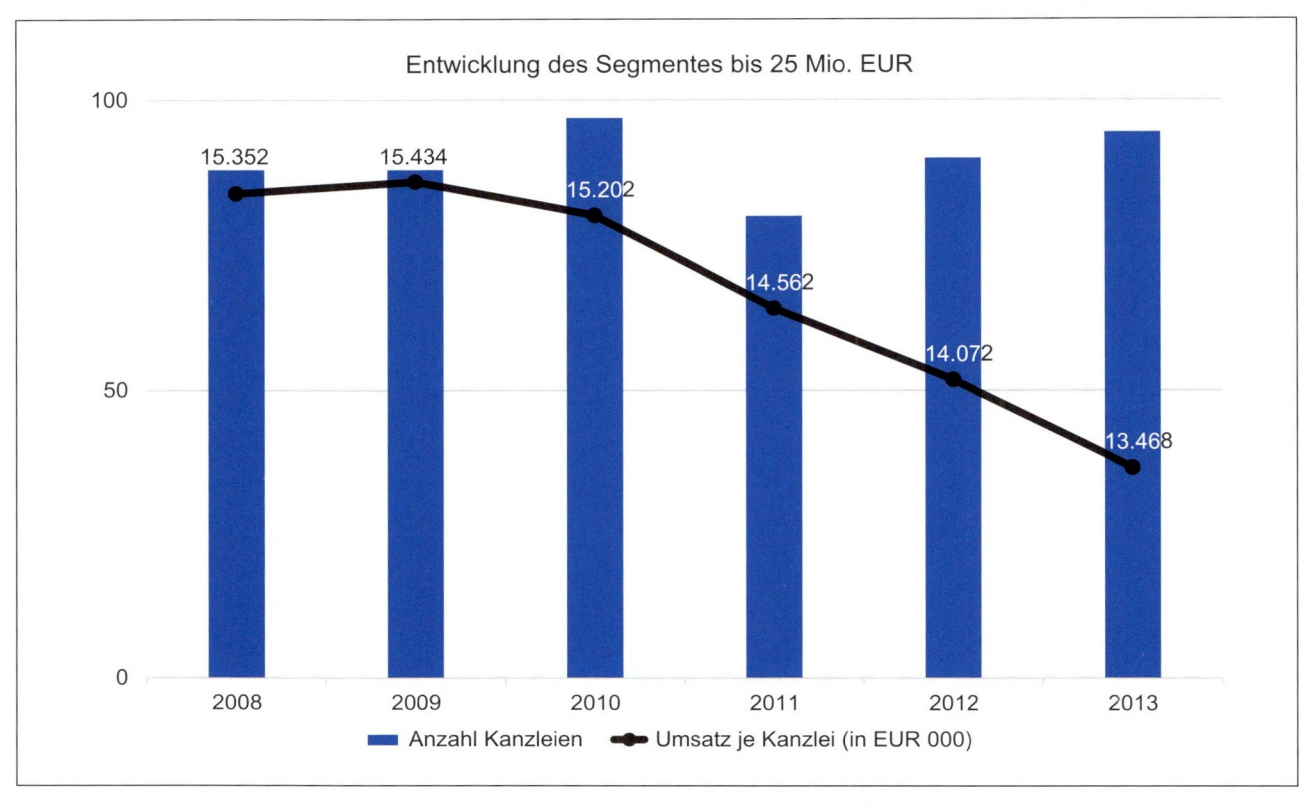

Jahr	Umsatz je Kanzlei (in EUR 000)
2008	15.352
2009	15.434
2010	15.202
2011	14.562
2012	14.072
2013	13.468

Abbildung 69: Entwicklung des Segmentes bis 25 Mio. EUR
Quelle: Statistisches Bundesamt, Strukturerhebung im Dienstleistungsbereich 2008–2013, Wirtschaftszweig Rechtsberatung 69.1, eigene Berechnungen

In diesem Segment finden wir die überregional aufgestellten deutschen Kanzleien, wie auch die deutschen Praxen international präsenter Kanzleien (Strategische Gruppe der Global Player bzw. Internationalisierer, sowie einige große deutsche Kanzleien). Ein Abgleich mit der JUVE Top 100 Umsatzübersicht für das Jahr 2014/15[69] zeigt, dass sich bei Juve etwa 40 Kanzleien in diesem Umsatzsegment befinden, die für diesen Marktüberblick ausgewerteten Zahlen des statistischen Bundesamtes für 2013[70] gehen hingegen von 97 Kanzleien in diesem Segment aus[71].

Steckbriefartig lassen sich folgende Kriterien definieren:

1. Mandanten sind meist international agierende Konzerne und nationale Marktführer in der jeweiligen Branche, aus der Historie heraus auch Mandatsbeziehungen in den Mittelstand
2. Mandate sind anspruchsvolle, meist internationale auf englischer Rechtsordnung beruhende Mandate, aber auch solche denen die deutsche Rechtsordnung zugrunde liegt
3. Stundensätze liegen bei 300 EUR und mehr pro Partner
4. dort tätige Anwälte sind oftmals zweisprachig (Muttersprache und Englisch), mit guten Abschlüssen deutscher und internationaler Universitäten oft mit Zusatzqualifikation (LLM, Steuerberater und/oder Promotion)

Diese Kanzleien sind in der Regel an mehreren Standorten vertreten. Sie beraten meist Töchter internationaler Konzerne und nationale Marktführer in komplexen Rechtsfragen, insbesondere Transaktionen, selten vermögende Privatpersonen aufgrund Konfliktpotentials hinsichtlich der gesellschaftsrechtlichen Stellung, die diese in Beteiligungen haben. Diese

---
[69] http://www.juve.de/rechtsmarkt/umsatzzahlen.
[70] Statistisches Bundesamt, Umsatzsteuerstatistik Voranmeldungen, Wirtschaftszweig Rechtsberatung 69.1.
[71] Erklärungsversuch: Nicht alle Kanzleien veröffentlichen Umsatzzahlen, so dass nur die Kanzleien in JUVE gelistet werden, die entsprechende Daten zur Verfügung stellen bzw. wo eine Schätzung durch den Verlag diesem möglich scheint.

Beratung zeichnet sich durch einen starken, personenbezogenen Beratungsansatz aus, selten die Nutzung größerer Teams – außer in komplexen grenzüberschreitenden Transaktionen oder Compliance Verfahren. Dies hat Rückwirkungen auf die internen Strukturen, Arbeitsprozesse und Hierarchien.

Die Anzahl an Kanzleien in diesem Segment ist in den letzten Jahren relativ konstant, zum Ende wieder leicht ansteigend: bemerkenswert ist aber, dass die durchschnittlichen Umsätze in den letzten fünf Jahren seit der Finanzkrise mit einem Minus von 12% deutlich gesunken sind. Dies sehen wir als einen Indikator dafür, dass diese Kanzleien besonders unter Druck von den Top Kanzleien und von aufstrebenden Kanzleien aus dem Mittelstandssegment sind und verlorene Mandate nicht haben kompensieren können.

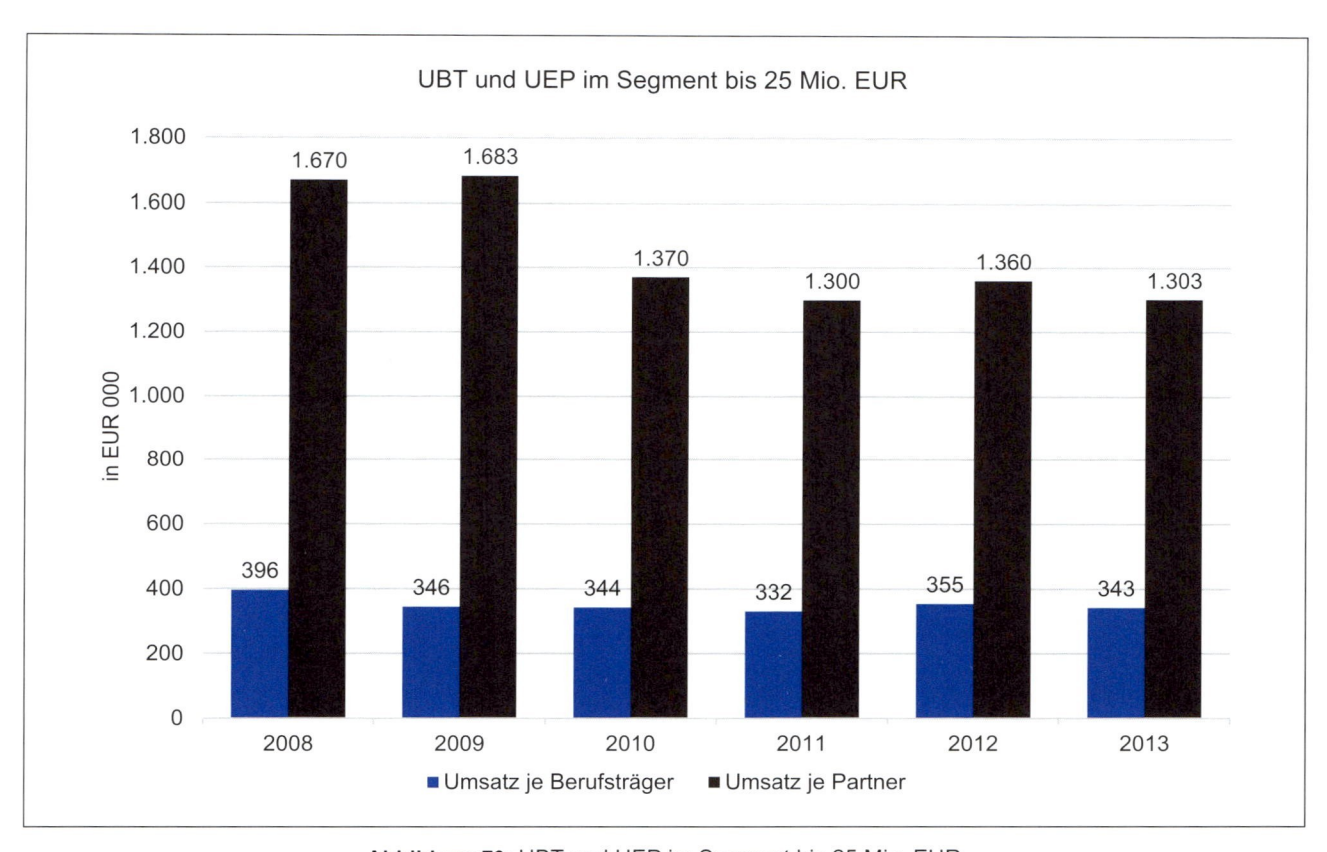

Abbildung 70: UBT und UEP im Segment bis 25 Mio. EUR
Quelle: Statistisches Bundesamt, Strukturerhebung im Dienstleistungsbereich 2008–2013, Wirtschaftszweig Rechtsberatung 69.1, eigene Berechnungen

Die Entwicklung des UEP zeigt mit einem 20%-igen Rückgang von 2008 auf 2009, dass die Partnerschaften zum einen breiter aufgestellt sind, zum anderen, dass sich die Struktur der Partnerschaft verändert hat. Die hier vermutete Zunahme an Partnern dient vermutlich als Personalentwicklungsinstrument, um Talente an die Kanzlei zu binden. In den nächsten Jahren wird sich zeigen, inwieweit hier Umsatzzuwächse in einem zunehmend kompetitiveren Markt möglich sind.

In diesem Segment sind Stundensätze von 200 EUR aufwärts realisierbar, und damit pro Anwalt Umsätze von 300.000 bis 450.000 EUR.

Der UBT weist von 2008 auf 2009 ebenfalls einen Einbruch aus, die Werte in den Folgejahren pendeln um die 340.000 EUR. Dies zeigt, dass die Kanzleien vorsichtig mit dem Personalaufbau sind und zeitnah Anpassungsmaßnahmen vornehmen, wenn die Umsätze nicht mehr stimmen, was man sehr gut an dem Sprung 2011 auf 2012 verfolgen kann.

Die Gewinnquote konnte in den letzten Jahren stabil bei 45% gehalten werden. In den Jahren der Finanzkrise 2009 war mit 40% (oder: 60% waren Kosten) der Tiefpunkt erreicht. Es ist eindeutig, dass die Kanzleien in den Folgejahren deutliche Anstrengungen unternommen haben, um diese Entwicklung zurückzudrehen, eine Wendung zu alten Gewinngrößen erscheint aber schwierig.

7 Marktsegment Konzerne

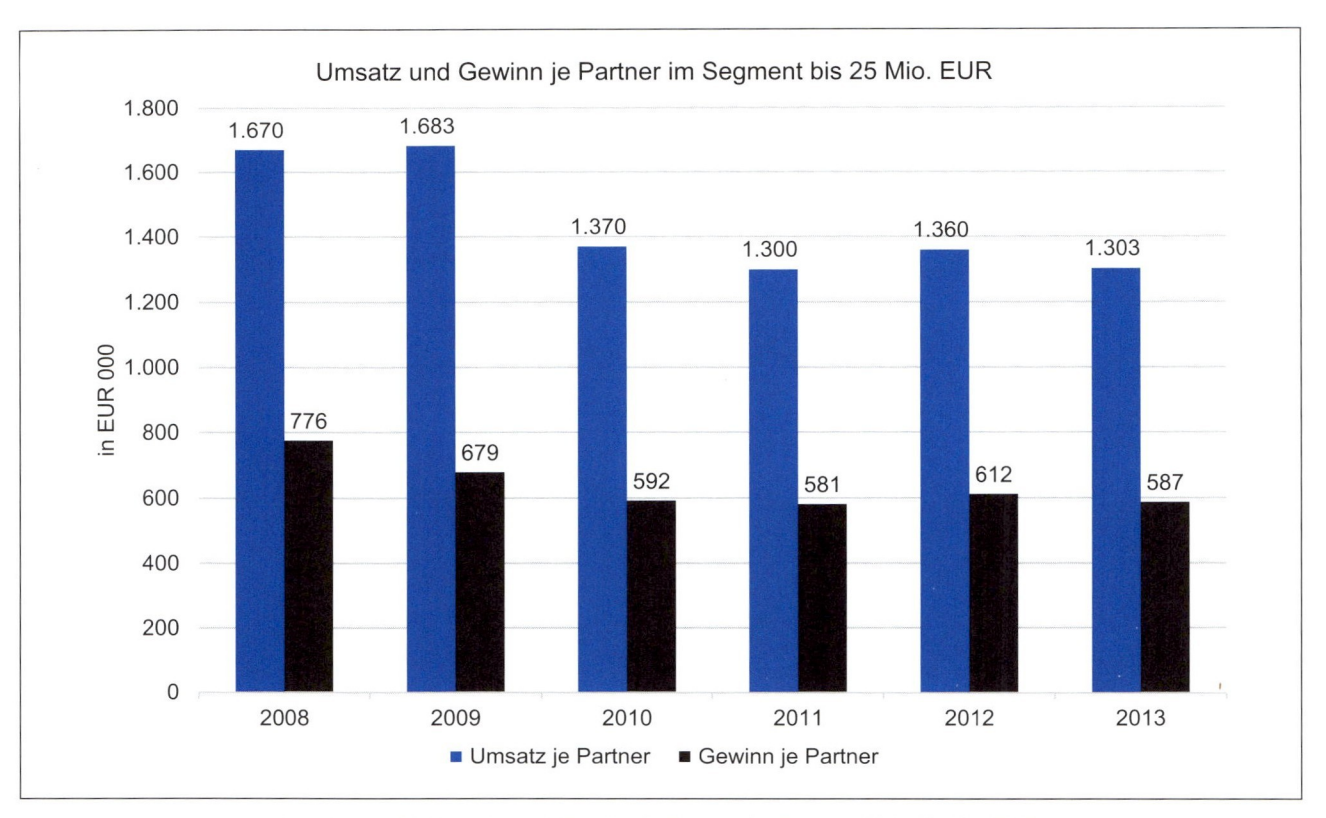

Abbildung 71: Umsatz und Gewinn je Partner im Segment bis 25 Mio. EUR
Quelle: Statistisches Bundesamt, Strukturerhebung im Dienstleistungsbereich 2008–2013, Wirtschaftszweig Rechtsberatung 69.1, eigene Berechnungen

Umsatz und Gewinn je Partner im Segment bis 25 Mio. EUR (in EUR 000):

Jahr	Umsatz je Partner	Gewinn je Partner
2008	1.670	776
2009	1.683	679
2010	1.370	592
2011	1.300	581
2012	1.360	612
2013	1.303	587

Gewinn und Aufwand je Kanzlei im Segment bis 25 Mio. EUR (in % vom Umsatz):

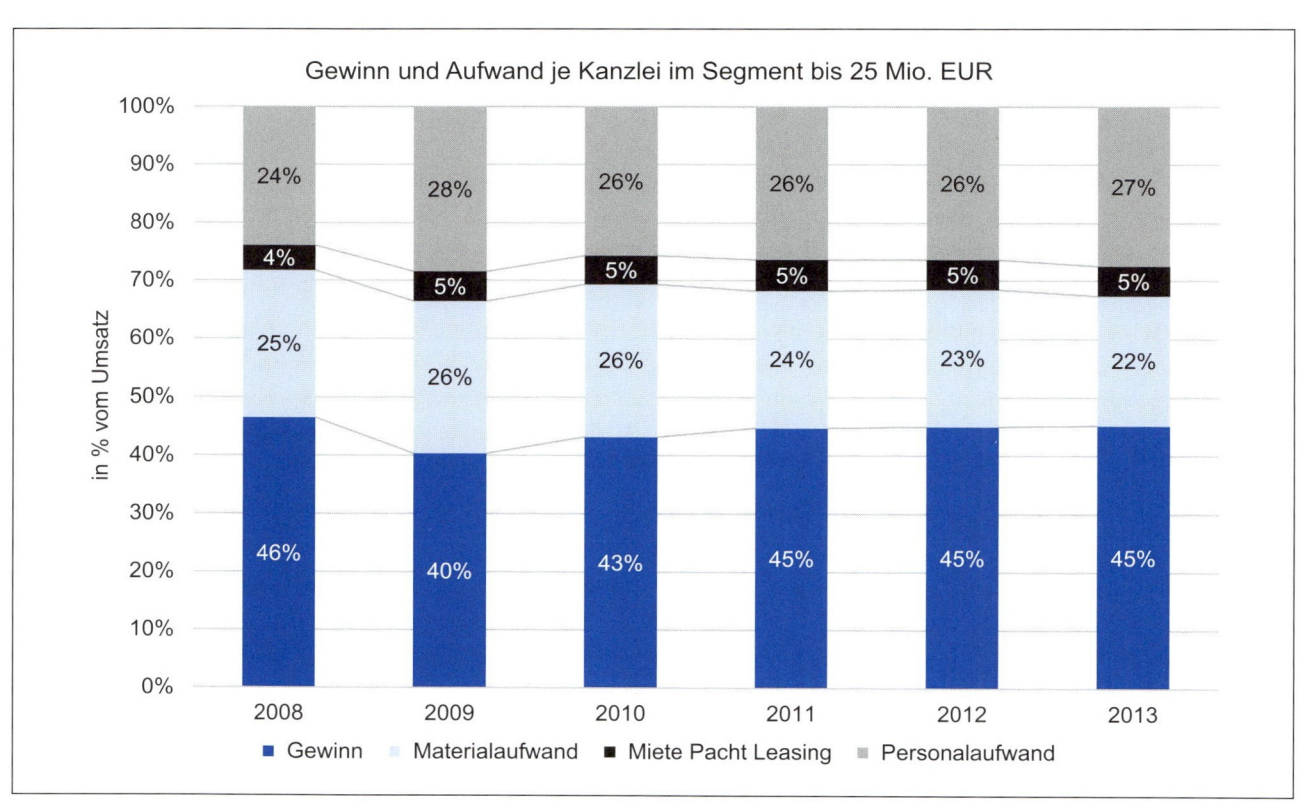

Jahr	Gewinn	Materialaufwand	Miete Pacht Leasing	Personalaufwand
2008	46%	25%	4%	24%
2009	40%	26%	5%	28%
2010	43%	26%	5%	26%
2011	45%	24%	5%	26%
2012	45%	23%	5%	26%
2013	45%	22%	5%	27%

Abbildung 72: Gewinn und Aufwand je Kanzlei im Segment bis 25 Mio. EUR
Quelle: Statistisches Bundesamt, Strukturerhebung im Dienstleistungsbereich 2008–2013, Wirtschaftszweig Rechtsberatung 69.1, eigene Berechnungen

Die Kostenstruktur zeigt erhebliche Anstrengungen im Bereich Materialaufwand, die Quote konnte zuletzt auf 22% des Umsatzes reduziert werden. Der Personalaufwand ist hingegen leicht angestiegen, was mit dem verhaltenen Aufbau an angestellten Berufsträgern zu tun hat. Auch ist das Gehaltsniveau – im Unterschied zu den Topkanzleien – noch moderat. Der Weg zu einem höheren Einkommen führt hier nur über die Partnerwerdung, die aber im Vergleich zu den Topkanzleien aufgrund der gegebenen, partnerschaftlichen Strukturen, auch schneller möglich ist.

7.2.2 Über 25 Mio. EUR: Überregionale/Internationale Sozietäten mit 60–500 Anwälten

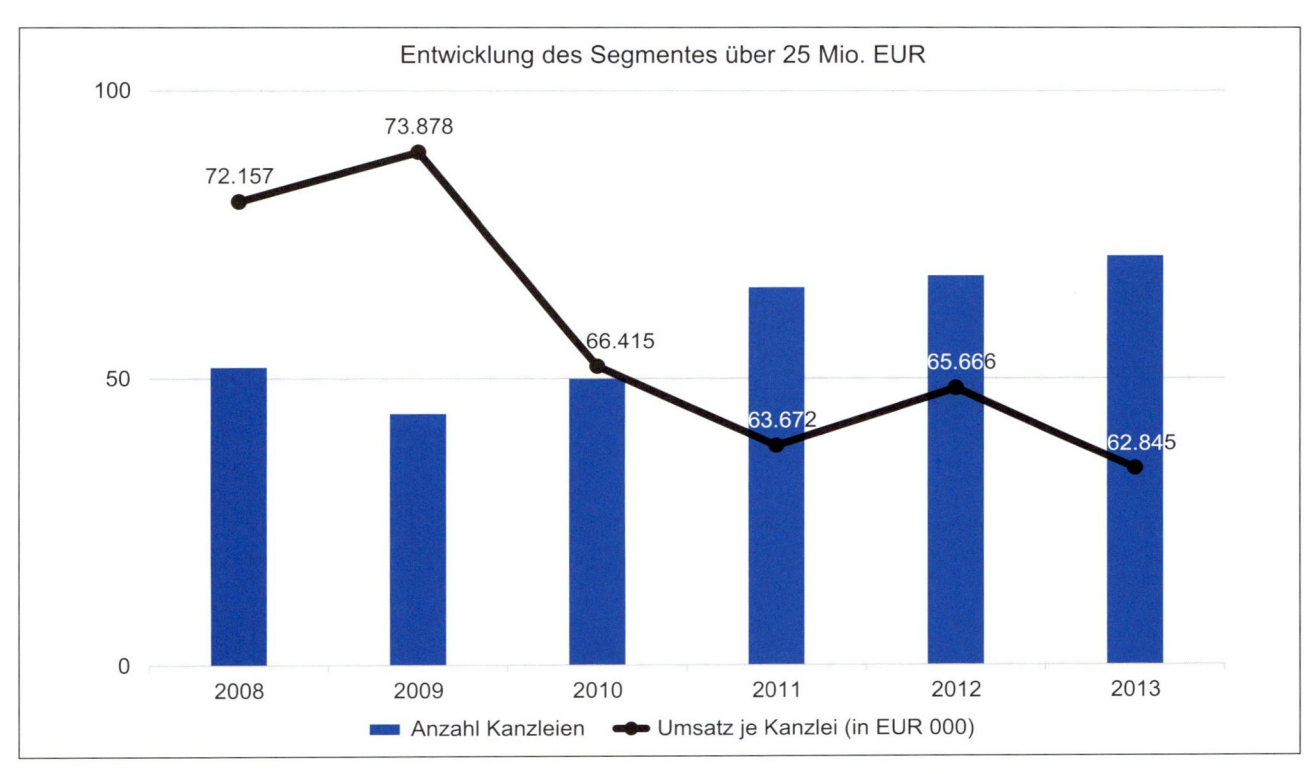

Abbildung 73: Entwicklung des Segmentes über 25 Mio. EUR
Quelle: Statistisches Bundesamt, Strukturerhebung im Dienstleistungsbereich 2008–2013, Wirtschaftszweig Rechtsberatung 69.1, eigene Berechnungen

Im diesem Segment finden wir nur international bzw. überregional tätige Kanzleien mit einem Umsatz von mehr als 25 Mio. EUR. Hier beraten im Schnitt 150 und mehr Anwälte im Schwerpunkt zu gesellschaftsrechtlichen Fragestellungen und betreuen umfassend M&A Transaktionen und Finanzierungen. Diese Kanzleien sind mehrheitlich aus den UK und US geführt, daneben gibt es auch Kanzleien deutscher Herkunft wie Hengeler Mueller oder CMS Hasche Sigle, die zu den führenden Adressen im deutschen Markt zählen. In diesem Segment sind Stundensätze von 350 EUR und mehr realisierbar, und damit pro Anwalt Umsätze von 400.000 bis 650.000 EUR, in Einzelfällen auch deutlich darüber.

Steckbriefartig lassen sich folgende Kriterien definieren:

1. Mandanten sind international agierende Konzerne, nationale Marktführer, Private Equity Firmen, Internationale Banken/Versicherungen, in Einzelfällen auch kleinere nationale Unternehmen, wo ein langfristiger persönlicher Partnerkontakt besteht
2. Mandate sind komplexe, internationale auf englischer Rechtsordnung beruhende Mandate, aber auch solche denen die deutsche Rechtsordnung zugrunde liegt
3. Stundensätze liegen bei 350 EUR und mehr
4. dort tätige Anwälte sind mindestens zweisprachig (Heimatsprache und englisch), mit sehr guten Abschlüssen deutscher und internationaler Universitäten mit Zusatzqualifikation (LLM, Steuerberater und/oder Promotion)

Diese Kanzleien beraten hauptsächlich internationale Konzerne, nationale Marktführer, Private Equity Firmen in komplexen Rechtsfragen, insbesondere große Transaktionen und Finanzierungen, selten vermögende Privatpersonen aufgrund Konfliktpotentials hinsichtlich der gesellschaftsrechtlichen Stellung, die diese in Beteiligungen haben. Diese

Beratung baut auf der ausgeprägten Arbeitsteilung zwischen Partnern und großen Teams auf und ist charakterisiert durch einen teambezogenen Beratungsansatz unter Leitung einer/mehrerer Partner. Dies hat Rückwirkungen auf die internen Strukturen, Arbeitsprozesse und Hierarchien.

Die Anzahl an Kanzleien in diesem Segment ist seit 2010 leicht angestiegen. Demgegenüber gibt es auch Fusionen, bspw. Hogan Lovells oder Norton Rose Fulbright. Organisches Wachstum findet dagegen nur eingeschränkt statt. Die Umsätze sind von der Spitze 2009 herum um 15 % zurückgegangen. Dies ist auch, aber nicht nur, durch den Zuwachs an Kanzleien in der Gruppe erklärbar. Auch in diesem Segment sehen wir nur schwaches organisches Wachstum, insbesondere bei den Top 10 Kanzleien durch den stark schwankenden M&A Markt. Wachstum findet eher bei breit aufgestellten Kanzleien statt, die insbesondere im Mittelstandssegment Mandate gewinnen und ausbauen konnten.

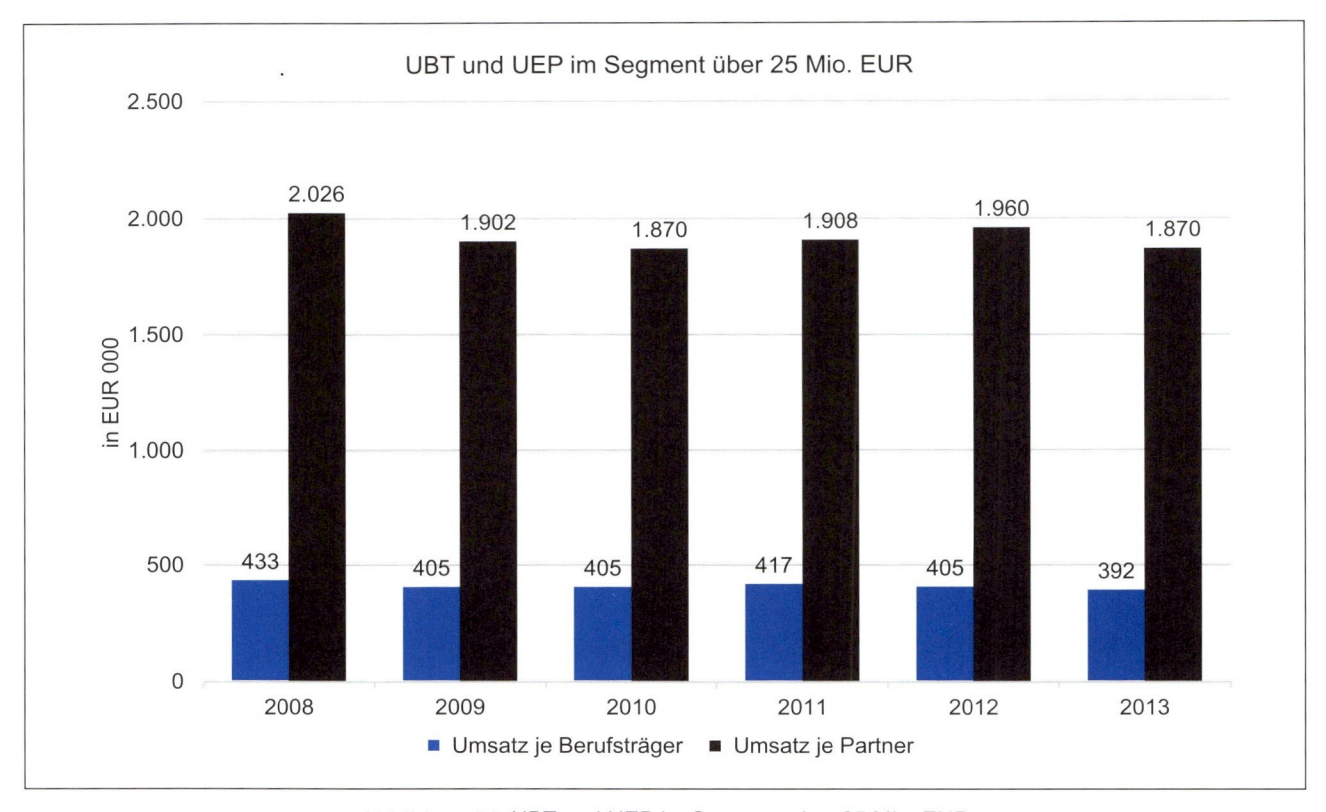

Abbildung 74: UBT und UEP im Segment über 25 Mio. EUR
Quelle: Statistisches Bundesamt, Strukturerhebung im Dienstleistungsbereich 2008–2013, Wirtschaftszweig Rechtsberatung 69.1, eigene Berechnungen

Die Entwicklung des UEP verläuft konstant bei ca. 1.9 Mio. EUR, die Zahl der Partner wird augenscheinlich dem verminderten Umsatz je Kanzlei angepasst bzw. neue Partner nur dann ernannt, wenn andere ausscheiden (dies gilt insbesondere für Lockstep Kanzleien).

Der UBT ist 2013 erstmals unter 400.000 EUR gefallen, allerdings hat er sich in den Vorjahren auch nur knapp über dieser Schwelle bewegt. Dies zeigt, wie vorsichtig in dem vorherigen Segment die Kanzleien mit dem Personalaufbau sind und erst dann Personal einstellen, wenn dieses nachhaltig ausgelastet werden kann.

Der Gewinn je Partner ist seit 2011 stetig gefallen und liegt nur noch knapp über 800.000 EUR. Eine Fortführung dieser Entwicklung ist ohne entsprechende Gegensteuerung – bspw. über die Zahl neuer Partner – sehr wahrscheinlich. Es ist eindeutig, dass die Kanzleien in den nächsten Jahren vor einem Umbruch stehen, um mittelfristig wieder ein Niveau wie vor der Finanzkrise zu erreichen und damit langfristig das unternehmerische Talent in der Kanzlei zu halten.

Die Kostenstruktur zeigt erhebliche Anstrengungen im Bereich Materialaufwand. Die Quote konnte zuletzt auf 19 % des Umsatzes reduziert werden. Der Personalaufwand ist in diesen Kanzleien der größte Posten und bewegt sich konstant um die 30 % und mehr. Hier gehen zum einen stetig steigende Gehälter für Berufsträger mit ein, angefeuert vom Wettbewerb der Top 10 um die besten Köpfe, wie auch die stetige Professionalisierung und Ausbau der Business Services. Eine nachhaltige Steigerung des Gewinns kann bei gleichbleibenden Umsätzen in erster Linie über ein aktives

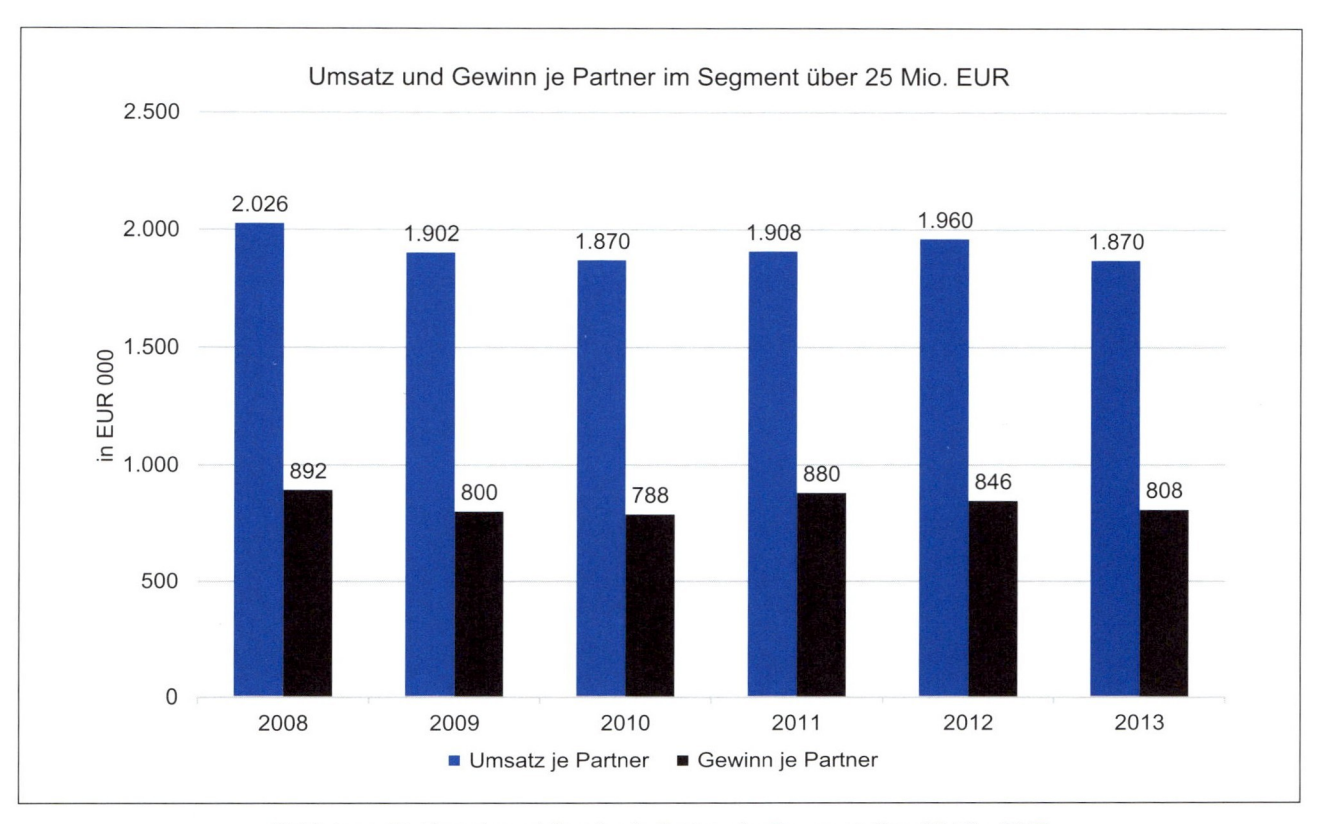

Abbildung 75: Umsatz und Gewinn je Partner im Segment über 25 Mio. EUR
Quelle: Statistisches Bundesamt, Strukturerhebung im Dienstleistungsbereich 2008–2013, Wirtschaftszweig Rechtsberatung 69.1, eigene Berechnungen

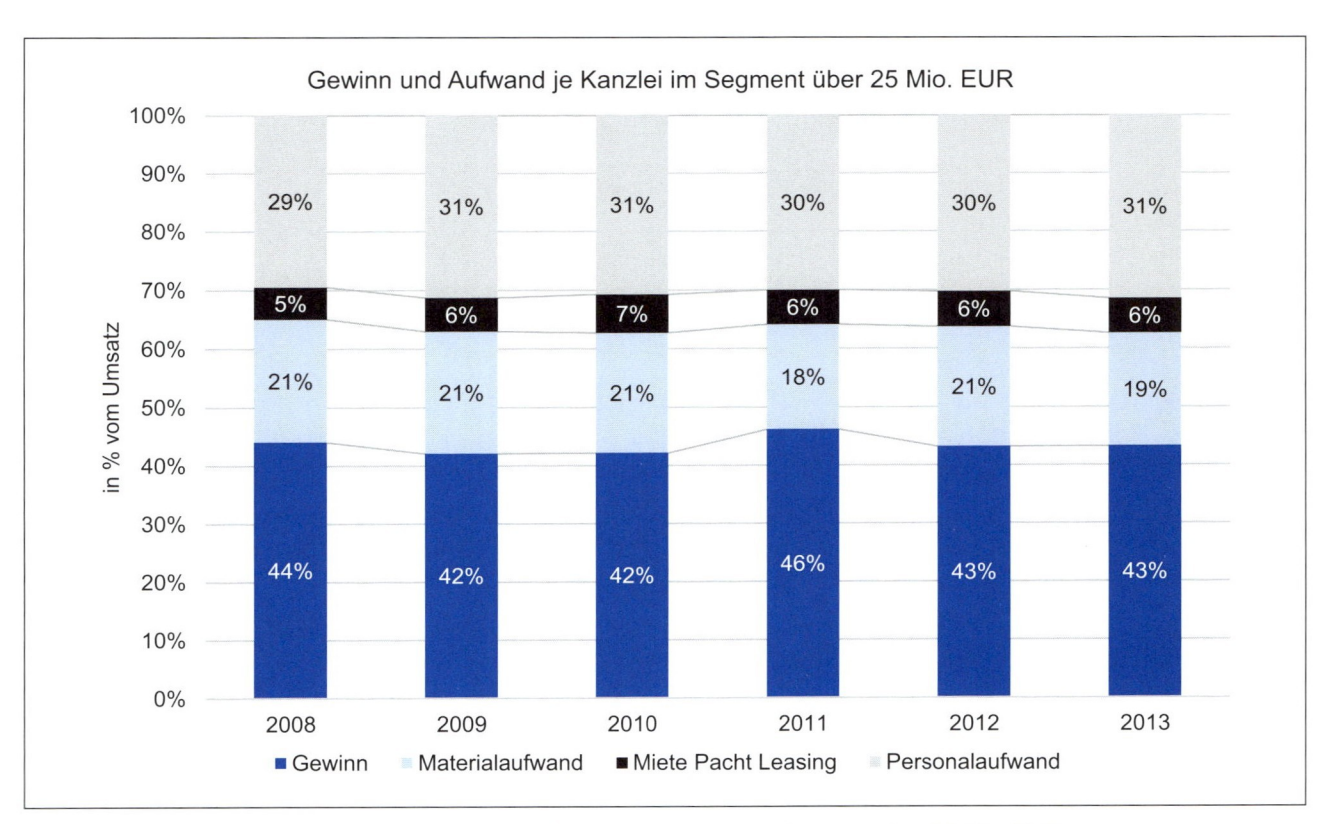

Abbildung 76: Gewinn und Aufwand je Kanzlei im Segment über 25 Mio. EUR
Quelle: Statistisches Bundesamt, Strukturerhebung im Dienstleistungsbereich 2008–2013, Wirtschaftszweig Rechtsberatung 69.1, eigene Berechnungen

Management der Personalkosten erfolgen. Allerdings kann der zunehmende Ausbau der Business Services – bspw. im Business Development oder Finanzen – eine Entlastung der Berufsträger ermöglichen. Diese haben damit mehr Zeit für die Akquise und abrechenbare Mandatstätigkeit, die das Umsatzniveau nachhaltig steigern können. Diese Einsicht ist allerdings auch in den großen Kanzleien nur selten anzutreffen; am ehesten noch werden Projektjuristen und Wirtschaftsjuristen eingesetzt, aber vor allem, weil diese keine Aussichten (und Ansprüche) auf Partnerpositionen haben und zugleich eine billigere Ressource in der Mandatsbearbeitung ist.

7.3 Benchmarking der Anbieter

Anders als die Infrastrukturstatistik des Bundesamtes für Statistik (→ 7.1.) gibt der Juve-Verlag[72] regelmäßig selbst erfasste Daten heraus, die auf freiwilligen Angaben beruhen, die bei den Kanzleien abgefragt werden. Diese Daten sind aufgrund des Selbstdarstellungsbedarfes, den die Kanzleien haben mit Vorsicht zu genießen. Dennoch sind, da alle Kanzleien den gleichen Versuchungen erlegen, die Daten in der Relation zueinander relativ aussagekräftig. Da sie wesentlich detaillierter sind, haben wir die wichtigsten Daten aus unserer zweiten Benchmarkstudie[73] hier eingefügt.

7.3.1 Strategische Gruppen im Konzernsegment

Innerhalb des Konzernsegmentes muss zwischen unterschiedlichen Kanzleitypen unterschieden werden, deren Voraussetzungen im Wettbewerb aufgrund der Herkunftsgeschichte, strategischem Fokus und Mandatsbasis starke Unterscheidungen notwendig machen. Kanzleien mit ähnlichen Ausgangsvoraussetzungen werden in sog. strategischen Gruppen eingeteilt. Die Kanzleien sind primär Wettbewerber innerhalb dieser strategischen Gruppen, weniger mit den Kanzleien, die in einer anderen strategischen Gruppe sind. Dies ist nicht allen Kanzleien so bewusst, aber sehr einfach daran ablesbar, wohin Anwälte wechseln: typischerweise geht dies nur innerhalb der strategischen Gruppe oder in eine weniger wettbewerbsstarke, nicht aber nach oben.

Es wird zwischen strategischen Gruppen unterschieden, in die auch jene Kanzleien einzuordnen sind, die nicht von Juve erfasst werden.

Unterschieden werden die folgenden strategischen Gruppen im Konzernsegment:

- **Die strategische Gruppe der Global Player**

Die Gruppe der Global Player (im englischsprachigen Raum auch: Global Elite, Magic und Charmed Circle) umfasst alle Kanzleien, die auf der Basis eines starken Heimatmarktes – USA oder UK – eine entscheidende Rolle in diesem Markt spielen, die sich konsequent international präsentieren und die in den Jurisdiktionen, in denen sie vertreten sind, in ihren dominierenden Geschäftsbereichen als führend anerkannt werden.

Die in Deutschland tätigen sind Freshfields Bruckhaus Deringer, Clifford Chance, Linklaters, Hogan Lovells, Shearman & Sterling, Allen & Overy, Latham & Watkins, Weil Gotshal & Manges, Cleary Gottlieb Steen & Hamilton, Skadden Arps, Wilmer Hale, Sullivan & Cromwell sowie Milbank Tweed Hadley & McCloy. Dies sind die führenden Kanzleien weltweit, die sich durch eine relativ geringe Anzahl an Büros, jedoch mit einem starken Fokus auf die Finanzmärkte und große Transaktionen auszeichnen, die oftmals mehrere Länder gleichzeitig umfassen.

Nicht allen Kanzleien gelingt es auf Dauer diesem Profil zu entsprechen. Für diejenigen, die diesen Maßstäben nicht nachhaltig im deutschen Markt genügen können, bspw. als eine der Top 50 Kanzleien, hat dies Auswirkungen auf die Attraktivität für gegenwärtige oder zukünftige Mandanten und den qualifizierten juristischen Nachwuchs.

Die hier vertretenen Kanzleien sind mehrheitlich durch Fusionen mit lokalen Einheiten oder durch die Integration von Teilen davon entstanden und sind daher in diesen übernommenen Geschäftsbereichen als führend zu bezeichnen. Die Wachstumsperspektive besteht sowohl aus einem Verdrängungswettbewerb in der Gruppe als auch in der Gewinnung von Mandaten in Konkurrenz zu Nationalen Marktführern und Internationalisierern.

Die effiziente Ausrichtung der Organisation von den internationalen Kanzleien und deren Partnern erlaubt es, finanzielle als auch temporäre Handlungsspielräume, d. h. mehr Zeit für die Beziehungspflege zu haben. Wichtig ist darüber hinaus, das Verhältnis globaler Vorgaben und lokaler Freiheiten immer wieder zu hinterfragen, um sowohl die

---

[72] www.juve.de.
[73] Vaagt/Zulauf, Erfolgreiche Strategien von Wirtschaftskanzleien, Benchmarkstudie 2016.

notwendige Eigenständigkeit als auch die konstruktive Zusammenarbeit zwischen den Einheiten zu gewährleisten. Die Art und Weise, wie in der Kanzlei Entscheidungen getroffen werden, bspw. darüber, welche Mandanten global betreut werden, welche zu Lasten lokaler Historie oder Partnernennungen durch globale Abstimmung, aber mit lokalem Vorschlagsrecht, deuten an, wieviel Entscheidungsfreiheit dem Management der lokalen Einheiten tatsächlich bleibt. Die unternehmerische Freiheit der Partner in einem im Konsens getroffenen strategischen Korridor entscheidet auch über den langfristigen Erfolg der Partnerschaft.

- Der Mitarbeiterbestand ist um 7 % gegenüber den Jahren vor der Finanzkrise (2007) gesunken, entsprechend weniger Geschäft ist vorhanden. Nur wenige Kanzleien haben den Abbau der Mitarbeiter für eine Erhöhung der Arbeitsdichte oder Verbesserung der Mandatsbasis genutzt, um höhere Umsätze pro Berufsträger zu erhalten.
- Verzeichnet wird darüber hinaus eine Stagnation der Umsätze pro Berufsträger in den vergangenen Jahren. Diese liegen derzeit bei 654.000 EUR, und wachsen nur noch um 0,7 % pro Jahr.
- Damit sind die führenden Kanzleien miteinander im Wettbewerb um die wichtigsten Mandate, d. h. es gibt einen reinen Verdrängungswettbewerb. Die Aussichten auf Partnerschaften sind gering, es sinkt die Zahl der Partner insgesamt, um so die Profitabilität zu erhalten.

Die strategische Gruppe der Internationalisierer

Als Internationalisierer werden alle Kanzleien bezeichnet, die mit mehrheitlich angelsächsischer Prägung, die gleichen Märkte und Mandanten bedienen wollen wie die Global Player, diese Strategie aber nicht konsequent umsetzen. Die Gruppe ist deutlich größer als die der Global Player, allerdings mit deutlich geringeren Umsätzen im deutschen (wie in anderen Märkten) Markt, was zeigt, dass ihre Bemühungen, internationales Geschäft von Deutschland aus heraus zu betreiben, weniger erfolgreich sind. Eine Weiterentwicklung der Kanzleien zu den Global Playern ist auch aufgrund der geringeren Bedeutung im Heimatmarkt schwierig. Für Kanzleien, die kein herausragendes Mandantenportfolio haben, wird es umso schwerer, dies in Deutschland aufzubauen.

- Einige Kanzleien haben die internationale Präsenz massiv verstärkt, insbesondere in Australien, Kanada etc. Afrika ist als nächster Wachstumsmarkt bereits identifiziert.
- Chinesische Kanzleien, z. B. die Kanzlei King & Wood Mallesons SJ Berwin, internationalisieren stark und versuchen so, auch in Deutschland Fuß zu fassen.
- Die enorme geografische Ausbreitung hat aber nur selten nachhaltig wirtschaftliche Verbesserungen zur Folge. Der Profit pro Partner verändert sich kaum, da es nicht gelingt, wesentlich attraktivere Mandanten zu beraten. Ob diese Strategie daher aufgeht, ist derzeit zu bezweifeln. Hauptprobleme sind die Dauer der Integrationsprozesse sowie die starke finanzielle Kontrolle, denen die Anwälte ausgesetzt werden.
- Die Mehrheit der internationalen Kanzleien haben sich bei einer Größe von 70–80 Juristen eingerichtet. Dies scheint zu reichen, um ein ausreichend großes Angebot zu schaffen.
- Einige internationale Kanzleien mussten bereits wieder aufgeben oder eine substantielle Reduktion der Mitarbeiter hinnehmen. Hierzu zählten beispielsweise die US-Kanzleien McDermott, und Sidley Austin, bei den Kanzleien Linklaters und Shearman & Sterling kam es zu teilweisen Demergern, und die ursprünglich deutschen Kanzleien Schilling Zutt Anschütz und Oppenhoff sind wieder als Einheiten auf dem Markt. Dabei ist Deutschland ein guter Gradmesser für eine erfolgreiche Internationalisierungsstrategie, da das Land als wichtige Volkswirtschaft nicht zu ignorieren ist.
- Das Umsatzwachstum seit 2009 beträgt 5,4 %, das Wachstum der Anzahl der Berufsträger 2,8 %. Der Umsatz pro Berufsträger liegt bei 438.000 EUR und ist demnach ca. 216.000 EUR geringer als bei den Global Playern, was auf einen deutlichen Unterschied im Fokus und Geschäftsmodell, aber auch der internen Professionalisierung hinweist.

Die strategische Gruppe der Nationalen Marktführer

Zur ersten Gruppe, der national führenden Kanzleien (auch: national leading firms) gehören lt. der Studie nunmehr neben Hengeler Mueller und Gleiss Lutz auch die aus der Kanzlei Shearman Sterling wieder ausgetretene Kanzlei SZA Schilling Zutt Anschütz, die dieser Anfang der 2000er-Jahre beigetreten war, nachdem Daimler den Deal mit Chrysler nicht mehr mit ihrer Haus- und Hofkanzlei Schilling, sondern mit Shearman durchführte, sowie Oppenhoff, deren Kölner Büro die Kanzlei Linklaters wieder verließ. Kanzleien, die ihren Ursprung in Deutschland und hier auch ihren Marktschwerpunkt haben, lassen sich in die Kategorie derer, die mit den internationalen Kanzleien beim Transaktionsgeschäft mithalten können, und in die, die sich vor allem auf die Betreuung des ja oft multinational agierenden Mittelstands konzentrieren, einordnen. Als Nationale Marktführer werden daher Kanzleien bezeichnet, deren juristische

Reputation denen der Global Player oder Internationalisierer nicht nachsteht und die ihre Wettbewerbsfähigkeit aus der organisatorischen und unternehmerischen Kompetenz ableiten.

- Die Spanne der Umsätze pro Berufsträger liegt bei 614.000–923.000 EUR, was auf erhebliche Reputationsunterschiede schließen lässt.
- In dieser Gruppe werden noch Partner aufgenommen, auch wenn das Wachstum ebenfalls nur gering ausfiel (3,7 % Umsatzwachstum bei nur 1,2 % Wachstum an der Anzahl von Berufsträgern in der Periode 2009–2013). Dies zeigt eine kontinuierliche Verbesserung der Kennzahlen.

Die strategische Gruppe der Fokussierten

Das Segment der fokussierten Kanzleien (an anderer Stelle Spezialisten oder Boutiquen genannt) zeichnet sich durch eine Konzentration auf bis zu drei Rechtsgebiete aus, in denen diese Kanzleien eine außerordentlich hohe Kompetenz bieten und die erforderliche Kapazität bereitstellen. Neben diesen Kernbereichen bieten diese Kanzleien weiteren Rechtsrat an, auch wenn dieser nicht immer mit dem Kanzleiprofil assoziiert wird. Die Geschäftsmodelle der Mandanten sind aus unternehmerischer Sicht bekannt (siehe etwa: Kapellmann, Jur. Projektmanagement).

Die **Fokussierten** sind geprägt von starken Standorten, die eine echte Zusammenarbeit nachhaltig unter Beweis stellen müssen. Vermehrt wird dies über die Etablierung eines zentralen Managements unterstützt, die die dafür notwendigen Prozesse implementieren soll, ohne die partnerschaftliche Zusammenarbeit zu behindern. Damit einher geht auch die Frage, welche unterstützenden Dienstleistungen, bspw. Unterstützung im Business Development oder Verfügbarkeit von Knowhow, in welcher Form zentral und/oder in jedem Standort, bereitgestellt werden sollen

- Die Bandbreite im Umsatz pro Berufsträger zwischen 347.000–500.000 EUR spiegelt das Potenzial dieser Gruppe wieder. Da einige dieser Kanzleien eine beneidenswert gute Ausgangslage und hohe Reputation haben, ist davon auszugehen, dass diese Steigerungsmöglichkeiten haben, die derzeit noch nicht genutzt werden.
- Als auf ein einzelnes Geschäftsfeld fokussierte Kanzleien gelten die Insolvenzverwalter und die Patentanwaltskanzleien; sie können auch als Teil von Fokussierten betrachtet werden. Aufgrund ihres unterschiedlichen Geschäftsmodelles aber funktionieren sie grundlegend anders (→ s. o. Kap. 3).

Patentanwaltskanzleien sind in der Beratung von Erfindern und Entwicklungsabteilungen in Unternehmen tätig, und schreiben Anmeldungen und beschreiben dann auch die Verwaltungsverfahren. Sie sind auch in Widerspruchs- und Nichtigkeitsverfahren vor den Ämtern und zunehmend in Rechtsstreitigkeiten vor Patentgerichten tätig. Sie machen etwa 30 % ihres Umsatzes mit Tätigkeiten, die mit der Anmeldung und dem Erhalt von Rechten zu tun haben. Ihr Geschäftsmodell wird aktuell dadurch bedroht, dass zum einen die Verwaltungsverfahren stark vereinfacht und billiger durch andere spezialisierte Dienstleister durchgeführt werden können, und im Bereich Patentlitigation spezialisierte Rechtsanwaltskanzleien tätig sind. Zum anderen werden die Tätigkeiten der Patentrecherche, Schreiben eines Patentes und deren Anmeldung zunehmend durch pauschale Zahlungen honoriert, und somit kommen die Gewinne unter Druck.

- Insolvenzverwalter verdienen dank der eigenen Gebührenordnung aufgrund der bei den Insolvenzen freien Masse, die vor allem mit der Unternehmensgröße korreliert, aber weniger Bezug hat zum Aufwand, der geleistet werden muss. Auch dieser Kanzleitypus ist inzwischen starkem Wandel unterworfen: zum einen ist aufgrund der ESUG Gesetzgebung die Fähigkeit zur Sanierungsberatung in den Formen Schutzschirmverfahren, Eigenverwaltung, Sachwalter und vorweggenommene Sanierung gestiegen. Zum anderen haben sich wie im reinen Anwaltsmarkt die Marktsegmente auseinander entwickelt und es gibt Insolvenzverwalterpraxen (ca. zehn in Deutschland), auf die alle großen Verfahren entfallen, die lukrativ sind. Daneben gibt es regionale Verwalter, die mittelgroße und kleinere Verfahren erhalten und dann die vielen Insolvenzverwalter, die so kleine Verfahren zugeteilt bekommen, dass sie kaum die ausreichende Kompetenz vorhalten können, um Verfahren ordentlich abzuwickeln. Daher sind viele Verwalter aus dem Markt in den letzten Jahren ausgeschieden. Sanierungsberater der Großkanzleien versuchen, nun auch durch die Einführung eines gesetzlichen Verfahrens, zur sog. vorweggenommenen Sanierung gerade große Unternehmen, Banken etc. als Sanierungsberater begleiten zu können, und damit den Insolvenzpraxen auch noch dieses Geschäft abzunehmen.

Die strategische Gruppe der Generalisten

Als Generalisten (im englischen oftmals „General Commercial Firms" genannt) werden die in Deutschland national vertretenen Kanzleien, die eine breite Rechtsberatung (Full Service) anbieten, bezeichnet. Hierzu gehören u. E. die Kanzleien CMS Hasche Sigle, Noerr, Luther, Beiten, Heuking, Graf von Westphalen. Diese Kanzleien zeichnen sich durch ihre Unabhängigkeit von internationalen Großkanzleien aus (auch wenn sie netzwerkähnlichen Konstrukten angehören, wie etwa CMS Hasche Sigle) und haben einen individuellen Beratungsfokus, der sich von der Beratungsphilosophie UK/US basierter Kanzleien abhebt. Diese unterschiedliche Philosophie war sehr gut in der Fusionsphase im Jahr 2000 zu beobachten; passte sie nicht zusammen, kam es später wieder zu Abspaltungen. Folgende Kennzeichen lassen sich beobachten:

- Die Struktur der Organisation von **Generalisten** ist partnerschaftlich ausgerichtet, und zwar in der traditionellen Sichtweise, so dass jeder Partner eine Stimme hat, somit quasi ein Vetorecht und folglich eine hohe individuelle Gestaltungshoheit. Entscheidend für die Wettbewerbsfähigkeit der Kanzlei ist aber die Sicherstellung der Handlungsfähigkeit. Diese bedingt eine funktionierende Kommunikations- und Entscheidungskultur, die gerade große Partnerschaften vor Herausforderungen stellt. Das Vorhandensein eines Kanzleimanagements kann diese Kultur festigen und funktionsfähig halten. Wichtiger ist jedoch die Übereinstimmung in der Partnerschaft, damit die Kanzlei sich aktiv weiterentwickelt.
- Ein echtes – auf wirtschaftliches Handeln ausgerichtetes – Kanzleimanagement wird tendenziell vermieden. Dies ist ein wichtiger Unterschied zu eher zentral gesteuerten UK/US Kanzleien, die zumindest den Anspruch erheben, steuernd eingreifen zu können (aber oftmals in den Grenzen der kulturellen Gegebenheiten der Partnerschaftskultur vor Ort).
- Generalisten haben stärker integrierte Standorte als etwa Regionalisten. Da sie oftmals Ergebnis von Fusionen in den Neunziger Jahren sind, könnte man meinen, dass die Standorte keine Rolle mehr in den Entscheidungsprozessen der Gesamtkanzlei spielen; dem ist aber nur teilweise so. Jede Kanzlei hat hier ihre Geschichte, und die Partnerschaften vor Ort sind wohl erst mit dem anstehenden Generationswechsel in der Lage, wirklich überörtlich zu denken.

- **Die strategische Gruppe der Regionalisten**

Als Regionalisten werden überörtliche Kanzleien bezeichnet, die von der rechtlichen Breite her Generalisten sind, die aber Standorten noch eine überragende Bedeutung beimessen. Die Mandantenbasis ist eher lokal oder regional mittelständisch als national geprägt; nur in Einzelfällen sind die Anwälte auch schon international tätig. Meist sind diese Kanzleien in einem Netzwerk von Anwaltskanzleien international vernetzt, aber eher in solchen Netzwerken, die wenig Verbindlichkeit und nur vereinzelt grenzüberschreitendes Geschäft haben[74]. Die Partner betreuen die Mandanten oftmals persönlich, eine Einbeziehung anderer Partner und Associates findet eher selten statt.

Die Nutzung der Überörtlichkeit durch die Einrichtung von gelebten Praxis- bzw. Branchengruppen ist kaum zu beobachten und damit auch keine nachhaltige standortübergreifende Auslastung der Berufsträger. Dieser Kanzleityp hat es oftmals nicht geschafft, sein Geschäftsmodell weiterzuentwickeln und die Kosten einer national tätigen Kanzlei auf sich zu nehmen. Daher sind diese Konstrukte sehr instabil. Laufend trennen sich Teams oder ganze Standorte, da die überörtliche Integration fehlt und damit der Anreiz einer nationalen Geltung immer weniger durch entsprechende Prozesse gestützt wird. Dies gilt für das Thema Business Development genauso wie die Rekrutierung. Gerade die guten Mitarbeiter verlassen diesen Kanzleityp daher recht häufig wieder nach einer Einarbeitungszeit, was zu hohen Rekrutierungskosten auf einem engen Markt führt.

Oftmals sind die Standorte untereinander auch nicht wirtschaftlich integriert, da es an Managementprozessen fehlt, um die Wirtschaftlichkeit zu beobachten und abzusichern. Die Kosten der Überörtlichkeit werden zu gering gehalten, um die Organisation mit ausreichend Sicherheit und Wachstumsfokussierung aufrechtzuerhalten. Nach einer gewissen Zeit dominiert daher die Frustration über die nicht realisierten Möglichkeiten, die durchaus vorhanden sein können. Fusionen in diesem Marktsegment können daher als wenig nachhaltig betrachtet werden, und dienen vor allem der kurzzeitigen Marktwahrnehmung. Manchmal suchen Teams Anschluss an diesen Kanzleityp, den sie hier leicht finden, verlassen aber diese Kanzleien wegen fehlender Perspektive auch schnell wieder.

Eine Managementleistung ist weniger stark ausgeprägt als in anderen Gruppen, nicht nur wegen fehlender Kapazität, sondern vor allem auch wegen des fehlenden Konsenses über deren Notwendigkeit. Die meist lokal orientierten und sozialisierten Partner sehen nicht ein, hierfür direkt oder indirekt Geld aufzuwenden. Die interne Struktur von **Regionalisten** fokussiert auf ein durch Partner betreutes Kanzleimanagement. Die vorherrschende Organisationsform ist, dass einzelne Partner für administrative Bereiche verantwortlich sind, die Entscheidungsfindung selbst aber im großen Partnerkreis stattfindet. Die Entscheidungsfindung, insbesondere über Standortgrenzen hinweg, ist zeitaufwändig

---

[74] Eine Beschreibung der verschiedenen Netzwerktypen hat Steven McGarry gemacht, im Internet herunterladbar unter „professional services networks the future of the accounting and legal professions," download (13.7.2016) https://www.hg.org/professional-services-networks.asp.

und am Konsens orientiert, was im besten Fall zu Kompromissen auf dem kleinsten gemeinsamen Nenner führt. Das kann gerade beim Prozess der Partnerernennungen zu Unstimmigkeiten führen, da hier politische Argumente in die Waagschale geworfen werden, anstelle dies am Bedarf des Kanzleiwachstums in strategischer Hinsicht auszurichten.

- **Die strategische Gruppe der Integrierten**

Als „Integrierte" (als Teile von Wirtschaftsprüfungsgesellschaften) unter den Kanzleien in diesem Segment in Deutschland werden die multidisziplinär aufgestellten Kanzleien, sowie die neu konstituierten Rechtsberatungsarme international tätiger Prüfungsgesellschaften, sog. Multi Disciplinary Practices (MDP) bezeichnet. Die Rechtsberatungsableger der Big 4, d.h. der vier großen, global aufgestellten Wirtschaftsprüfungsgesellschaften PWC, EY, KPMG und Deloitte, sind zwar keine neue Entwicklung, wurden aber in den letzten Jahren unter neuen Vorzeichen personell stark ausgebaut. Diese Kanzleien vereinen grundsätzlich Anwälte, Wirtschaftsprüfer und Steuerberater unter einem Dach. Das Geschäftsmodell ist durch eine enge Zusammenarbeit geprägt. Es bleibt abzuwarten, ob es diesmal gelingt, zum einen die regulatorischen Herausforderungen zu meistern und zum anderen diese Anwälte wirklich gut in das Geschäft der Wirtschaftsprüfer zu integrieren.

- Die Integrierten wuchsen seit 2009 bis 2013 mit knapp 7% p.a. bei der Anzahl der Berufsträger am rasantesten. Es bleibt abzuwarten, ob es diesmal gelingt diese Anwälte wirklich gut zu integrieren. Dass dies gelingt, ist aufgrund existierender systemischer Unverträglichkeiten und Widersprüche nicht voraussagbar. Jedenfalls stagnieren die Umsätze der Berufsträger seit 2004 und sind seitdem sogar leicht um 4.000 EUR auf 315.000 EUR gefallen.
  - Die **Integrierten** sind geprägt von einer starken Muttergesellschaft mit einer Vielzahl von Standorten, an denen die Rechtsberatung den kleinsten Teil der Organisation repräsentiert. Die Nachhaltigkeit einer echten Zusammenarbeit zwischen den verschiedenen Zweigen ist von zentraler Bedeutung für den Erfolg der Rechtsberatung.
  - Das Beratungsangebot dieser Kanzleien bezieht sich einerseits auf das sog. Channel 1 Geschäft, also das aus der Prüfung angeleitete oder diesem zuarbeitenden Rechtsberatungsgeschäft, sowie dem sog. Channel 2 Geschäft, also die eigenständig akquirierte Rechtsberatung. Aufgrund der Regulation des Berufes des Wirtschaftsprüfers sind beidem Grenzen gesetzt. Die Luenendonk-Studien zeigen, dass durchschnittlich ca. 7% des Umsatzes einer Wirtschaftsprüfungsgesellschaft Rechtsberatungsumsatz sind.

7.3.2 Finanzdaten lt. Juve 2008–2013

Die jährlich im September von der Zeitschrift Juve veröffentlichten Zahlen der größten deutschen Sozietäten, die auf freiwilligen Meldungen beruhen, zeigen eine langfristige Tendenz der Marktsättigung und des Verdrängungswettbewerbs. Ausgehend von der Benchmarkstudie[75], die die Kanzleiberatung Law Firm Change Consultants seit 2011 erstellt und die mithilfe der jetzt vorliegenden Zahlen fortgeschrieben wird, sind folgende Tendenzen erkennbar:

- Das durchschnittliche Wachstum der Umsätze pro Berufsträger aller Kanzleien ist seit 2009 rückläufig: 1,4% gegenüber der Vorperiode 2004–2008 iHv. 2,9%. Während einige Kanzleien (Kapellmann, Ashurst, Jones Day) 5–9% Umsatzwachstum pro Berufsträger aufweisen, stagnieren andere. Gerade deutsche Sozietäten haben in der Regel in den Jahren 2009–2013 besser abgeschnitten als in der Periode 2004–2008. Sie haben gegenüber internationalen Kanzleien unterhalb der Global Player beim Umsatz pro Berufsträger aufgeholt (von 378.000 EUR auf 437.000 EUR), ihre internen Systeme verbessert und die Potenziale der Mandanten erkannt. Die Unterschiede zwischen internationalen Kanzleien und deutschen Generalisten haben sich hinsichtlich des Umsatzes pro Berufsträger verringert.
- Die führenden international aufgestellten Kanzleien im Konzernsegment, die wir als „Global Player" bezeichnen, scheinen die obere Wachstumsgrenze erreicht zu haben. Mit 0,7% verzeichnen sie seit 2009 nur noch ein gering durchschnittliches jährliches Umsatzwachstum pro Anwalt.
- Die Rechtsarme der Wirtschaftsprüfungskanzleien (sog. Integrierte) zeigen seit 2004 sogar mit minus 1,3% einen leichten Rückgang des UBT und bleiben auf insgesamt niedrigem Niveau (315.000 EUR). Sie haben damit zwar einen höheren Umsatz als die meisten anderen Berufsträger in diesen Kanzleien (WP und Steuerberater), das Wachstum scheint jedoch aufgrund des Geschäftsmodells dieser Kanzleien beschränkt.
- Die Wachstumsmöglichkeiten vieler internationaler Kanzleien scheinen ausgereizt: Sie sind 2013 wieder auf das Niveau von 2008 mit durchschnittlich 438.000 EUR zurückgekehrt. Die Zahlen des Geschäftsjahres 2014/2015 zeigen ein gemischtes Bild.

---

[75] Vaagt/Zulauf, Erfolgreiche Strategien von Wirtschaftskanzleien, Benchmarkstudie 2015, 2016.

- Der Umsatz pro Berufsträger aller Kanzleitypen ist seit 2004 von 436.000 EUR auf 494.000 EUR, d. h. um insgesamt 13,5 % gestiegen, seit 2009 dann bis 2013 nur noch um 5,9 %.
- Die Finanzkrise hat in 2008/09/10 zu Einbrüchen geführt, ist aber seit 2011 weitgehend verarbeitet. Zahlreiche Kanzleien haben diese genutzt, um ihre Zahlen realistischer darzustellen, nur wenige konnten aber ein echtes Wachstum erreichen.

Der Wettbewerb fordert erste Opfer: Einige internationale Kanzleien mussten bereits schließen oder eine substantielle personelle Reduktion hinnehmen. Deutschland ist ein guter Gradmesser für eine erfolgreiche Internationalisierungsstrategie, da es als wichtige Volkswirtschaft nicht ignoriert werden kann, zugleich aber sehr wettbewerbsintensiv geworden ist.

Ein wesentlicher Faktor im Hinblick auf die Wachstumsaussichten sind die Personalzahlen. Während beispielsweise im Schweizer Anwaltsmarkt die größten 20 Kanzleien seit 2008 um 26 % gewachsen sind, stagniert der deutsche Markt hinsichtlich der Kapazität, die dieser noch aufzunehmen bereit ist und wuchs in den vergangenen Jahren nur um 8 %, d. h. um 2 % pro Jahr.

7.3.3 Anzahl der Berufsträger in diesem Teil-Segment

Die Zahlen der Kanzleien, die im Juve-Verlag veröffentlicht werden, belegen entsprechend der vorliegenden Langzeitstudie den Trend, wonach in diesem Teilsegment die Anzahl der Anwälte von ca. 5.600 Anwälten im Jahr 2004 auf fast 8.400 Anwälte im Jahr 2013 gewachsen ist[76]. Das Umsatzwachstum in diesem Segment ist also erheblich trotz der scheinbar widrigen Umstände.

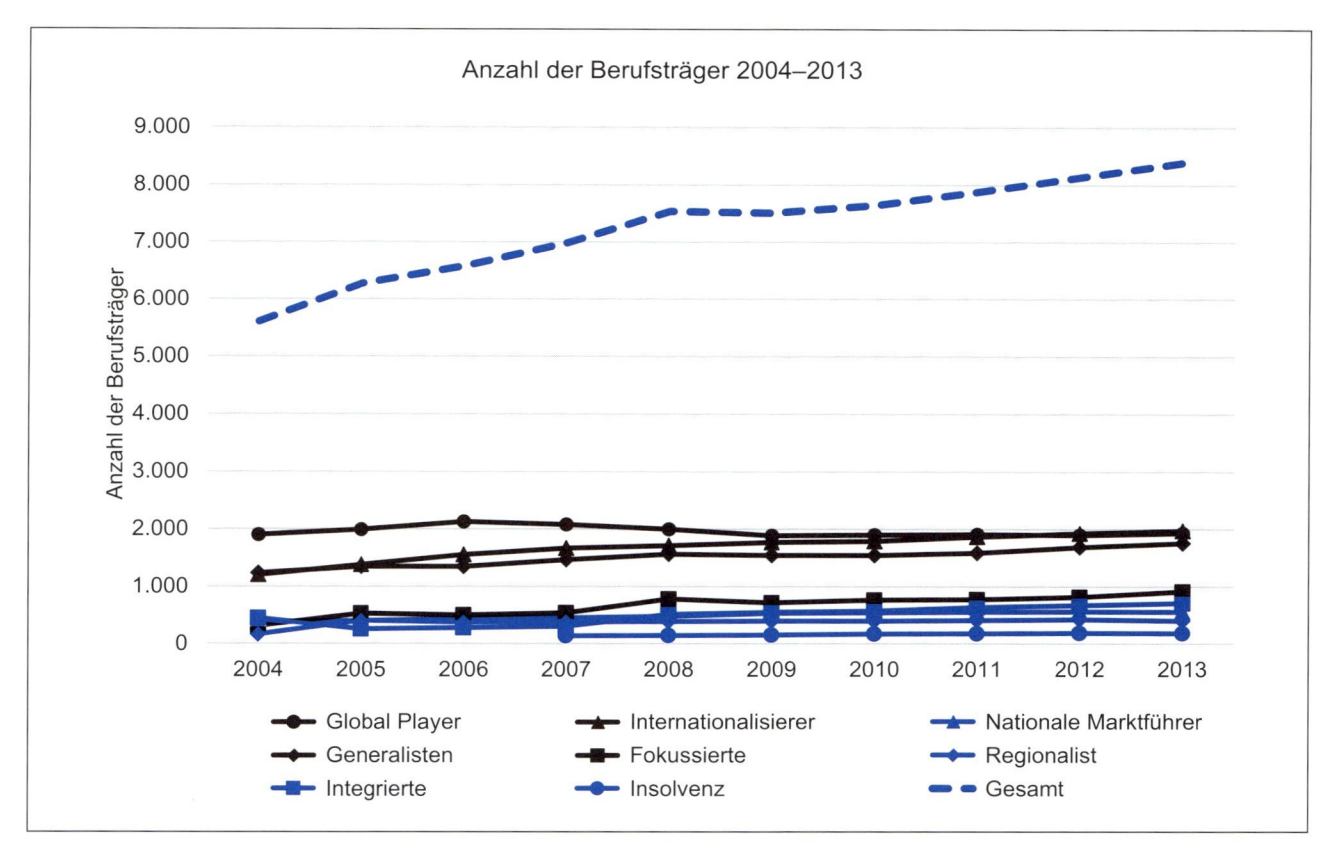

Abbildung 77: Anzahl der Berufsträger 2004–2013
Quelle: Juve, eigene Berechnungen

---

[76] Demgegenüber haben wir für dieses Segment auf Basis der Umsatzsteuerstatistik über 11.000 Anwälte errechnet, s. o. Kapitel 7. Die Differenz ergibt sich aus der unterschiedlichen Erfassung, Juve umfasst weniger Kanzleien resp. nicht alle Kanzleien in diesem Segment nehmen an diesen Umfragen teil. Die Tendenz ist dennoch aussagekräftig.

Das Wachstum der einzelnen Segmente differiert allerdings: Am ehesten wuchsen Kanzleien, die wir den strategischen Gruppen der Generalisten und Integrierten (Rechtsarme der WP-Gesellschaften) sowie den fokussierten Kanzleien zugeordnet haben.

Obwohl der Gesamtumsatz der 50 größten Kanzleien nach den Daten des Juve-Verlages zwischen 2004 und 2013 um fast 70% gestiegen ist, zeigt die Entwicklung der Umsätze pro Berufsträger aller Kanzleien im diesem Teil-Segment seit 2004 insgesamt nur 14% Wachstum, d.h. nur 1,4% pro Jahr. Demzufolge wurde die Effizienz der Kanzleien nicht wesentlich gesteigert, wohl aber die Anzahl an Anwälten und damit der Umsatz.

Hier liegt eine wesentliche Herausforderung in der Zukunft. Allerdings sind die einzelnen Kanzleitypen unterschiedlich damit umgegangen, wie die Detailanalyse zeigt. Diese Untersuchung belegt zugleich, warum es Sinn macht, die Segmentierung so anzugehen, wie das hier gemacht wird: denn die Ableger der Big 4 WP Gesellschaften etwa sind so deutlich unterhalb aller anderen Kanzleitypen, dass sie offensichtlich anderen Wettbewerbsbedingungen unterliegen als alle andern Kanzleitypen, was sowohl mit der organisatorischen Einbindung zu tun hat als auch mit der Art des Geschäftes.

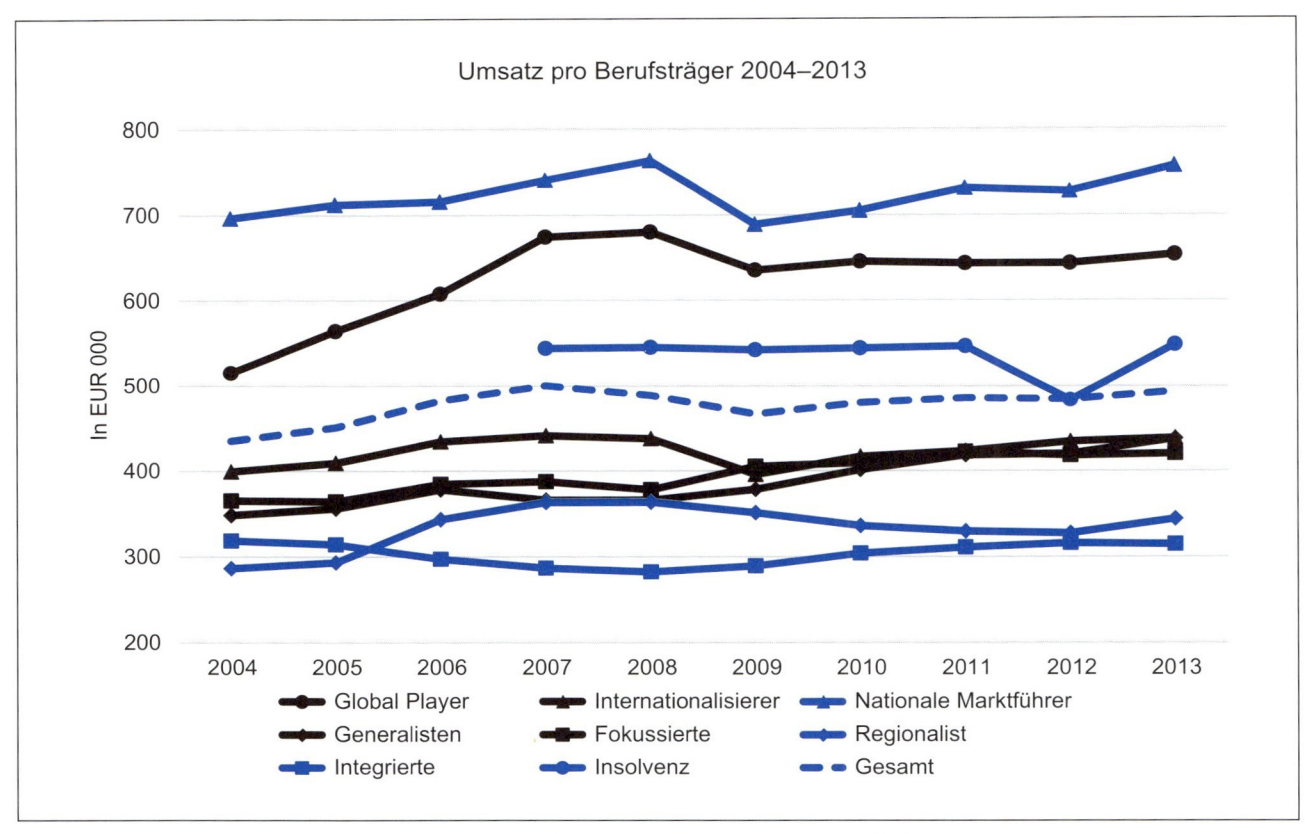

Abbildung 78: Umsatz pro Berufsträger 2004–2013
Quelle: Juve, eigene Berechnungen

Es zeigt sich, dass sich die Kanzleien insgesamt in einem Verteilungs- und Verdrängungswettbewerb befinden. Dies führt in der Regel auch zu internen Verteilungskämpfen zwischen Partnern um Gewinne und Mandate.

Nur wenige Kanzleien verbessern nachhaltig die interne Effizienz, schaffen es also, die Umsätze der Berufsträger zu steigern. Bei einigen Gruppen ist deutlich ersichtlich, dass zu wenig auf die wirtschaftlichen Daten geachtet wird.

7.3.4 Wachstum der Kanzleien

Der Rechtsberatungsmarkt wächst seit 1994 kontinuierlich an (→ Abbildung 1: Wachstum des BIP im Vergleich zum Rechtsmarkt), die Wachstumsraten sind insbesondere im Zeitraum 2006–2012, in der die Finanzkrise ihre Spuren hinterlassen hat, um die Hälfte zurückgegangen.

Demzufolge stellen sich im Wesentlichen zwei Fragen:

- Woher kommt das Wachstum?
- Wie finden sich Mitarbeiter, mit denen das Wachstum erfolgreich bewältigt werden kann?

Die für die Kanzleien dringend notwendige Wachstumsperspektive hängt aufgrund der Fokussierung auf Gesellschaftsrecht und Finanzierung eng mit dem Transaktionsvolumen zusammen. Der Mythos, dass Kanzleien sowohl im Auf- als auch im Abschwung verdienen, gilt heute nur noch eingeschränkt.

Kanzleien, die nur mit der Inflation wachsen, sichern ihre gegenwärtige Profitabilität, aber schaffen keinen Raum für Investitionen. Sie sichern mehr oder weniger die aktuelle Partnerschaft ab, versäumen es aber, Perspektiven für die nächste Generation zu schaffen.

Kanzleien, die unterhalb der Inflation wachsen bzw. Umsatz verlieren, verlieren an Dynamik und, ohne strukturelle Anpassungen, an Profitabilität.

Kanzleien, die schrumpfen, laufen Gefahr, in eine Abwärtsspirale zu geraten: nur Routinemandanten, geringe Deckungsbeiträge, unterdurchschnittliche Vergütung, Verlust der besten Kräfte und Sinken der Qualität sind die typischen Folgen, die wir beobachten.

Wachstum findet heute über Verdrängung von Wettbewerbern statt, d.h. die wenigen großen Deals sind stark umkämpft, und dieser Kampf wird auch über den Preis ausgetragen.

Der Wettbewerb findet dabei nicht nur in der eigenen Gruppe statt, sondern auch mit Kanzleien, die in diese aufsteigen wollen. Je globaler und komplexer Transaktionen bzw. Finanzierungen angelegt sind, desto eher findet der Wettbewerb noch in der strategischen Gruppe statt. Für alle anderen Transaktionen oder Finanzierungen hat sich ein Marktstandard etabliert, den viele Kanzleien in diesem Segment bedienen können. Dies gilt nicht für Vergaben über Panel der großen Konzerne, die auch kleinere Transaktionen an die Panelmitglieder vergeben. Die Großzahl der kleinen bis mittelgroßen Transaktionen/Finanzierungen wird von mittelständischen Mandanten vorgenommen. Diese sind daher als Zielgruppe im Fokus vieler Kanzleien geraten, und bedrohen die traditionellen lokalen oder regionalen Kanzleien.

Eine Kanzlei muss demzufolge wachsen, um ihre Position in der strategischen Gruppe zu behaupten. Die Wahrnehmung einer Führungsrolle in der Gruppe ist nur durch eine klare strategische Positionierung am Markt möglich, und nicht durch ein unstrukturiertes Auftreten. Kanzleien, die sich in der Führungsrolle sehen, sind aufgefordert, diese Position stetig zu verbessern und den Mandanten ein unverwechselbares Wertversprechen zu geben, das den Spielraum der Verfolger klein hält.

7.3.5 Anzahl und Wert der durchgeführten Transaktionen

Die Marktposition der Kanzleien und Segmente lässt sich aus veröffentlichten Deal-Statistiken ableiten. Für die vorliegende Studie wurde der Fokus auf Transaktionen in Deutschland gelegt, eine Differenzierung nach In- bzw. Outbound ist aus den öffentlich verfügbaren Daten nicht abzuleiten.

Wir haben hier neben dem durchschnittlichen Transaktionsvolumen (y-Achse) und der Anzahl der Deals (x-Achse) den prozentualen Anteil am gesamten Transaktionsvolumen abgebildet. Hier zeigt sich mit 61 % deutlich die Dominanz der Global Player am Gesamtmarkt bzw. an der Anzahl der Deals. Die Betrachtung des durchschnittlichen Transaktionsvolumens lässt erkennen, dass Internationalisierer und Nationale Marktführer mit 15 % auf vergleichbarem Niveau operieren.

Bei den Generalisten ist auffällig, dass diese fast genauso viele Deals gemeldet haben wie Internationalisierer und Nationale Marktführer zusammen, dass das durchschnittliche Deal Volumen aber um ⅔ geringer ist. Dies zeigt, wie unterschiedlich die Art der Mandate im Transaktionsbereich ausgeprägt ist. Eine Ausweitung des durchschnittlichen Deal Volumens ist eine große Hürde.

Einschränkungen in der Analyse ergeben sich aus der Tatsache, dass nicht jede Kanzlei alle Deals meldet bzw. aufgrund der Vertraulichkeit melden kann. Die Fokussierung etwa des Marktbeobachters und Dienstleisters Merger Market, die wir hier nutzen, auf die größten Deals/meisten Nennungen engt die Betrachtung auf die internationalen Kanzleien ein. Kanzleien der strategischen Gruppen wie Regionalisten, Fokussierte und Insolvenz sind daher nur ungenügend abgebildet, auch wenn diese allein aufgrund der Größe und Reichweite keine entsprechende Anzahl oder Volumina bearbeiten können, wie es international aufgestellte Kanzleien können.

7 Marktsegment Konzerne

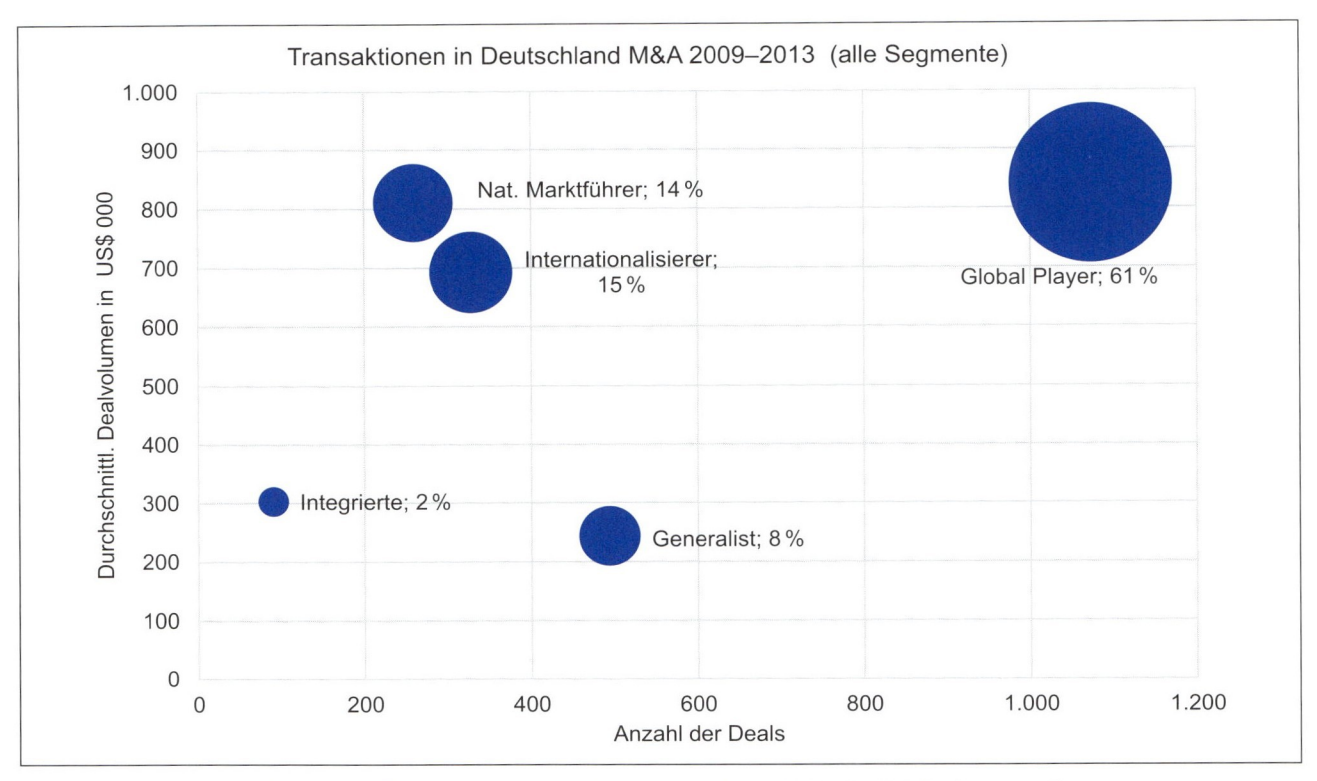

Abbildung 79: Transaktionen in Deutschland M&A 2009–2013 (alle Segmente)
Quelle: Mergermarket Legal Advisor Report Germany M&A 2009–2013

Anhand der Tabelle ist sehr deutlich die Entwicklung nach dem Krisenjahr 2008 zu erkennen. Insbesondere Internationalisierer konnten schnell wachsen und sich stabilisieren. Die Global Player hatten ihren Höhepunkt im Jahr 2011 und entwickelten sich in den Folgejahren zwar besser als die Internationalisierer, aber die großen Deals zeichnen sich nicht ab.

Die Nationalen Marktführer haben die beste Entwicklung durchgemacht. Diese hatten ihre Krise im Jahr 2009, haben sich aber sehr schnell wieder hochgearbeitet und liegen in Bezug auf das Deal Volumen auf gleichem Niveau mit den Global Playern.

Segment	Ø Deal-volumen 2009	Ø Deal-volumen 2010	Ø Deal-volumen 2011	Ø Deal-volumen 2012	Ø Deal-volumen 2013	Ø Deal-volumen
Global Player	569	733	1.225	757	839	842
Internationalisierer	285	732	717	772	634	693
Nat. Marktführer	804	475	1.076	887	1.141	811
Generalisten	NA	74	76	333	410	244
Integrierte	NA	NA	213	268	489	304

Abbildung 80: Durchschnittliches Deal Volumen nach Segment 2009–2013
Quelle: Mergermarket Legal Advisor Report Germany M&A 2009–2013, alle Werte in US$ Mio.

7.3.6 Art der Mandanten und Mandate

Die Art der Mandanten ist eng mit der Qualität und dem Umfang der Mandate verbunden. Kanzleien aus den Gruppen Global Player und Internationalisierer fokussieren sich auf Mandanten, die zum einen die internationale Präsenz nutzen können, weil sie selbst global aufgestellt sind, zum anderen, weil diese auch Mandate mit großem Volumen/ hoher Komplexität versprechen. Diese Zielgruppe sind die Dax-Unternehmen und globale Unternehmen/Finanzdienstleister/Private Equity Investoren – teilweise in den weltweit führenden Börsenindizes, Dow Jones, Nikkei, EuroStoxx, vertreten – mit starken Interessen in Deutschland und Europa. Diese Mandanten wiederum etablieren Panels, um den Bedarf an juristischer Beratung auf wenige Kanzleien zu konzentrieren. Dabei handelt es sich jedoch weniger um eine garantierte Beauftragung, als vielmehr um die „Eintrittskarte" zur Berücksichtigung.

Die Kanzleien der strategischen Gruppe der Nationalen Marktführer haben eine ähnliche Klientel, allerdings sind diese dann nicht immer umfänglich für diese Mandanten tätig, sondern für hochkomplexe Teilaspekte, mit denen sich hohe Stundensätze realisieren lassen.

Die Kanzleien der anderen strategischen Gruppen, wie etwa Fokussierte, Generalisten und Regionalisten, bedienen vor allem Mandanten aus dem Heimatmarkt. Diese Mandanten haben in der Regel keine anspruchsvollen Einkaufs- und Auswahlprozesse, ebenso sind Panels eher die Ausnahme. Für diese Mandanten spielen der Name und die lokale, regionale oder nationale Reputation zur Absicherung eigener Aktivitäten eine weniger wichtige Rolle. Im Vordergrund steht die vertrauensvolle, langfristig ausgerichtete Beziehung zu einzelnen Partnern.

7.3.7 Zahl der Berufsträger

Die Anzahl an Berufsträgern ist ein relevantes Kriterium, da die Kanzleien immer dann innerhalb ihres Geschäftsmodells wachsen können, wenn die Auslastung hoch ist, was auf hohe Nachfrage schließen lässt. Reines Personalwachstum ist zwar nicht entscheidend, aber ein guter Gradmesser für den Markterfolg.

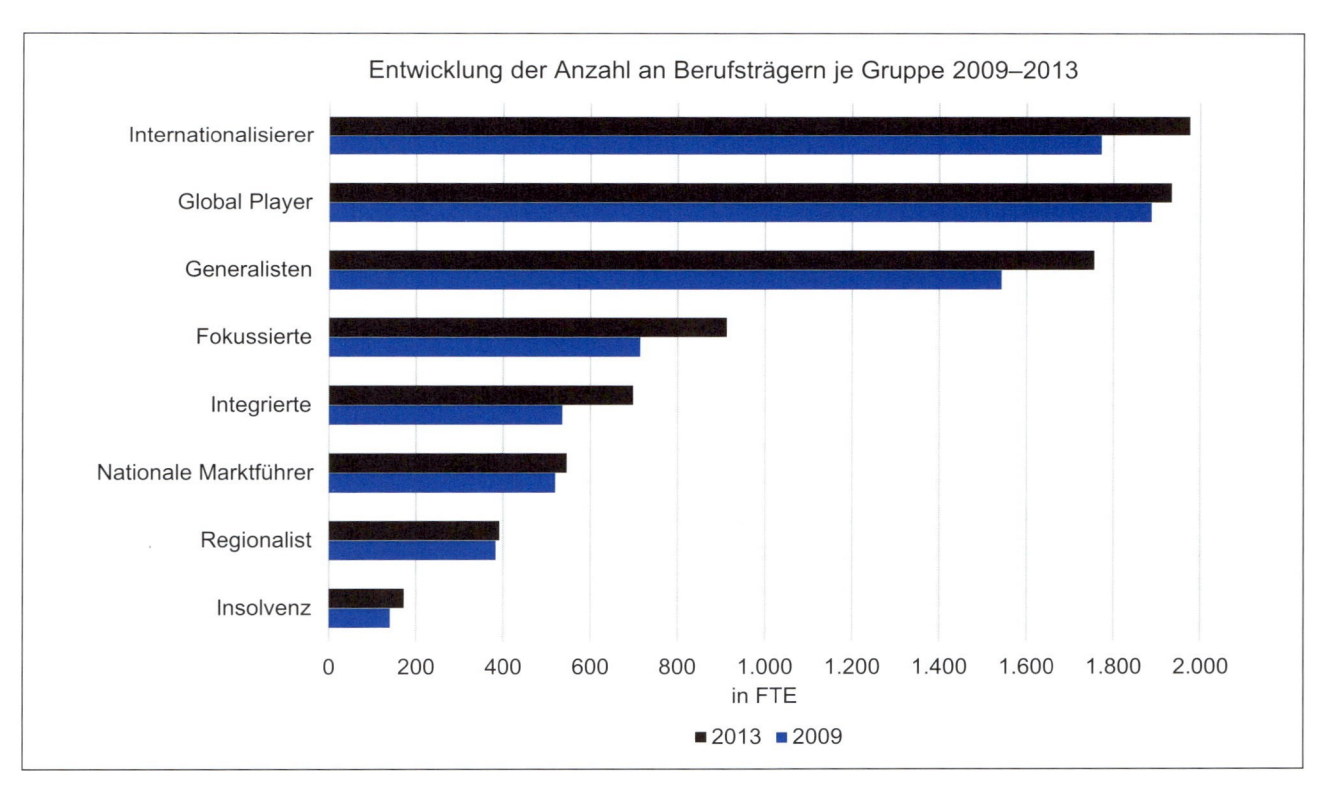

Abbildung 81: Entwicklung der Anzahl an Berufsträgern je Gruppe 2009–2013
Quelle: Juve, eigene Auswertungen

Die durchschnittliche Zahl der Berufsträger je Gruppe ist eine gute Indikation für die Zukunftsfähigkeit der Kanzleien. Diese hat sich in jeder Gruppe positiv entwickelt; die Kanzleien haben nach der Finanzkrise ihre Personalsituation kaum verändert. Seit 2010 wird wieder verstärkt eingestellt und alle Gruppen konnten die durchschnittliche Personalstärke erhöhen. Die deutlichsten Zuwächse zeigen die Generalisten, die Integrierten und Fokussierten.

Insgesamt liegt der Kanzleidurchschnitt der in Juve gelisteten Kanzleien 2013 bei ca. 150 Berufsträgern. Der Vergleich mit der Strukturerhebung im Dienstleistungsbereich[77] (Stand 2012) zeigt hingegen aufgrund unserer Berechnungen für

---

[77] Statistisches Bundesamt, Strukturerhebung im Dienstleistungsbereich 2008–2013, Wirtschaftszweig Rechtsberatung 69.1; eigene Berechnungen.

das Konzernsegment (mehr als 10 Mio. EUR Umsatz) einen Schnitt von nur ca. 90 Berufsträgern, bei einer größeren Anzahl von erfassten Kanzleien.

Am stärksten wuchsen in dieser Periode die Integrierten, da insbesondere die Big 4 angekündigt hatten, ihre Rechtsarme, die sie nach dem ENRON-Debakel stillgelegt oder zumindest nicht wesentlich ausgebaut hatten, verstärkt aufzubauen. Dabei wird zu beobachten sein, ob und inwieweit sie den Benchmark von 7% des Umsatzes[78], der sich aus dem laufenden WP-Geschäft abzweigen lässt, überbieten.

Auch die Fokussierten konnten wachsen. Das überraschende Wachstum der Generalisten ist aufgrund der im Vergleich zu den internationalen Kanzleien wesentlich günstigeren Kostenbasis zu erklären, sowie mit der in Krisenzeiten mittels schneller Umbesetzung einfacher zu revidierenden Angebotspalette. Die Anwälte in diesen Kanzleien können aufgrund ihrer generalistischen Ausbildung schnell von Gesellschaftsrecht zu Umstrukturierung und Sanierung wechseln oder statt Beratung Litigation anbieten. Hier zahlt sich die eher „generalistische" Marktposition und interne Kompetenzbildung aus, die diese Kanzleien betreiben, und die ihre Resilienz gerade in Krisenzeiten hervorhebt. Angemerkt sei in diesem Zusammenhang, dass die englische Kanzlei Eversheds in Großbritannien im Jahre 2009 insgesamt 700 von ihren 2.300 Anwälten entließ[79], um mit der gesunkenen Nachfrage zurechtzukommen. Hier wirken sich eine wesentliche engere Berufsausbildung und folglich geringere Einsatzmöglichkeiten nachteilig aus.

7.3.8 Zahl der Equity Partner

Die Anzahl an Equity Partnern zeigt, inwiefern die Kanzleien Wachstum auf der Partnerebene realisieren konnten.

Dieses Wachstum ist in einem wettbewerbsintensiven Markt ein zweischneidiges Schwert: Einerseits kann es den Druck auf den Gewinn pro Partner weiter erhöhen, was bei den meisten Kanzleien nicht sinnvoll ist, da sich der Umsatz pro Berufsträger und somit der Gewinn kaum noch steigern lässt. Zum anderen ist dieses Wachstum auch von anderen

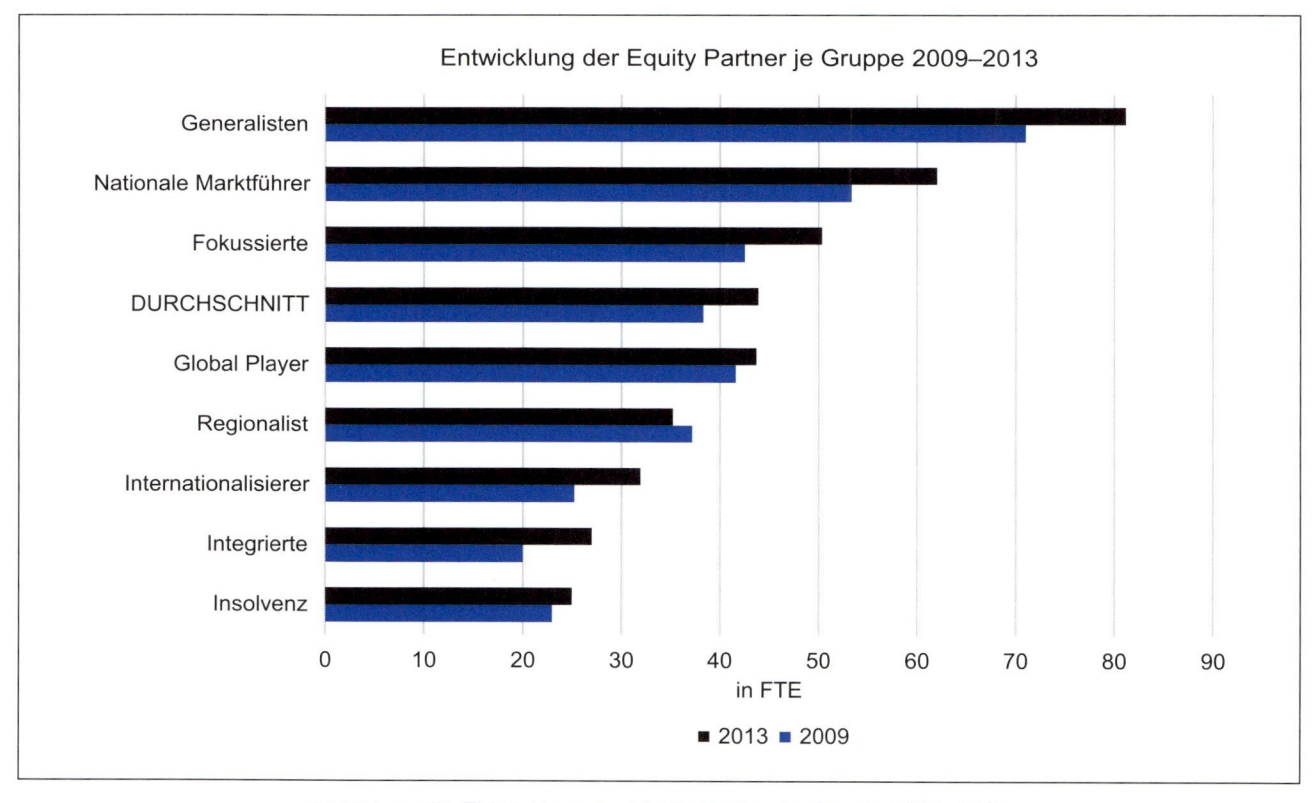

Abbildung 82: Entwicklung der Equity Partner je Gruppe 2009–2013
Quelle: Juve, eigene Berechnungen

---

[78] Durchschnittlicher Wert lt. den Studien von Luenendonk, siehe www.luenendonk.de, sowie nicht öffentlich zugänglicher Benchmark-Studien.
[79] http://www.thelawyer.com/the-down-to-earth-visionary/.

Erwägungen geprägt, die nur wenig mit der Wettbewerbsfähigkeit zu tun haben, nämlich der Angst vor dem Verlust eines Berufsträgers, der Lockstep-Logik, der internen Politik der Verpartnerung, der Unfähigkeit, früher gemachte Zusagen zurücknehmen zu können, etc.

Deutlich wird jedenfalls, dass die Gruppe der Global Player, die diesen Prozess am klarsten unter wirtschaftlichen Kriterien betrachtet, de facto einen Rückgang oder im Schnitt nur leichten Zugang insgesamt an Partnern verzeichnen. Für diese Kanzleien ist offensichtlich kein Wachstum mehr aus eigener Kraft möglich, sondern nur noch durch Abwerbung entsprechender Partner mit sog. „portablem Business Case", also eine Mandantenbasis, die ihnen bei dem Wechsel folgt. Der massive Abgang von Partnern von Shearman Sterling beispielsweise hat anderen Kanzleien, z. B. Latham Watkins, geholfen, besseren Zugang zu Mandanten zu erhalten, die ihnen vorher verwehrt waren. Die Gründe für den Abgang waren allerdings dem Vernehmen nach weniger die fehlende Wettbewerbsfähigkeit insgesamt, als vielmehr der verpasste Generationswechsel.

Die durchschnittliche Zahl der Equity Partner je Gruppe zeigt, wie sich das Geschäftsmodell und die Partnerernennungen entwickelt haben.

Die Generalisten und Nationalen Marktführer haben die Partnerschaft am deutlichsten ausgebaut, während die Regionalisten diese als einzige Gruppe zurückgefahren haben.

Global Player haben die Anzahl stabil gehalten, de facto jedoch vielfach abgebaut, da es in der beobachteten Periode von 2009–2013 in ihrem Segment kein Wachstum mehr gab.

Insgesamt liegt der Kanzleidurchschnitt 2013 bei Juve bei ca. 45 Partnern. Der Vergleich zur Strukturerhebung im Dienstleistungsbereich (Stand 2013[80]) zeigt hier für das Konzernsegment (mehr als 10 Mio. EUR Umsatz) einen Schnitt von ca. 20 Partnern (dort: errechnet als Differenz zwischen angestellten Mitarbeitern und „Inhabern"), bei einer größeren Anzahl von erfassten Kanzleien.

7.3.9 Leverage

Das Verhältnis zwischen Partnern und angestellten Berufsträgern (auch Ratio oder „Gearing" genannt) ist nur schwer zu definieren, wenn die Kanzleien nicht offen legen, wieviel Partner tatsächlich echte Gesellschafter (Equity Partner) sind, oder als „Partner" bezeichnet werden, tatsächlich aber entweder angestellte Anwälte sind oder solche mit einem festen Gewinnanteil, aber ohne Gesellschafter zu sein (was de facto dann entweder freie Mitarbeiter oder Scheinselbstständige sind). Auch das Gewinnverteilungssystem spielt eine Rolle: bei Lockstep-Systemen hat der Leverage einen Einfluss auf den abschöpfbaren Gewinn, bei individuellen erfolgsbasierten Systemen hängt es hingegen vom einzelnen Partner ab, ob und wie viele Mitarbeiter er einsetzen kann und will; für die Gesamtpartnerschaft ist es dann nicht unbedingt sinnvoll, viele angestellte Mitarbeiter zu haben.

Gemeinhin gilt ein Leverage unter 1:2 als ein geringer, 1:5 und höher als hoher Leverage. Wie viele Mitarbeiter ein Partner führen kann, hängt von der Art des Geschäfts ab, welches er tätigt, sowie der internen Organisation. Gemeinhin gilt die Regel, dass sehr hochwertiges Geschäft mit eher niedrigem Leverage zu bearbeiten ist, wobei die Mitarbeiter aber sehr hoch qualifiziert sein müssen, während hoher Leverage eher für eine geringerwertige Art von Geschäft spricht, bei denen die Aufmerksamkeit des Partners nicht so hoch sein muss. Allerdings sind bestimmte Tätigkeiten wie große Transaktionen, nur mit vielen Mitarbeitern bewältigbar, so dass hier zumindest auf Zeit, in spezialisierten Departments wie M&A auch auf Dauer ein höherer Leverage sinnvoll ist; die sich daraus ergebenden Herausforderungen für das Kanzleimanagement sind aber nicht einfach in den Griff zu bekommen. Traditionell sind in Deutschland eher niedrige Leverage-Ratios (1:1 bis 1:2) anzutreffen, da die Gewinnabzielungsabsicht nicht so sehr im Vordergrund stand. In internationalen, insbesondere angelsächsischen Kanzleien, sind höhere Leverage-Ratios anzutreffen, zum einen, weil die Heimatmärkte dieser Kanzleien mit einem weniger effizienten Case-law-Rechtssystem zu tun haben als Ländern mit kodifizierter Gesetzgebung. Vor allem aber sind die Profite hier höher, und um anschlußfähiger zu sein, müssen die deutschen Ableger dieser Praxen ein entsprechendes oder gar höheres Leverage einhalten, um vergleichbare Profite pro Partner zu erwirtschaften. Leverage ist aber abhängig von Auslastung und realisierbarem Stundensatz und nur in der Beobachtung der drei Faktoren relevant.

Zu wenig Beachtung wird üblicherweise auch dem negativen Leverage geschenkt, also der Gefährdung der Gewinne bei plötzlich abfallender Auslastung oder hohem Preisdruck. Die Kanzleien reagieren meist nicht schnell genug (oder können es aufgrund der Vertragslage nicht) die Kapazität der Marktlage anzupassen, was schnell zu Druck auf die Marge führt.

---

[80] Statistisches Bundesamt, Strukturerhebung im Dienstleistungsbereich 2008–2013, Wirtschaftszweig Rechtsberatung 69.1; eigene Berechnungen.

7.3.10 Anzahl der Standorte und Länder

Ein zweiter Bereich, an dem das Wachstum ablesbar ist, ist die Eröffnung von Standorten und/oder Aktivitäten in anderen Jurisdiktionen.

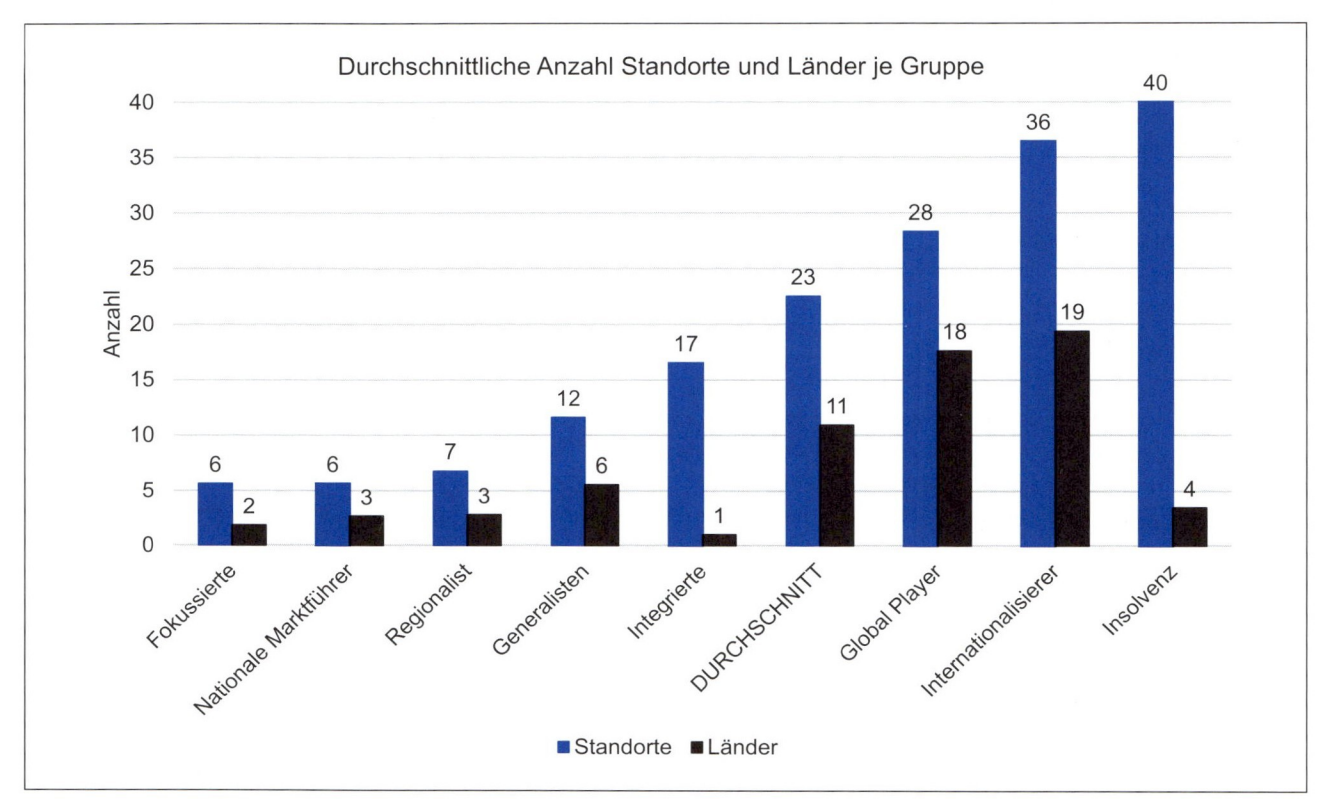

Abbildung 83: Durchschnittliche Anzahl Standorte und Länder je Gruppe
Quelle: Kanzleiwebseiten, Datenstand September 2015

Die hier betrachteten Kanzleien des Konzernsegmentes sind im Durchschnitt in elf Ländern mit 23 Standorten vertreten, das sind im Schnitt etwa zwei Standorte pro Land.

Global Player – Kanzleien sind hinsichtlich der Anzahl der Länder ähnlich präsent wie Kanzleien der Gruppe Internationalisierer, fokussieren aber von der Strategie auf die großen Wirtschaftszentren in den wichtigsten Volkswirtschaften. Letztere haben hingegen die Tendenz, immer mehr Länder und Standorte zu eröffnen, obwohl die Anzahl der Büros keinen nennenswerten Effekt auf die Profitabilität haben, wie seit Langem aufgrund der Studien der Citi-Bank in den USA unter den AM 200[81] bekannt ist.

Nationale Marktführer sind – im Unterschied zu Global Playern bzw. Internationalisierern – für ihr internationales Geschäft nur in wenigen Ländern aktiv – und verlassen sich auf ihr Netzwerk. Hier sind meist nur Standorte wie Brüssel (Kartellanmeldungen), London und New York (Repräsentanz) oder China (neu, z. B. Hengeler Mueller) von Bedeutung. Diese Büros haben aber meist weder einen Profitbeitrag noch eine echte lokale Marktbearbeitungskompetenz, sondern dienen vor allem als Repräsentanzen und zur Dokumentation der eigenen Internationalität.

Die Generalisten grenzen sich von den Regionalisten, Nationalen Marktführern und Fokussierten durch die doppelte Zahl an Ländern/Standorten ab. Es ist unklar, ob die Entwicklungsrichtung eher zur Expansion oder zur weiteren Fokussierung auf die Länder mit den besten Wachstumsoptionen neigt. Das Geschäftsmodell ist hier unklar. Meistens herrscht bei den Generalisten wenig strategische Klarheit. Deren Büros sind entweder eine Spielwiese einzelner Partner, das Ergebnis von Aktionismus des Managements oder Überbleibsel vergangener Träume.

Die vielen Büros von Regionalisten sind noch weniger wirtschaftlich sinnvoll. Meistens zeugen sie von einer Branding Strategie, die unbedingt Internationalität für ihre Mandantschaft verheißen soll, oder es sind reine Briefkastenbüros.

---

[81] Studien der Citi private clients bank (USA), zusammen mit Hildebrandt Consulting (jährlich), nicht veröffentlicht.

Jedenfalls haben die Regionalisten weder die Finanzkraft, noch die Mandantschaft, um viele Büros nachhaltig profitabel zu betreiben. Oftmals hängen einzelne Büros im Ausland an einzelnen Partnern oder Mandanten und verschwinden dann meist relativ schnell.

Die Integrierten spielen insofern eine Sonderrolle, als diese als Ländergesellschaften konzipiert sind, hier also nur die deutschen Büros betrachtet werden.

Die Insolvenzkanzleien, deren Geschäftsmodell anders konzipiert ist und deren Fokus auf die räumliche Nähe zu Gerichtstandorten ausgerichtet ist, verfolgen oftmals eine Strategie der Repräsentanz-Büros, die nur selten kompetent besetzt sind. Die BGH Rechtsprechung[82] hat dieses Auswahlkriterium von Richtern allerdings für irrelevant erklärt, so dass abzuwarten sein wird, wie sich diese Branche weiter entwickelt.

7.3.11 Umsatz pro Berufsträger (UBT)

Eine Betrachtung des UBT je Gruppe im Vergleich der Jahre 2009 und 2013 zeigt deutlich, dass sich nicht alle Gruppen von der Finanzkrise erholt haben und es im Durchschnitt über alle Gruppen nur eine kleine Verbesserung gab.

Klare Gewinner in der Verbesserung des UBT sind die Nationalen Marktführer, die Generalisten, Internationalisierer und Integrierte. Die Fokussierten konnten ihren Vorsprung gegenüber den Generalisten und Internationalisierern nicht halten. Unterdurchschnittlich ist auch die Steigerung hinsichtlich des UBT. Die Zahlen belegen darüber hinaus, dass die Global Player anders positioniert sind als die Internationalisierer mit ihrer breiteren geografischen Aufstellung, die diese gegenüber den Global Playern aber nicht in ein profitableres Mandatsportfolio haben umsetzen können. Die Insolvenzkanzleien liegen aufgrund ihrer besonderen Geschäftsmodelle und Vergütungsordnung ebenfalls im oberen Bereich. Im Fall der Integrierten erlaubt das Geschäftsmodell nur sehr niedrige UBTs, da es sich hier um wirtschaftsprüfungsnahe Dienstleistungen handelt und die Wirtschaftsprüfer ihre eigenen niedrigen Stundensätze auch für die Anwälte ansetzen.

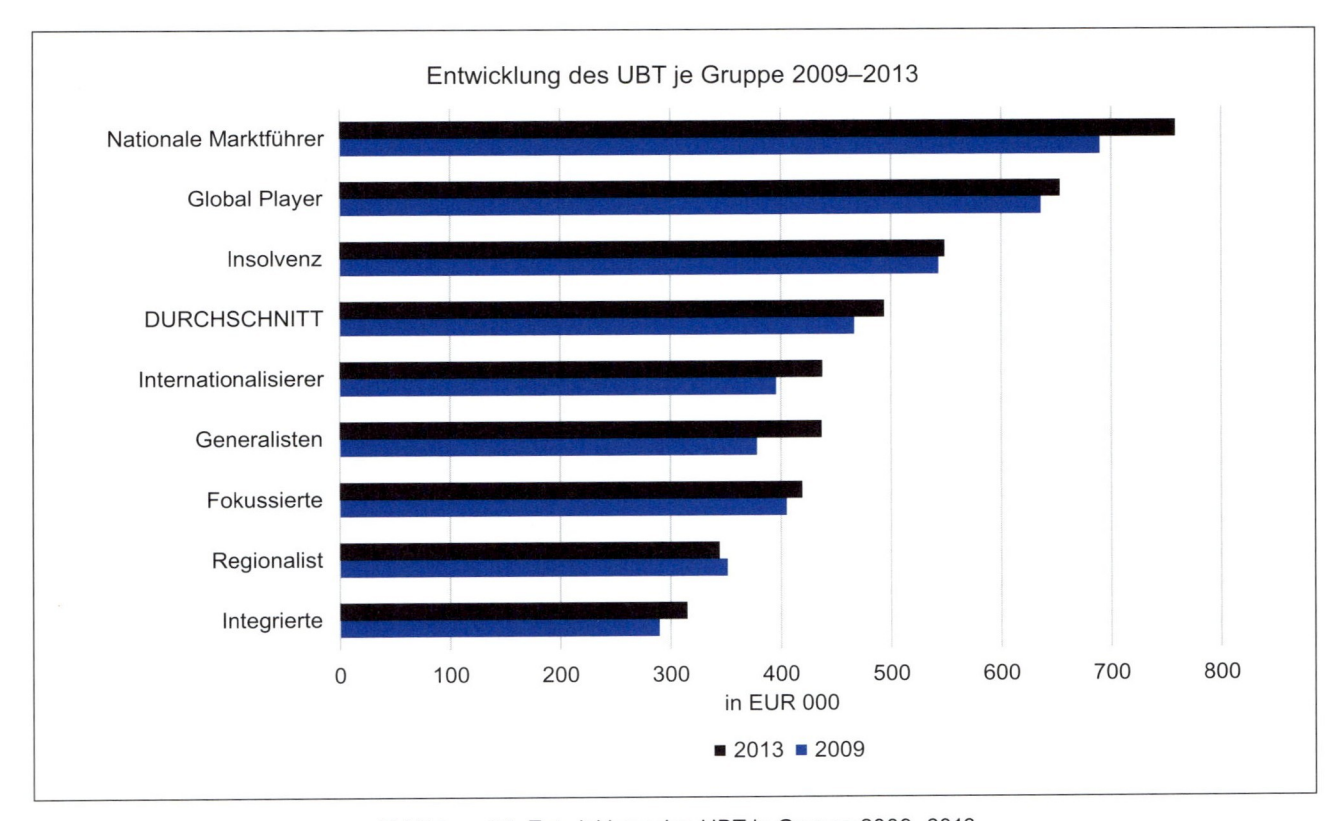

Abbildung 84: Entwicklung des UBT je Gruppe 2009–2013
Quelle: Juve, eigene Berechnungen

---

[82] Bundesgerichtshof, Beschluss vom 17. März 2016 – IX AR (VZ) 2/15, NJW 2016, 2037.

Festzustellen ist, dass sich die strategischen Gruppen gut mittels des UBT voneinander abgrenzen lassen[83]. Insofern ist der UBT ein Indikator für das Funktionieren des Geschäftsmodells der jeweiligen Gruppe und zeigt, wie gut oder schlecht die Umsetzung der Strategie im Markt zu entsprechenden Umsätzen führt. So ist es durchaus bemerkenswert, dass die Nationalen Marktführer deutlich über dem Niveau der Global Player liegen. Eine internationale Präsenz allein reicht nicht aus für ein hohes Preisgefüge.

Des Weiteren kann über den UBT eine Indikation für die Gewinnschätzung (ca. 40–45 % des Umsatzes) abgeleitet werden. Damit kann sich die Kanzlei positiv auf dem Bewerbermarkt sowohl für Neueinsteiger, als auch für Laterals von anderen Kanzleien – zumindest in finanzieller Hinsicht – abgrenzen.

7.3.12 Umsatz pro Equity Partner (UEP)

Ein differenziertes Bild ergibt sich aus der Betrachtung des UEP, welches den Partner in den Mittelpunkt stellt und auf einer rechnerischen Umsatzverteilung – unabhängig von den tatsächlichen individuellen Akquiseerfolgen – beruht. Hier wird deutlich, dass Generalisten– wie auch beim UBT – die größten Verbesserungen in dem betrachteten Zeitraum von 2009 bis 2013 erreicht haben. Das Geschäftsmodell der Integrierten und Insolvenzkanzleien erlaubt hingegen noch Wachstum, der Zugang zur Partnerschaft ist aber auch deutlich restriktiver. Auch wenn Generalisten, Fokussierte und Regionalisten den UEP haben steigern können, liegen sie doch mit den Internationalisierern, als einzige Gruppe mit einem Rückgang, unter dem Durchschnitt aller Kanzleien. Führend sind nach wie vor die Kanzleien der Gruppe Global Player und Nationale Marktführer.

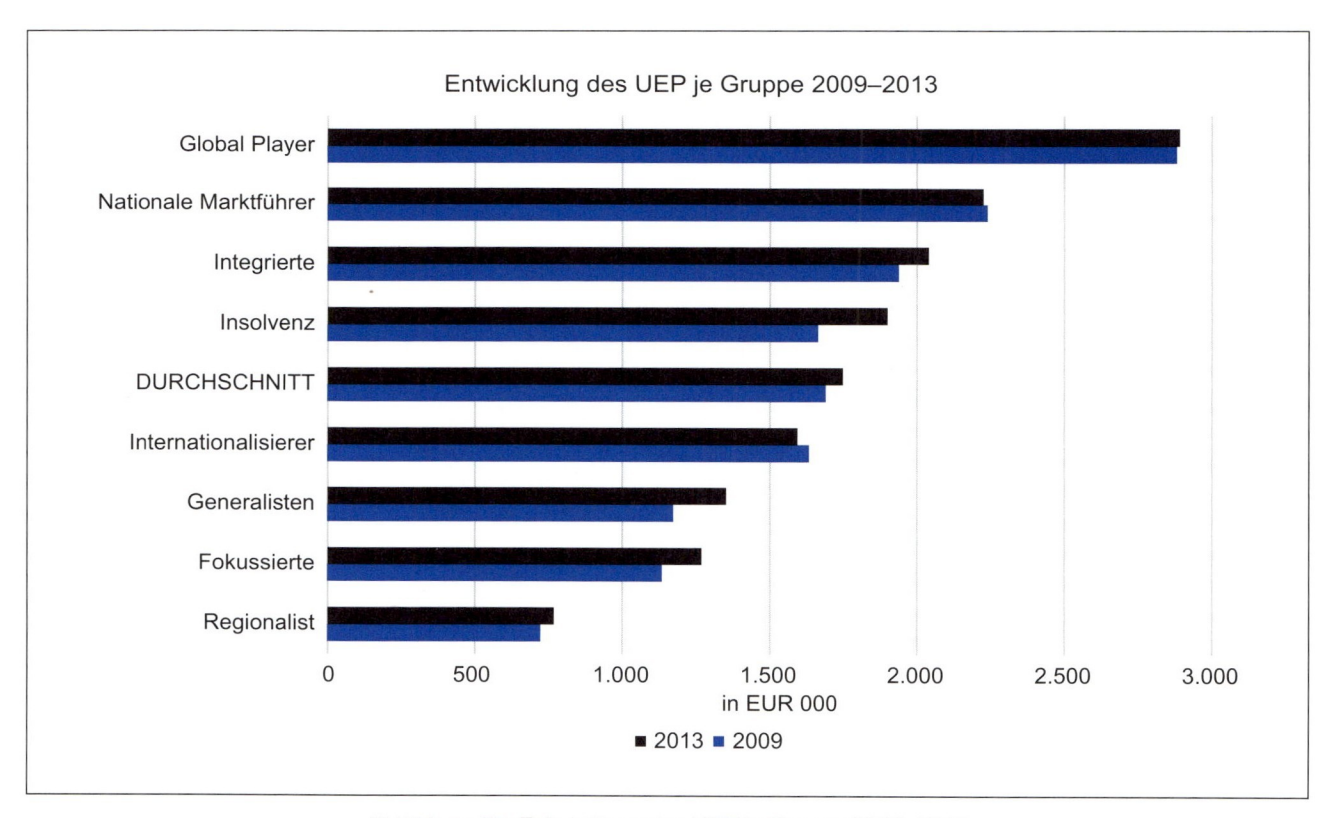

Abbildung 85: Entwicklung des UEP je Gruppe 2009–2013
Quelle: Juve, eigene Berechnungen

---

[83] Die bei Juve benutzte Zuordnung der Kanzleien zu Gruppen hingegen versucht, die Mandanten und die Art des Geschäfts der Kanzleien als entscheidendes Kriterium zu nutzen, ohne allerdings die tatsächliche Mandatsbasis zu kennen, und nur von PR Notizen der Kanzleien, die sich immer besser darstellen als sie sind, abhängen.

7.3.13 Durchschnittlich realisierte Stundensätze je Gruppe

Der Stundensatz ist als Indikator für die Fähigkeit der Kanzlei zu sehen, mit ihren Mandaten ein profitables Preisniveau zu realisieren.

Da diese Daten je Kanzlei nicht veröffentlicht werden, wurden Annahmen zur Zahl der abrechenbaren Stunden je Gruppe getroffen. Dabei gibt es gerade im US-Markt Ziele von 2.000 und mehr Stunden, in UK liegen diese etwa 10–15 % unter diesem Niveau und in Deutschland noch niedriger.

Die abrechenbaren Stunden der Gruppen sind konservativ angesetzt und liegen zwischen 1.300 und 1.750 Stunden. Eine Differenzierung nach Partnern und angestellten Anwälten erfolgt nicht, obwohl diese in der Praxis vereinzelt existieren. Die so ermittelten indikativen Stundensätze variieren über Mandanten/Mandate, zwischen Senioritäten und Preismodellen, so dass eine Reduktion auf den Durchschnitt nicht immer dem individuellen Bild der Kanzlei entsprechen kann.

Die Annahmen zu den abrechenbaren Stunden je Berufsträger in der jeweiligen Gruppe sind wie folgt:

Global Player	Nationale Marktführer	Internationalisierer	Generalisten	Fokussierte	Regionalisten, Integrierte und Insolvenz
1.750	1.700	1.700	1.500	1.400	1.300

Abbildung 86: Annahmen zu den abrechenbaren Stunden je Gruppe
Quelle: Eigene Schätzungen

Entsprechend dieser Annahmen können wir folgende Berechnungen, ausgehend von den UBTs der Gruppen, anstellen:

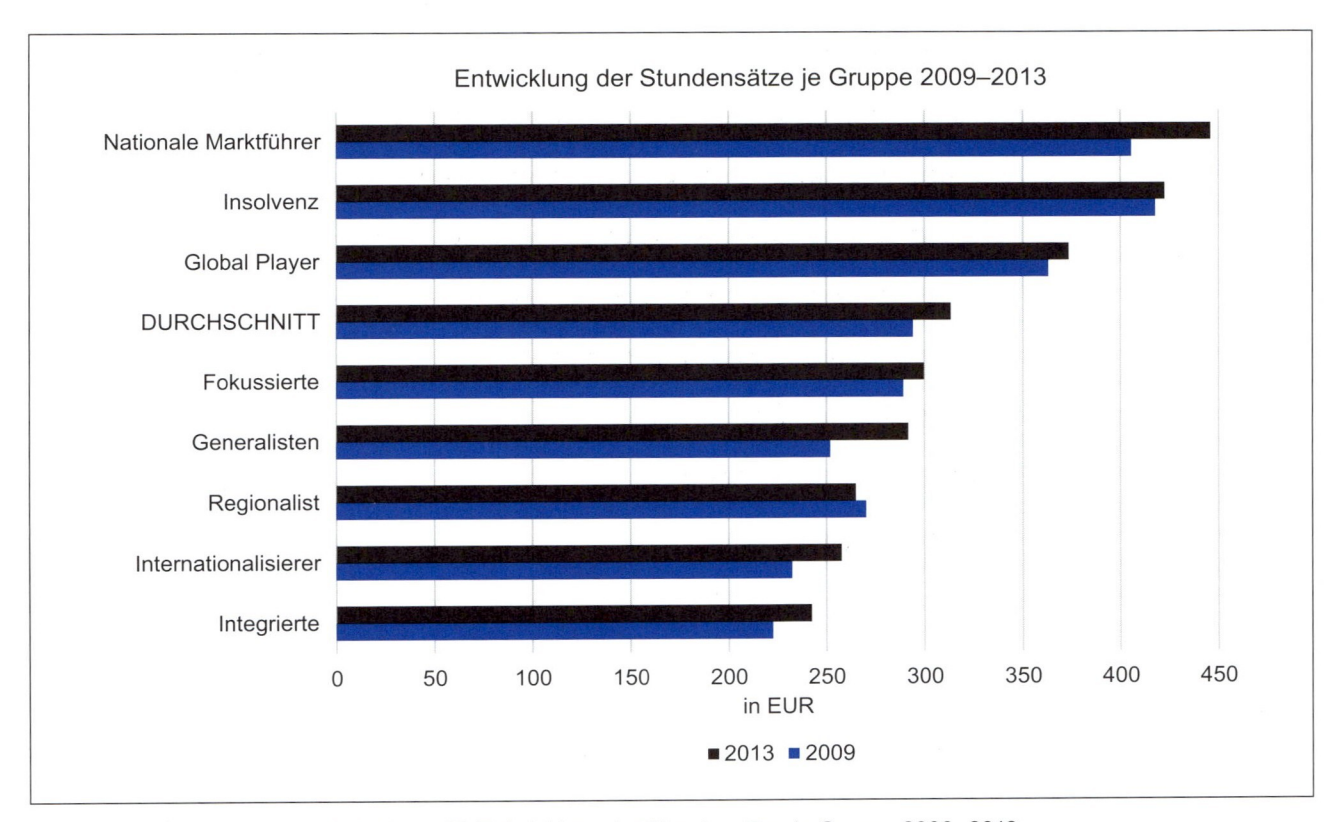

Abbildung 87: Entwicklung der Stundensätze je Gruppe 2009–2013
Quelle: Juve, eigene Berechnungen

Die sich daraus ableitbaren Stundensätze der Gruppen liegen zwischen 240–450 EUR. Dies entspricht auch anderen Studien[84].

---
[84] http://www.juve.de/rechtsmarkt/stundensaetze-2013.

Das zeigt, wie stark sich die Geschäftsmodelle und die Möglichkeiten, Preise im Markt zu realisieren, auseinanderentwickelt haben. Die Kanzleien der strategischen Gruppe Nationale Marktführer sowie die Generalisten konnten die Stundensätze im Vergleich zu 2009 erhöhen, was auch die Ausweitung der Partnerzahlen widerspiegelt. Bis auf die Regionalisten, die einen Rückgang der Stundensätze verzeichnen mussten, konnten alle Gruppen leicht zulegen. Bei den Integrierten werden auch die Limitierungen des Geschäftsmodells und des Mandatsportfolios deutlich. Integrierte liegen mit 240 EUR/h am unteren Ende der Skala, während der Durchschnitt etwa bei 310 EUR/h liegt.

7.3.14 Profit pro Equity Partner (PEP)

In den einschlägigen Statistiken wird der PEP – wenn überhaupt – nur auf globaler Ebene für einen Top-Partner ausgewiesen. Eine Differenzierung nach Ländern bzw. Regionen findet selten statt. Je nach verfolgtem Geschäftsmodell, hier exemplarisch Lockstep oder reinem Merit, differieren diese Werte pro Partner erheblich.

Daher wurden Schätzungen der Kostenpositionen vorgenommen. Diese mögen im Einzelfall zu hoch oder zu niedrig sein, ermöglichen aber einen durchschnittlichen Ausweis des PEP und geben eine wichtige Indikation für die wirtschaftliche Leistungsfähigkeit und Attraktivität der jeweiligen Kanzlei.

Die Annahmen für die Berechnung des PEP sind wie folgt:

Element	Global Player	Internationalisierer	Nationale Marktführer	Generalisten/ Fokussierte	Regionalisten, Integrierte und Insolvenz
Gehalt Berufsträger*	140.000	120.000	120.000	100.000	80.000
Anteil Wiss. Mitarbeiter zu Berufsträgerzahl	40%	40%	40%	20%	20%
Anteil Sekretariat zu Berufsträgerzahl	50%	50%	50%	40%/35%	30%
Anteil Verwaltung zu Berufsträgerzahl	40%	40%	40%	30%/25%	20%
Mietfläche je m² pro Mitarbeiter	25	25	25	18	18
Mietpreis je m² incl. Nebenkosten (in EUR)	35	35	35	25	20
* Gehaltsschätzungen in EUR					

Abbildung 88: Annahmen für die Berechnung des PEP
Quelle: Eigene Schätzungen

Alle folgenden Angaben gelten für sämtliche Gruppen:

Die Gehälter für Wissenschaftliche Mitarbeiter wurden auf 50.000 EUR, die für Sekretariate und Verwaltung auf 45.000 EUR geschätzt. Hinzu kommen noch die Arbeitgeberanteile für Kranken-, Pflege-, Renten- und Arbeitslosenversicherung.

Die Versicherungskosten je Berufsträger wurden auf 1.500 EUR, die IT-Kosten je Mitarbeiter auf 2.500 EUR, die AfA je Mitarbeiter auf 1.500 EUR, die Kommunikation je Mitarbeiter auf 2.400 EUR und die sonstigen Kosten je Mitarbeiter auf 1.200 EUR geschätzt.

Die Schätzungen der Kosten für Weiterbildung/Knowhow liegen bei 2%, die für allgemeine Verwaltung bei 5% des Umsatzes.

Auf dieser Basis wurde eine Berechnung des durchschnittlichen Profits pro Partner angestellt, die als Benchmark innerhalb der Gruppen gelten kann. Es wird davon ausgegangen, dass es bei außergewöhnlichen Konstellationen, z. B. einer sehr geringen Anzahl von Equity Partnern, wie bei den Kanzleien Rödl & Partner, Heisse Kursawe Eversheds, Weil Gotshal Manges, in jeder Gruppe Ausnahmen geben kann, die aber als solche die Regel nicht beeinflussen, wohl aber die durchschnittlich berechneten Profitabilitätszahlen nach oben oder unten verändern können.

Ziel ist es, für jede der Gruppen einen angemessenen Benchmark zur Verfügung zu stellen.

Letztlich ist der Profit pro Equity Partner, trotz der ständig wiederholten Aussage, Gewinnerzielung sei den Partnern nicht wichtig, die wichtigste Messlatte für den Erfolg und die Fähigkeit einer Kanzlei, Partner mit einem bestimmten Qualifikationsprofil zu halten oder anzuwerben und damit innerhalb der strategischen Gruppe mithalten zu können. Im zunehmend transparenteren Markt für Wechsel von Partnern von der einen zur anderen Kanzlei ist nämlich entscheidend, ob eine Kanzlei überhaupt die Basis dafür schafft, bestimmte Geschäftsfelder zu besetzen, was nur noch dann angenommen werden kann, wenn sie auch die für diese Geschäftsfelder notwendigen Gewinne erzielen kann. Es gibt zahlreiche Beispiele für fehlgeschlagene Wachstumspläne im Markt, was sich an den überdimensionalen Räumlichkeiten von Kanzleien ablesen lässt, die diese dann untervermieten müssen, nachdem die Wachstumspläne gescheitert sind.

Unsere Berechnung geht von einer je nach strategischer Gruppe unterschiedlichen Kostenbasis aus, die die Autoren möglichst realitätsnah abgebildet haben. Trotz der Kenntnis darüber, dass einzelne Faktoren mit hohem Einfluss auf Gewinn bei den Kanzleien stark differieren, z.B. im Hinblick auf die Altersstruktur bei den Associates, die hohe Gehälter bekommen, oder hohe Mietkosten, da die Immobilie den Partnern gehört, etc., kann damit herausgearbeitet werden, an welche Kanzleitypen besondere Herausforderungen gestellt werden.

Es ist nicht überraschend, dass der Gewinn bei den Regionalisten besonders schwach wuchs, da diese Gruppe die größten Probleme bei der Aufrechterhaltung ihres Geschäftsmodells hat. Es verwundert auch nicht, dass diese Gruppe am instabilsten ist, was Partner und Standorte betrifft.

Recht instabil sind ebenfalls die Internationalisierer, da sie sich in einem sehr hart umkämpften Markt halten müssen. Notizen über Büroschließungen, z.B. Orrick im Jahr 2015, oder die Ankündigung von Wachstumsplänen, z.B. Reed Smith und Dentons, zeigen an, dass hier immer noch (un)realistische Hoffnungen bestehen, in einem wettbewerbsintensiven Markt Wachstum erzielen zu können, ohne die grundlegende Wettbewerbsfähigkeit zu verbessern.

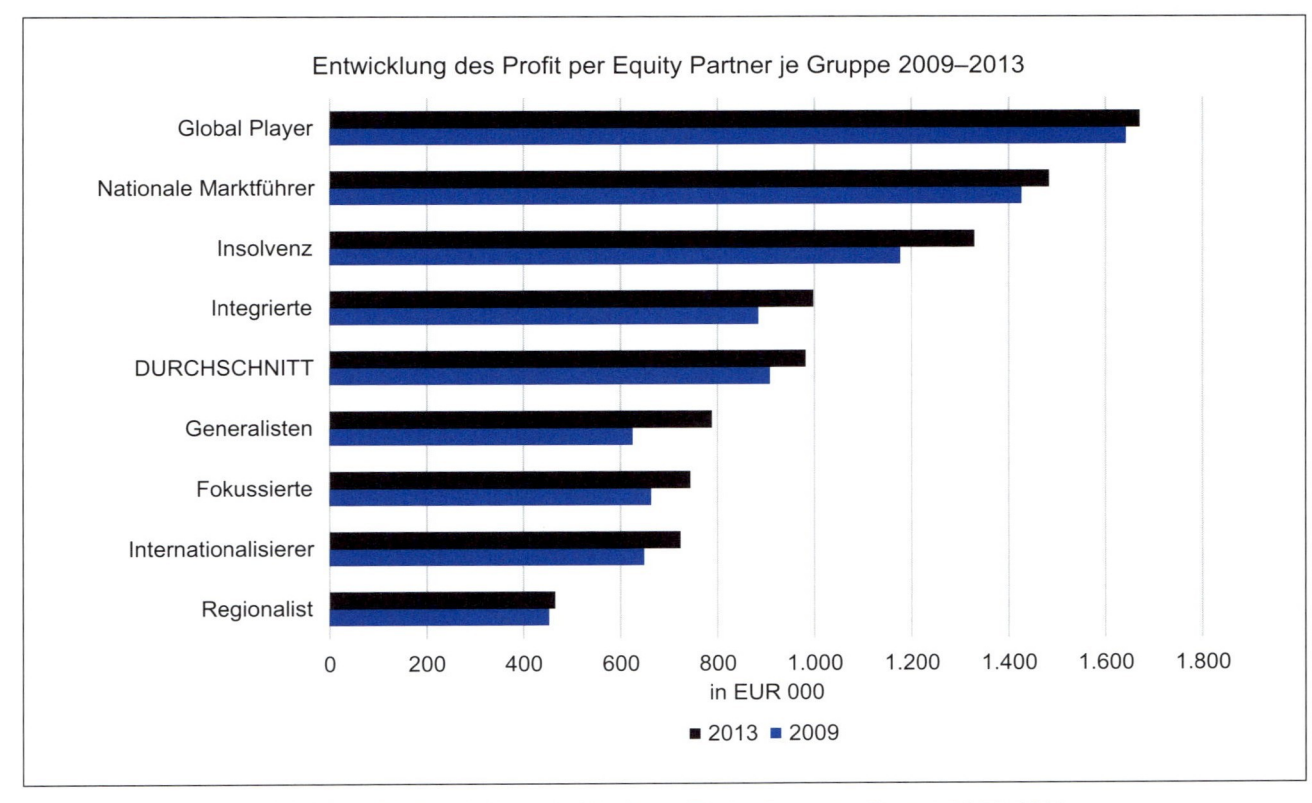

Abbildung 89: Entwicklung des Profit per Equity Partner je Gruppe 2009–2013
Quelle: Juve, eigene Berechnungen

Der Profit per Equity Partner hat sich auf der Basis dieser Annahmen über alle Gruppen durchweg positiv entwickelt.

Die deutlichsten Zuwächse gab es für die Insolvenzkanzleien (hier haben wir allerding nur zwei ausgewertet; ingesamt ist der Markt wie oben beschrieben im Umbruch), die damit vor den Global Playern und Nationalen Marktführern liegen. In absoluten Zahlen liegen die Kanzleien der strategischen Gruppe Global Player vorne. Der Abstand zu den Nationalen Marktführern ist nur leicht zurückgegangen. Die Kanzleien der strategischen Gruppe Integrierte verzeichnen ebenfalls eine deutliche Verbesserung auf ca. 1 Mio. EUR. Dies ist insofern beachtlich, weil hier die niedrigsten UBT und Stundensätze erzielt werden. Die Generalisten, Fokussierten und Internationalisierer erzielen zwischen 700.000 EUR und 800.000 EUR, während die Regionalisten mit ca. 460.000 EUR am unteren Ende der Skala liegen.

Ein anderer Zugang wäre es, für alle gelisteten Kanzleien einen Durchschnitt mit leicht abweichenden Annahmen zu berechnen; dies wäre eine stark vereinfachende Basis. Dabei geht man von einem durchschnittlich erzielten Gewinn pro Gesellschafter der 50 größten Kanzleien nach Juve (Basisjahr 2012/13) von 561.000 EUR aus, setzt allerdings immer die gleiche Kostenbasis voraus. Dies berücksichtigt allerdings nicht die Gehälter der Associates, in Anlehnung an die Darstellungen des Juve Verlags[85]. Es ist gewagt, da die Schwankungsbreite von 40.000 EUR Anfangsgehalt bei den Big 4 MDP Kanzleien und 125.000 EUR liegt.

Demnach würden nur ca. ⅓ der Kanzleien einen Gewinn oberhalb dieses kalkulierten Gewinnes pro Partner erzielen, während ⅔ darunter lägen. Dies hat in einem primär wirtschaftlich dominierten Umfeld Bedeutung; allerdings beobachten wir, dass Partner in Kanzleien bei Gewinnen oberhalb von ca. 250.000 EUR, die alle verdienen, dazu tendieren, den jeweiligen Gewinn als „ausreichend" zu betrachten. Kanzleiwechsel werden meist eher sozial oder wegen Mandatskonflikten begründet. Relevant ist der niedrigste PEP vor allem deshalb, weil er einen Abstand zum höchsten Gehalt eines Associates haben soll; gelingt dies nicht, hat die Kanzlei im Wettbewerb um die besten Kräfte in der Rekrutierungsphase das Nachsehen.

7.3.15 Weitere Kriterien zur Differenzierung des Segments

Neben der Einteilung in strategische Gruppen wurden in Anlehnung an Porter[86] weitere Kriterien bestimmt, die eine Differenzierung innerhalb der Gruppe ermöglichen und gleichzeitig einen Ausblick auf die Herausforderungen, die hiermit verbunden sind, geben:

- Grad der Spezialisierung nach Produktsortiment, Mandantensegment
- Regionale Abdeckung
- Markenidentifikation und -gestaltung
- Vertriebsstrategie
- Qualität in Breite und Tiefe der Rechtsberatung, Erfahrung, Kompetenz
- Technologieeinsatz
- Kostenposition
- Service
- Preispolitik
- Leverage
- Kanzleibeziehungen über Allianzen, Netzwerke, Kooperationen
- Arbeitskultur

Diese Kriterien sind in der Langversion der Benchmark-Studien eingehend beschrieben, was hier aufgrund der Betrachtung des Gesamtmarktes entfällt.

7.4 Entwicklungen in diesem Segment

Folgende Entwicklungen beobachten wir, die sich in dieser oder ähnlicher Ausprägung über längere Zeit auch in den unteren Marktsegmenten zeigen werden.

---

[85] www.azur-online.de/geld.
[86] Michael Porter, a.a.o.

7.4.1 Veränderung auf der Seite der Mandanten

Die Mandanten organisieren sich zunehmend besser. Der Vergabeprozess wird in Form von Kostenreduktion, Verwaltungsvereinfachungen oder Compliance professionalisiert und durch die Einrichtung sog. Panels für Rechtsgebiete und/ oder Regionen verschlankt. Kanzleien werden – die erfolgreiche Bewerbung vorausgesetzt – hier für einen Zeitraum von ein bis drei Jahren für einen Platz auf dem Panel eingeladen – und müssen sich gegen vergleichbare Angebote durchsetzen. Ein Platz auf einem Panel ist mit dem Status eines bevorzugten Zulieferers (preferred supplier) in der Industrie zu vergleichen, also eines Unternehmens, das Dienstleistungen für einen bestimmten Preis und Qualität erbringt. Die Mandatierung erfolgt in der Regel an den Pool der Kanzleien im Panel, ist aber nicht exklusiv. Der Beweis ist noch zu erbringen, dass eine Aufnahme auf dem Panel gleichzusetzen ist mit einem höheren Anteil am Rechtsberatungsbudget oder gar mit einer Profitabilität, wie sie in der Vergangenheit möglich war. Panels werden weiter Einzug halten in die Vergabepraxis, auch für mittelständische Kanzleien, wenn auch nicht in der Tiefe und Breite über alle Rechtsgebiete hinweg.

Die Kanzleien erfahren einen zunehmenden Preisdruck, zum einen bedingt durch die Neuausrichtung der Rechtsabteilung, zum anderen durch die Integration der Einkaufsabteilung bei Mandatsvergabe.

Diese Entwicklung führte bereits bei US/UK geprägten Kanzleien zur Etablierung von sog. „Pricing Professionals", die einerseits alternative Preismodelle entwickeln, zum anderen Partner in der konkreten Verhandlung unterstützen. Mit dieser Funktion können die wirtschaftliche Lage und damit der erzielbare Gewinn deutlich verbessert werden[87].

Eine weitere Entwicklung ist der Ausbau respektive die Veränderung der Rechtsabteilungen von einem reinen internen Rechtsanbieter zu einem Dienstleister für die effiziente Nutzung eines reduzierten Rechtsbudgets. Diese veränderte Positionierung birgt demzufolge Möglichkeiten für Kanzleien, die Rechtsabteilung in ihrer internen Darstellung der Wertschöpfung zu unterstützen.

7.4.2 Konsolidierung des Rechtsmarktes

Nach dem Eintritt US und UK geführter Kanzleien hat sich in Deutschland der Markt der Kanzleien seit dem Jahre 2000 massiv verändert. Dies wird am deutlichsten in der Form der Führung und des Managements sichtbar und zeigte sich auch in der Zeit nach der Finanzkrise 2008, in der diese Kanzleien konsequent saniert wurden. Die Sanierung führte teilweise zu einem Rückzug vom deutschen Markt bzw. zu einer Konsolidierung von Standorten. Kanzleien werden erleben, dass dieser Markt kaum noch aufnahmefähig ist, vor allem aber, dass es ihnen kaum mehr gelingt, Partner mit entsprechenden Geschäften anzuziehen. Damit sind die Wachstumsmöglichkeiten beschränkt und es hat sich zunehmend ein reiner Verdrängungswettbewerb entwickelt. Diesen gewinnt nur die Kanzlei, deren Management schlanker, schneller und besser ist als das der Wettbewerber, nicht mehr diejenige, die lediglich meint, sie verfüge über ein besseres juristisches Knowhow.

Seit etwa zwei Jahren investieren die Kanzleien wieder stärker in den Aufbau von Nischenkompetenz, die eher bei kleineren, fokussierten Kanzleien zu finden war. Da diese kleinen Praxen nicht eigenständig existieren können, hängt der Erfolg stark von der Akzeptanz und Integration in die Hauptpraxen ab.

7.4.3 Legal Project Management wird relevant

Das Legal Project Management (LPM) wird weiter in dem Maße von Interesse sein, wie komplexe Mandate nicht mehr nur durch eine Kanzlei, sondern durch eine Vielzahl unterschiedlicher Dienstleister bearbeitet werden. Diese sind zu integrieren, zu steuern, qualitativ zu überwachen, und das alles unter verschärften Effizienzbedingungen. Gegenwärtig sind die Anforderungen seitens der Mandanten noch moderat. Dies wird jedoch in der nahen Zukunft ein in Ausschreibungen zu erfüllender Mindeststandard sein. Die Kanzleien sind gut beraten, hier rechtzeitig Kompetenz aufzubauen, um effiziente Prozesse zu etablieren.

---

[87] The Lawyer 11 August 2014: UK firms with non-executive directors grow a third faster than their peers http://www.thelawyer.com/news/regions/uk-news/uk-firms-with-non-executive-directors-grow-a-third-faster-than-their-peers/3024328.article.

7.4.4 Professionalisierung der Business Services

Der Profitabilitätsdruck wirkt sich auch auf den Business Support aus. Hier finden in vielen Kanzleien Konsultationen statt, interne Dienste an externe Dienstleister zu vergeben und in einer extremen Ausprägung nur wertschöpfende Tätigkeiten intern zu behalten. Stichworte, die in diesem Zusammenhang häufig fallen, sind Outsourcing, Offshoring oder Onshoring. Beispiele in UK sind die Verlagerung von Sekretariatsdiensten/Dokumentenmanagement von London nach Belfast, die Erstellung von Angebotsunterlagen/Präsentation durch spezialisierte Agenturen oder die Wartung/Aktualisierung der IT bzw. der eingesetzten Software durch externe Dienstleister.

Eine Alternative sind Shared Services Center, die bestimmte Dienstleistungen, wie Buchhaltung oder Personalverwaltung, bündeln, die vorher bspw. in jedem Standort vorgehalten wurden. Aufgrund der dafür notwendigen Größe – kanzleipolitische Erwägungen außen vor gelassen – kommt das mehrheitlich nur für Global Player/Internationalisierer in Betracht.

7.4.5 Talentmanagement wird wichtiger

Dem Talentmanagement kommt nicht nur in Wachstumsphasen, sondern in jeder Phase der Kanzleientwicklung eine herausragende Bedeutung zu. Die Zahl der Absolventen mit Prädikatsexamen ist seit Jahren konstant niedrig, umso intensiver sind die Bemühungen – auch finanzieller Natur – der Kanzleien, diese für sich zu gewinnen. Die Generation Y legte in den vergangenen Jahren auch verstärkt Wert auf die Work Life Balance, was in Zeiten unsicherer Partneraussichten in Großkanzleien eine Herausforderung für diese bedeutet.

Kleinere und mittelständische Kanzleien werden mit den finanziellen Möglichkeiten der Kanzleien aus dem Konzernsegment nie mithalten können, aber sie können ein sowohl inhaltliches als auch familiär zufriedenstellendes Umfeld gestalten. Dies ist insbesondere für weibliche Absolventen, die mehr als die Hälfte aller Absolventen stellen, von steigender Relevanz. Kanzleien, die ein nachhaltiges Recruiting betreiben, die ihre Berufsträger halten und die diesen angemessene Entwicklungsperspektiven – inhaltlich wie finanziell – bieten, können sich im umkämpften Markt positiv abgrenzen.

7.4.6 Substitution der Dienstleistung droht

Die wichtigste Tendenz zur Substitution ist im Aufbau von Kapazitäten in Rechtsabteilungen erkennbar. Da der Wechsel von Kanzleien in Rechtsabteilungen und zurück zunehmend einfacher geworden ist, nicht zuletzt auch weil die Gehaltssysteme in Unternehmen sich denen der Kanzleien angenähert haben, wurden Kapazitäten aufgebaut.

Die Kanzleien müssen also zunehmend mit diesem Wettbewerb umgehen, der dazu führt, dass sie immer mehr spezialisiert sein müssen. Branchenknowhow wird immer wichtiger, zudem dominiert das Projektgeschäft deren Tätigkeit, während laufende Beratungstätigkeiten von den Rechtsabteilungsjuristen übernommen werden. Diese können und sollen nicht das gesamte Spektrum der Juristerei vorhalten, sondern die Kernprozesse der Unternehmen unterstützen.

Alternative Anbieter von Rechtsdienstleistungen, die ein anderes Geschäftsmodell nutzen, sind demgegenüber noch nicht relevant. Dasselbe gilt für die Technologie, auch wenn diese Themen in der Literatur und den Veröffentlichungen derzeit eine große Rolle spielen. Unstrittig ist, dass die juristische Abteilung in Unternehmen, die die wichtigsten Auftraggeber für Kanzleien sind, zunehmend unter dem Gesichtspunkt der Effizienzsteigerung, Kostenreduktion und dem Beitrag zum Unternehmenserfolg hinterfragt wird.

Als Beispiele seien Unternehmen wie Axiom genannt, die als Unternehmen Rechtsdienstleistungen anbieten, ohne Kanzleien zu sein, oder IBM Watson[88], der schon heute sowohl schnellere, billigere und fehlerfreie Due Diligences, Urteilsentscheidungen oder sonstige juristische Sachbearbeitungen durchführen kann als jede Kanzlei. Bis sich diese Dienstleistungen durchsetzen, wird es allerdings noch einiger Umwälzungen, Einbrüche und Krisen bedürfen, die die potenziell Nachfragenden zu Nutzern machen.

Die Autoren gehen daher davon aus, dass in diesem Bereich Veränderungen anstehen. Da sich eine Branche nie von der Mitte, sondern immer von den Seiten her verändert, werden Substitutionen anwaltlicher Dienstleistungen eine immer größere Rolle spielen, was die Branchendynamik weiter anheizen wird.

---

[88] http://www.abajournal.com/legalrebels/article/10_predictions_about_how_ibms_watson_will_impact.

Anwälte werden daher – wie andere Berater auch – vor allem benötigt, weil sie:

- Wissen haben, das die Rechtsabteilungen nicht vorhalten,
- zusätzliche Kapazitäten zur Verfügung stellen,
- als Außenstehende eine neutrale Perspektive zur Verfügung stellen können,
- eine höhere Autorität gegenüber anderen internen Stellen, insbesondere dem Vorstand/Aufsichtsrat haben,
- vermittelnd auftreten können und
- aufgrund des Privilegs der gerichtlichen Vertretung (Postulationsfähigkeit) die Unternehmen gerichtlich vertreten können.

7.4.7 Branding wird immer relevanter

Branding wird für internationale Kanzleien an Bedeutung zunehmen. Die Bezeichnung Magic Circle als Synonym für die vier größten UK Law Firms ist im Markt etabliert. Insofern hat es überrascht, dass eine von ihnen für den Zugang zum US-Markt nicht mit diesem Brand assoziiert werden will, sondern als „International Elite Firm" (Freshfields).

Die Auswirkungen auf das globale Branding von Law Firms – für global agierende Unternehmen/Banken/Versicherungen ist es eine Selbstverständlichkeit, einen Brand zu besitzen – sind noch nicht absehbar. Eine Studie zu Superbrands gibt erste Indikationen zur Einstufung von global auftretenden Kanzleien. Die Systematik zur Platzierung kann kritisch hinterfragt werden, Fakt ist jedoch, dass über Branding eine globale Positionierung leichter fällt. Diese entscheidet auch, wie eine Kanzlei vom Markt, den Mandanten und dem juristischen Nachwuchs gesehen wird.

7.5 Herausforderungen der Zukunft

Generell gilt, dass der Wettbewerb innerhalb der strategischen Gruppe stärker ausgeprägt ist als der zwischen den einzelnen strategischen Gruppen. So ist im Handel beispielsweise die Konkurrenz unter Discountanbietern (z. B. Aldi, Lidl) stärker als die zwischen Discountern und Hochpreisanbietern (z. B. Dallmayr, Käfer). Es ist auch zu beobachten, dass Discountanbieter sich höherwertig positionieren, so dass eine strategische Gruppe der höherwertigen Supermärkte (z. B. REWE, Tengelmann) von der strategischen Gruppe der Discounter angegriffen wird. Dabei sind die Größe und die Anzahl der Gruppen zu berücksichtigen. Je mehr Gruppen existieren und je kleiner diese Gruppen sind, desto geringer ist die Wettbewerbsintensität insgesamt.

Die Herausforderungen für die Kanzleien liegen in der Weiterentwicklung ihrer Geschäftsmodelle, insbesondere durch deutlich professioneller auftretende Rechtsabteilungen, den weiter bestehenden Preisdruck, neue Wettbewerber, wie Legal Process Outsourcer, als auch durch die Konsolidierung und weitere Professionalisierung der internen Organisation. Nur Veränderungsprozesse, die alle Partner, die die Bereitschaft zur Anpassung mitbringen, integrieren, können die strategische Positionierung der jeweiligen Kanzlei erfolgreich absichern und verbessern.

7.5.1 Regionales Wachstum

Wachstum im Konzernsegment findet, wenn überhaupt, dann nur noch im asiatischen Raum resp. dort, wo Wachstumsregionen expandieren (Afrika, …), weniger in Kontinentaleuropa, statt. Daher expandieren die Global Player nach Asien/in den pazifischen Raum und suchen nach Opportunitäten in Afrika.

Die Hinwendung zu Asien zeigt sich auch in der zunehmenden Zahl von Büroeröffnungen bspw. in Korea bzw. in der Zahl von Joint Ventures in reglementierten Märkten wie Indonesien oder China. Zugleich kommen asiatische Firmen nach London, Frankfurt und New York, um das Geschäft ihrer expandierenden Mandanten begleiten zu können. So gibt es allein in Deutschland derzeit fünf chinesische Kanzleien, weitere, auch aus angrenzenden Jurisdiktionen, werden folgen[89].

---

[89] Jomati Consultants, New Frontiers: Law Firms in 2020, Vol 1 to 3, London 2011, (nicht veröffentlicht).

7.5.2 Grenzen des Geschäftsmodells

Gewinnsteigerungen sind bei Großkanzleien aufgrund des Wachstums der Umsätze pro Berufsträger oder der Stundensätze bzw. Stundenanzahl, die pro Berufsträger erzielt werden können, nicht mehr zu erwarten. Zwar konnte eine Optimierung der Geschäftsmodelle beobachtet werden, aber nunmehr kommt es, wie in jeder Branche, zu einer Sättigung. Demzufolge können innovative Anbieter, insbesondere die mit neuen Geschäftsmodellen, in den Markt einbrechen und Marktanteile erobern. Bei den führenden Londoner Kanzleien, den sog. Magic Circle-Kanzleien, ist beispielsweise zu beobachten, dass die Gewinnerhöhungen der letzten Jahre nach der Finanzkrise nur noch durch den Abbau von Equity Partnern möglich waren. Mögliche weitere Steigerungen sind nicht mehr auf echtes Wachstum zurückzuführen, sondern nur noch auf Einmaleffekte, Blasen in bestimmten Märkten oder überhöhte Preise, die bei IPOs (initial public offerings) oder in Transaktionen gezahlt werden, weil der Markt in den letzten Jahren mit Geld überschwemmt wurde.

Das Aufkommen neuer juristischer Dienstleister – stellvertretend seien hier Axiom, Integreon und Xenion genannt, die sich durch angestellte Anwälte und zentrale Verkaufsprozesse, inkl. Vermittlung oder Projektjuristenangebote differenzierten – hat den europäischen Markt trotz gegenteiliger Ankündigungen bisher noch nicht grundlegend verändert. Das stärker standardisierte Angebot an juristischer Dienstleistung findet hier – im Unterschied zu den USA – bisher noch weniger Nachfrager. Dies ist insofern überraschend, da im Markt ein hoher Kostendruck herrscht und Mandanten für Dienstleistungen weniger bezahlen wollen.

Eine Beurteilung der Veränderungsbedarfe in den kommenden Jahren kann am besten anhand der Analyse der Wertschöpfungskette vorgenommen werden. Dienstleistungen, die bereits lange am Markt bestehen und einen hohen Standardisierungsgrad aufweisen, haben meist auch nur einen niedrigen Wertschöpfungsbeitrag. Dienstleistungen, die auf einer komplexen, inhaltlich anspruchsvollen Beratung beruhen und auf den Mandanten zugeschnitten sind, leisten hingegen oftmals einen hohen Wertschöpfungsbeitrag.

Die Kanzleien bieten derzeit noch Dienstleistungen entlang der gesamten Wertschöpfungskette an. Eine differenzierte finanzielle Anerkennung der Dienstleistungen durch die Mandanten ist jedoch bereits anhand unterschiedlicher Stundensätze feststellbar. So könnte etwa die Zertifizierung in der Automobilindustrie bei den juristischen Dienstleistern angewandt werden.

Es ist davon auszugehen, dass diese Betrachtungsweise im Markt zunehmend Einzug hält und reine rechtsanwaltliche Dienstleistungen nur noch dann von Wert sind, wenn sie sich an den Projektzielen des Auftraggebers orientieren und mit entsprechenden Projektmanagementmethoden gearbeitet wird. Die Frage, welchen Wertbeitrag eine juristische Dienstleistung liefert, wird im Kontext von Unternehmen immer wichtiger werden.

7.6 Optimierungsmöglichkeiten in diesem Segment

Im Folgenden beschreiben wir die wichtigsten Differenzierungskriterien im Wettbewerb unter diesen Kanzleien.

Kriterium	Ausprägungen derzeit	Herausforderungen
Grad der Spezialisierung	Fokussiert auf hochvolumige, komplexe und wirtschaftlich interessante Transaktionen und Mandate.	Die „Commoditisation" eines Teiles der Dienstleistungen so organisieren, dass das Geschäftsmodell nicht leidet.
Regionale Abdeckung	Fast alle Kanzleien haben mehrere Standorte, national oder international; die interne Zusammenarbeit variiert allerdings erheblich von Kanzlei zu Kanzlei.	Integration der Standorte um die Ressourcennutzung zu verbessern und die Größenvorteile auszuspielen.
Marketing	Der Aufbau einer Marke ist nur wenigen Kanzleien in diesem Segment gelungen, je nach Verkehrskreis; sie hat allerdings für die Mandatierung zunehmend Bedeutung.	Das Marketing ist für die Präsenz der Kanzlei am Markt relevant, insbesondere für die Nachwuchsgewinnung und Wissensprofilierung, weniger für die Akquise neuer Mandanten.

Kriterium	Ausprägungen derzeit	Herausforderungen
Vertriebs-strategie	Einzelne Rainmaker sind präsent, aber die Mandate sind zu komplex, so dass die Kanzlei im Vordergrund steht; Business Development unterstützt die Akquisebemühungen im Rahmen der beschlossenen Strategie.	Fähigkeit, die Mandanten breit an die Kanzlei zu binden, um Mandatsabgänge durch höhere Wechselunwilligkeit zu etablieren. Jüngere Partnergeneration frühzeitig in die Mandantenbindung einbeziehen.
Qualität	Top Qualität in der Rechtsberatung ist der Standard.	Ergänzung der Qualität durch zusätzliche wertschöpfende Elemente Organisatorische und kulturelle Anpassung der Kanzleiorganisation mit Hilfe von Investitionen in das Knowhow und dessen zeitnahe Bereitstellung.
Einsatz von Technik	Effizientes globales Management der Mandatsbeziehungen, Konflikte, Risiken und der betriebswirtschaftlichen Ergebnisse aufgrund der IT-Ausstattung.	CRM wird noch nicht optimal für die Mandantenbindung eingesetzt, wie auch für die Verfolgung von Zielmandanten.
Kosten	Globale Organisation und Steuerung ist kostenintensiv, dezentrale Einflussmöglichkeiten sind eingeschränkt.	Kontinuierliche Anpassung der Kostenstrukturen, auch durch zentrale Verlagerung von internen Diensten in low cost Regionen.
Servicequalität	Ausrichtung der Rechtsberatung und der zugrundeliegenden Organisation an den Erfordernissen einer globalen Organisation, auch über Zeitzonen hinweg.	Einstellung der Organisation auf die Nutzung neuer Anbieter, Integration dieser Anbieter in die rechtliche Beratung.
Preispolitik	Zunahme des Wettbewerbsdrucks, Auseinanderfallen der Preisfindung von Region zu Region; Nutzung von Panels beim Mandanten, um Preisniveau zu reduzieren.	Herausstellen des Mehrwertes in der Rechtsberatung, um Preisniveau zu halten, Auslagerung von standardisierter Beratung an alternative Dienstleister, aber Integration dieser Bausteine in eigenes Angebot.
Ressourcennutzung	Partner verantworten die Auslastung der Associates (qualitativ und quantitativ).	Zunehmende Akzeptanzprobleme größerer Teams durch die Mandanten; Mehrwert der Bearbeitung durch Nichtpartner muss klar werden Gemeinschaftliche Organisation der frühzeitigen Ausbildung und Übertragung von Verantwortung an Associates durch die Partner.
Netzwerke	Absicherung angrenzender Rechtsbereiche über Kooperationen und Netzwerke durch einen engen Fokus auf der Rechtsberatung, auch für Regionen/Jurisdiktionen, in der die Kanzlei nicht selbst präsent ist.	Aktive Steuerung der Kanzleibeziehungen und der Beziehungspflege durch regelmäßigen Informationsaustausch, auch über den Austausch von Partnern/Associates Sicherstellung der erforderlichen Qualitätsansprüche wie auch der strategischen Ausrichtung der Partner hinsichtlich einer gemeinsamen Marktbearbeitung.

8 Zusammenfassung und Ausblick

Der Kanzleimarkt in Deutschland ist so heterogen wie in jeder anderen wirtschaftlich führenden Nation, aber wie die Studie der Law Society gezeigt hat, ist eine vergleichbare Segmentierung der Nachfrager von Privatpersonen, Unternehmen und Öffentlicher Hand nachweisbar.

Was macht den Kanzleimarkt in Deutschland so speziell? Zum einen ist es die deutsche Rechtsordnung, die es in der Weise nur noch im deutschsprachigen Umland gibt. Diese ist sehr effizient und gibt einen ganz bestimmten Rahmen für die Aktivität der Anwälte vor. Dazu gehört auch die Abrechnung nach Pauschalgebühren, sowie die Kostentragungspflicht für den Gegner.

Die internationale Ausrichtung der deutschen Unternehmen wird durch die Verbreitung der englischen Rechtsordnung als Basis für Unternehmenstransaktionen und Finanzierungen mitbestimmt. Dadurch war es für angelsächsische Kanzleien einfach, in Deutschland Fuß zu fassen. Die deutschen Kanzleien, die beide Rechtsordnungen beherrschen, sind gefordert, die notwendige Qualität in beiden zu erbringen, da ihnen ansonsten das internationale Geschäft nicht zugänglich ist und nur noch ein beschränktes Wachstum erlaubt wird.

Abschließend sollen die für den Rechtsmarkt relevanten Trends identifiziert werden. Die Gefahr ist, sich auf zu wenige, pauschale Trends einzulassen, um daraus dann falsche Schlüsse zu ziehen. Dies ist derzeit bei der Diskussion um „Legal Tech" zu sehen, bei der einige Protagonisten davon ausgehen, dass der gesamte Rechtsmarkt sich radikal verändert, anstelle differenziert auf Marktchancen zu sehen, die sich aus anderen Trends ergeben.

8.1 Globale Trends (STEP)

Zur Untersuchung globaler Trends wird die sog. STEP[90]-Analyse herangezogen, mit der die Veränderungen in den Bereichen Gesellschaft, Technologie, Wirtschaft und Politik beobachtet werden.

8.1.1 Gesellschaft

Als wesentliche weltweite Trends im Bereich der Gesellschaft[91] gelten folgende

- Individualisierung: Die Lebensbiografien verlaufen heute entlang von Brüchen und Umwegen; Neuanfänge sind eher die Regel als Ausnahme. Die Gesellschaft erlaubt mehr individuelle Freiheiten, setzt uns aber auch stärker unter Entscheidungsdruck. Damit verändert sich das Wertesystem – und mit ihm ändert sich die Wirtschaft, in der sich neue Kulturen und Nischenmärkte etablieren.
- Neues Lernen: Der leichtere Zugang und die verfügbare Wissensmenge steigt stetig mit der Verbreitung digitaler Medien an. Dies stärkt die Bedeutung der Bildung weiter und ermöglicht durch die Förderung von individuellen Talenten die Voraussetzung für nachhaltige Innovationen.

8.1.2 Technologie

Als wesentliche weltweite Trends im Bereich der Technologie gelten folgende:

- Digitale Revolution: Alle Lebensbereiche werden durch Daten zur individuellen Nutzung und deren massenweise Auswertung zur kollektiven Erkenntnis erfasst. Daraus ergeben sich eine Erfassung, Beeinflussung und gleichzeitig Normierung des Verhaltens des Einzelnen mit noch unabsehbaren Folgen. Denjenigen, die die neuen Erkenntnisse dieser Revolution im Silicon Valley vertreten, haben einen naiven Glauben an die objektive Messung und Steuerbarkeit fast aller Lebensvorgänge. Derzeit werden vor allem die Vorteile betont, die durch Datenschutz zu vermeidenden Nachteile hingegen werden ignoriert oder mangels weltweiter Durchsetzbarkeit hingenommen.
- Die Dislozierung von Arbeitsleistung und Arbeitsergebnis durch die Bearbeitung am Bildschirm sorgt für einen massiven Rückgang an bisher als notwendig erachteter zwischenmenschlicher Kommunikationsmaßnahmen, wie etwa dem Aufbau von Vertrauen durch persönliche Kenntnis von Dienstleistendem und Kunden. Immer häufiger

---

[90] Sociological, Technological, Economical, Political Trends.
[91] https://www.zukunftsinstitut.de/dossier/megatrends/.

werden Dienstleistungen weltweit vergeben und immer unmöglicher wird die Vergleichbarkeit durch die Reduzierung auf Kriterien wie den Preis. Gleichzeitig werden Beurteilungen von Dienstleistungen immer transparenter, allerdings mit der im Internet beobachtbaren Vermeidung von Abwertungen oder krassen Negativbewertungen, selbst dann, wenn sie angebracht sind.

- Alle Informationen, in welcher Form sie auch vorliegen (Zahlen, Schrift, Bilder, ...) sind auswertbar. Somit werden viele Vorgänge, Beurteilungen und logische Schlüsse berechenbar. Gerade die juristische Sprache, die ein in sich geschlossenes logisches System in Form eines Codes darstellt, ist für die Übernahme ganzer Arbeitsschritte durch Computer einfach zugänglich. So wurde schon 2004 festgestellt, dass die Due Diligence durch Computer zu einer 40 % geringeren Fehlerquote führt als gegenüber anwaltlicher Tätigkeit. Im Jahre 2014 wurden Urteilsbegründungen durch Computer schneller und fehlerfreier verfasst als durch mit dem gleichen Sachverhalt vertraute Professoren.
- Eine Zunahme der Technologisierung und Digitalisierung wird weite Teile der Gesellschaft entscheidend prägen. Das Leben wird primär digital sein, da Informationen jederzeit verfügbar sein werden, und dies wird zu einer weiteren Beschleunigung des Arbeitslebens führen. Die Reaktionsgeschwindigkeit der Anwaltschaft wird sich diesen Entwicklungen stellen müssen, denn ohne ein angepasstes Informationsmanagement können die zur Verfügung stehenden Daten weder ausreichend analysiert noch zeitnah bearbeitet werden. Dies könnte für den bereits digital fortgeschrittenen Mandanten wenig akzeptabel sein und könnte zu einer Belastung der Mandatsbeziehung führen. Das Ziel der Anwaltschaft kann es hier nur sein, diese digitale Schere möglichst schnell zu schließen, und dies in Kooperation mit ihren Mandanten.[92]

Die Zukunft des Rechtsmarktes wird lt. einer Vielzahl von Studien[93] und Voraussagen stark digital geprägt sein. Ob das analoge Element völlig verschwinden wird, wie es Richard Susskind[94] in seinem Buch porträtiert, sei dem Leser überlassen. Unstrittig ist hingegen, dass einige der Elemente bereits heute präsent sind, wie digitale Akten, digitale Korrespondenz mit den Gerichten oder online Rechtsberatung. Ob es in naher Zukunft zu rein virtuellen Gerichtsverfahren kommen wird, ist anhand der Erfahrungen mit der immer wieder verzögerten Einführung des beA (elektronisches Anwaltspostfach) in Deutschland mehr als fraglich. Bisher wurde der Zielkorridor, bis zum Jahr 2022 den Rechtsverkehr komplett elektronisch zu handhaben, noch nicht erreicht.

Es ist allerdings unbestreitbar, dass bestimmte Segmente des Marktes auf elektronische Lösungen angewiesen sind, weil sonst der Zugang zum Recht nicht mehr gewährleistet werden kann (UK, US) oder es einfach zu teuer wird. Hier werden solche Lösungen Einzug halten, die auf einfache Art und Weise Kostenreduktion versprechen, ohne übermäßige Kompromisse hinsichtlich Rechtsdurchsetzung zu machen.

Zugleich muss festgehalten werden, dass Anwälte in Bereichen tätig sein werden, in dem es auf schnelle Komplexitätsreduktion, chaotische Information oder Einschätzungen ankommt, in denen wenige Daten zur Verfügung stehen. So wie schon in den letzten 30 Jahren wird also auch in den nächsten 30 Jahren die Veränderung vor allem in jenen Bereichen stattfinden, wo es notwendig und unabwendbar ist, nicht, wo sie theoretisch technisch möglich wäre.

Je weiter die Standardisierung von Beratungsleistungen im Anwaltsmarkt Einzug hält, desto eher werden Anbieter von eigens entwickelten Softwarelösungen in diesen Markt eintreten.

8.1.3 Wirtschaft

Als wesentliche weltweite Trends im Bereich der Wirtschaft gelten folgende:

- Die Ökonomisierung aller Lebensbereiche nimmt zu. Dieser Trend ist selbst bei der sog. Pro Bono-Beratung absehbar: War diese früher selbstverständlicher, da ein wenig diskutierter Teil der Profession des Rechtsanwaltes, und war es dessen persönlichem Urteilsvermögen überlassen, wann und für wen er diese anbot, ist sie heute Teil der erfassten Aktivität von Anwälten, die unter Marketinggesichtspunkten gesteuert und eingesetzt wird. Sie ist damit zu einer primär selbstbezogenen Aktivität geworden, die das eigene Weiterkommen, oder zumindest die Angriffsfläche angesichts hoher Gewinne, beeinflussen soll.
- Die Liberalisierung der Wirtschaft nahm seit den 80er Jahren zu und sorgte für eine Verschiebung der Wettbewerbskräfte auf dem Kanzleimarkt. Sie wurde auch durch die Finanzkrise nur teilweise, etwa im Bereich der Banken, eingeschränkt. Im Bereich der Rechtsdienstleistungen wird sie eher zunehmen. Zum einen aufgrund von Gerichts-

---

[92] Bruno Mascello, Anwaltsrevue de L'avocat 9/2012 S. 403, 40.
[93] Neben der og. PROGNOS Studie von 2013 vor allem die der New York Bar (https://www.nysba.org/futurereport/) und der Law Society of England and Wales (http://www.lawsociety.org.uk/news/stories/future-of-legal-services/).
[94] Richard Susskind, Tomorrow's Lawyers, März 2013.

entscheiden, z. B. bezüglich der Zulassung von juristischen Personen als Insolvenzverwalter, und damit der Zulassung von Wirtschaftsprüfungsgesellschaften in diesem Markt, die diese bisher nur unterstützend bedienen konnten, oder aufgrund der Zulassung von Fremdfinanzierung über den Umweg der EU-weiten Zulassung im Rahmen der Dienstleistungsfreiheit gem. Art. 56 Vertrag über die Arbeitsweise der Europäischen Union (AEUV)[95]. Eine Bestandsaufnahme der Veränderungen des Kanzleimarktes, wie sie etwa Winters[96] 1988/89 versucht hat, zeigt, dass vor allem die Unterschätzung der Abschaffung der den Stand schützender Vorschriften zu einer fehlenden Vorbereitung der Profession auf diese Marktveränderungen führte.

8.1.4 Politik

Als wesentliche weltweite Trends im Bereich der Politik gelten folgende:

- Im Bereich der Politik dominiert vor allem die Entmachtung des Nationalstaates mit seinen Regelungen, die etwa die Professionen betraf. Beispiele dafür sind der Druck, der auf Griechenland ausgeübt wurde, um diese Professionen zu liberalisieren, oder die Ankündigung des frz. Premierministers zur Liberalisierung der Anwalts- und Notarprofession in Frankreich, die im Zuge der strukturellen Maßnahmen von der EU-Kommission gefordert wurde.
- Die Überantwortung von bisher eindeutig und einzig dem Staat zugeordneten Bereichen an private Akteure. Hierzu gehören neben der Daseinsvorsorge (Wasser, Elektrizität, Einrichtungen der Gesundheitsversorgung wie z. B. Krankenhäuser) auch die Herstellung des Rechtsfriedens, die in die Hände von Mediatoren, die keine Anwaltszulassung mehr brauchen (Mediationsgesetz von 2012[97]), gelegt werden sollten, sowie die Akzeptanz von Schiedsgerichten, z. B. im Rahmen von Investitionsschutzabkommen (siehe dazu stellvertretend die TTIP Diskussion).

8.2 Deutschlandspezifische Trends[98]

Trends, die einen starken länderspezifischen Bezug aufweisen und nicht ohne weiteres einen globalen Charakter zeigen. Die globalen Trends lassen sich nicht einfach auf einzelne Länder adaptieren, sondern müssen länderspezifisch verifiziert werden. Dies wird besonders am Beispiel vom Umgang mit der Staatsverschuldung deutlich, wo in den EU-Mitgliedsstaaten ein unterschiedlicher Umgang beobachtet werden kann.

Deutschlandspezifische Trends sind vor allem:

1. Demografie: Die unaufhaltsame Alterung der Gesellschaft führt dazu, dass weder die finanziellen Möglichkeiten, noch die organisatorischen Rahmenbedingungen gegeben sein werden, um eine nach heutigen Maßstäben altersangemessene Behandlung durch die Gesellschaft sicherzustellen.
2. Als Folge davon die massive Überlastung der sozialen Sicherheitssysteme, die bereits jetzt den Schluss zulässt, dass Altersarmut, fehlende Versorgung im Alter und nicht bezahlbare Gesundheitssysteme vollkommen neue Umgangsformen mit Demenz, Altersschwäche etc. erfordern, bei der individuelles Recht mangels ausreichender Rechtsschutzverfahren, Anwälte und finanzieller Möglichkeiten vernachlässigt wird und massivste Menschenrechtsverletzungen nach dem heutigen Standard die Regel sein werden.
3. Die Feminisierung der Arbeitswelt führt vor allem aufgrund der vermehrten Integration von Frauen zu einer größeren Flexibilisierung der Arbeitswelt, da die Frauen nach wie vor Aufgaben der Haushaltsversorgung, Versorgung naher Angehöriger und Kindererziehung übernehmen.
4. Herausforderungen an das politische System, die mit der Steigerung der Komplexität einhergehen. Diese erfordern einerseits die komplexere Welt als Antwort, andererseits aber auch die Vereinfachung politischer Botschaften durch Strömungen von rechts und links des Spektrums, und den Erhalt einer Kultur der politischen Auseinandersetzung unterhalb der Eskalation von Gewalt (Blockupy, Pegida, Rechtsradikale etc.).
5. Politisch befriedigende Antworten zu finden, die Konsens stiften, wird zunehmend schwierig. Immer stärker wird versucht, das Instrument des Rechts zu nutzen, um den eigenen Standpunkt durchzusetzen. Andernfalls kommt die Rechtsordnung an die Grenze dessen, was sie leisten kann, wie beispielsweise im NSU-Verfahren. Hier kommen auch die Rechtsanwälte, die auf der einen oder anderen Seite vertreten, in ein Spannungsfeld, das weit über die Anforderungen an das juristische Studium hinausgeht.

---

[95] Debatte hierzu von Hellwig (über Optiker versus Apothekerurteil).
[96] Winters, Der Rechtsanwaltsmarkt, Köln 1989.
[97] Mediationsgesetz vom 21. Juli 2012 (BGBl. I S. 1577).
[98] Lünendonk/Schneider: Zukunftsfaktoren Standort Deutschland, S. 14 ff., in: Thomas Lünendonk/Jörg Hossenfelder (Hrsg.), Dienstleistungen Vision 2020, Frankfurt/a. M., 2009.

8.3 Branchentrends

Trends, die nur spezifische Branchen betreffen und – noch – keinen allgemeinen Industriestandard abbilden.

In der Anwaltschaft und dem Kanzleimarkt sind folgende Phänomene und Trends beobachtbar, die zum Teil von den oben genannten globalen Trends mitverursacht werden, teilweise jedoch eigene Ausprägungen haben, mit denen sich die Kanzleiinhaber auseinandersetzen müssen:

1. Die Liberalisierung der Rechtsordnung geht weiter, wettbewerbsbeschränkende Gesetze fallen weg, der Wettbewerb für Anwälte wird intensiver. Neben anderen Professionen mit ihren teils überlegenen Geschäftsmodellen, z. B. Big 4-Wirtschaftsprüfungsgesellschaften mit ihrem umfassenden Beratungsangebot, beeinflussen auch die einfache Freigabe ganzer Bereiche, z. B. die Mediation, die Übernahme von Dienstleistungsangeboten durch Dritte, wie Rechtsschutzversicherungen mit ihrem Angebot der Betreuung durch eigene Telefonhotlines, Telefonjuristen und angeschlossene Kanzleien mit den Ziel, Kosten für externe Anwälte zu vermeiden, diese Entwicklung. Ein Rückblick zeigt, dass nichts die Anwaltschaft so sehr verändert hat, wie der Wegfall von als selbstverständlich angesehener Gesetze, wie dem Rechtsdienstleistungsgesetz, dem Standesrecht, etc. Demgegenüber waren alle anderen Trends, insbesondere die Zunahme von Anwälten, IT oder die Internationalisierung des Geschäftes, weniger einschneidend.
2. Interner Wettbewerb: Die Zunahme an Anwälten hat zu einer Erhöhung der Kapazität und der Verfügbarkeit anwaltlicher Dienste geführt, was aber nur von den größeren Sozietäten zum Gewinnwachstum genutzt wurde. Die unteren Segmente stagnieren in ihren Gewinnerwartungen seit Beginn der neunziger Jahre, da die am Markt durchsetzbaren Preise nicht erhöht werden konnten und können. Dieser Trend wird sich im Wesentlichen fortsetzen.
3. Der Einfluss der IT auf die Tätigkeit des Anwaltes hat zwar ablauftechnisch zu einer Steigerung der Produktivität geführt, dessen Tätigkeit selbst aber bisher nicht wesentlich berührt. Das wird sich mit der Digitalen Revolution voraussichtlich ändern. Zu dieser gehören zum einen zunehmend verfügbare Expertensysteme, die den Mandanten als Laien in die Lage versetzen, sich auf kostengünstigerem Wege eine Rechtsauskunft zu besorgen, zum anderen auch die Prozessvereinfachungen, die die neue Software ermöglicht. Die Folge wäre die Abnahme der Inanspruchnahme anwaltlicher Dienstleistungen, und zwar in jedem Segment auf spezifische Weise.
4. Auseinanderfallen des Marktes für Rechtsdienstleistungen und des Marktes für anwaltliche Dienstleistungen: Die größte Herausforderung der nächsten Jahre für das Top-Segment des deutschen Kanzleimarktes ist das drohende Auseinanderfallen des Marktes für Rechtsdienstleistungen und des Marktes für anwaltliche Dienstleistungen. Waren diese beiden Segmente bisher deckungsgleich, deutet vieles darauf hin, dass Kanzleien im Wettbewerb mit nicht anwaltlichen Dienstleistern stehen, die im Markt für Rechtsdienstleistungen dieselben Kunden akquirieren.
5. Spezielle Trends für die Wirtschaftskanzleien sind folgende: Aus einer im Februar 2016 veröffentlichten Boston Consulting Studie[99] wird der mögliche Einfluss von Legal Tech auf die Art und Weise, wie Kanzleien in der Zukunft aufgestellt sind, aufgezeigt. Dies betrifft insbesondere die Veränderung der Schaffung von Mehrwert für den Mandanten und das zugrundeliegende Geschäftsmodell. Die verstärkte Nutzung von Legal Tech hat ebenso Auswirkungen auf die hier notwendigen Qualifikationen der Mitarbeiter – Anwälte und Business Services – gleichermaßen. Als Beispiel sei hier der Legal Project Manager genannt, eine Rolle die es vor wenigen Jahren in dieser Industrie noch nicht gab.
6. Im Markt für wirtschaftsberatende Kanzleien gibt es zunehmend neue Anbieter von (Teil-)Dienstleistungen von Anwaltskanzleien, die in sich den eher teuren und schwerfälligen Prozessen in traditionellen Anwaltskanzleien überlegen sind. Einige dieser Geschäftsmodelle alternativer Anbieter sind folgende:
    a) Legal Process Outsourcing: Die Auslagerung von einfachen juristischen Aufgaben – mehrheitlich Routinetätigkeiten – an einen externen Dienstleister.
    b) Lawyers on demand, bspw. Xenion: Die temporäre Bereitstellung von Anwälten zur Unterstützung von Rechtsabteilungen/Kanzleien.
    c) Technologiebasierte Firmen bspw. Judicata, Modria oder Logikcull: Unternehmen, die anwaltliche Dienstleistungen IT-gestützt anbieten.
    d) Anbieter von einfachen Vorlagen, die situationsspezifisch heruntergeladen werden können, oder bei der ein Kontakt zu Anwälten auf Pauschalpreis Basis möglich ist: Janolaw.de, legalbase.de, 123recht.de, etc.

8.4 Ausblick

Zusammenfassend kann festgehalten werden, dass der Kanzleimarkt sich weiter verändert. Inwieweit dies sich dann auch in den Zahlen widerspiegelt, werden wir in einer Folgeauflage berichten.

---

[99] http://www.bucerius-education.de/fileadmin/content/pdf/studies_publications/Legal_Tech_Report_2016.pdf.

9 Glossar

Associates:	Angestellte Anwälte der Kanzlei in unterschiedlichen Ausprägungen der Seniorität, bspw. als Counsel, Managing Associate, Senior Associate, Junior Associate usw.; kann, muss aber nicht auf Briefkopf stehen (dann sog. Außensozietät resp. Außenpartner).
Berufsträger:	Alle Anwälte mit Anwaltszulassung, also alle Partner und Associates.
Business Services:	Alle die Berufsträger unterstützenden Dienstleister und die für die Kanzleiorganisation relevanten Funktionen, wie Sekretariat, Buchhaltung, Marketing, Personal, Rezeption, Office Management, IT, usw.
Leverage:	Das Verhältnis von Partnern zu Associates, ist ein Indikator für das Geschäftsmodell der Kanzlei; ausgedrückt als ein Faktor 1:x, bspw. ein Leverage von 1:3 bedeutet, das rechnerisch auf einen Partner drei Associates kommen. Das kann aber muss nicht mit der tatsächlichen Führungsspanne oder Teamgröße der Partner übereinstimmen und kann sich auch nach Ausprägung der rechtlichen Beratung unterscheiden.
Partner:	Inhaber resp. Mitgesellschafter einer Kanzlei (sog. Equity Partner), im Gegensatz zu Salary Partnern oder Assoziierten Partnern, die zwar im Außenverhältnis als Partner geführt werden, aber angestellte Anwälte oder als freie Mitarbeiter tätig sind.
PEP:	Profit je (Equity) Partner, Gesamtgewinn der Kanzlei geteilt durch die Anzahl der Partner als FTE (Vollzeitäquivalent), Indikator für die Gewinnentnahme der Partner, wichtig für die Bestellung zukünftiger Partner, als auch für externe Partner, die in die Kanzlei eintreten wollen, ob die Gewinnentwicklung und das absolute Gewinnniveau genügt.
Stundensatz:	Stundensatz, hier verstanden als der realisierte Stundensatz berechnet aus dem abgerechneten Umsatz (netto) geteilt durch die abgerechneten Stunden.
UBT:	Umsatz je Berufsträger, Gesamtumsatz der Kanzlei geteilt durch die Anzahl der Berufsträger in FTE gerechnet (Vollzeitäquivalent), Indikator für die Leistungsfähigkeit der Berufsträger und der Kanzlei.
UEP:	Umsatz je (Equity) Partner: Gesamtumsatz der Kanzlei geteilt durch die Anzahl der Partner als FTE (Vollzeitäquivalent), Indikator für die Umsatzverantwortung (= Leistungsfähigkeit) der Partner, wichtig für die Bestellung zukünftiger Partner, als auch für externe Partner, die in die Kanzlei eintreten wollen.

10 Literaturliste

Appelhagen, Kanzleiführung, Organisation und Geschäftsführung in der Sozietät, 2003

Diana Bartoszyk, Anwaltsberuf im Wandel, 2006

RA Dr. Uwe Clausen, München, Ausschuss Steuerrecht der BRAK, RAK Magazin 6/2007, S. 12

Cosack/Hamatschek, Praxishandbuch Anwaltsmarketing, 2013

Deutscher Anwaltverein e.V., DAV-Ratgeber für junge Rechtsanwältinnen und Rechtsanwälte, 13. Aufl. 2013

Deutscher Anwaltverein e.V., TQM – Qualitätsmanagement in der Anwaltskanzlei, 1997

Freie Mitarbeiter: Die berufliche Situation von freien Mitarbeitern in Anwaltskanzleien, BRAK Mitteilungen, II/15, S. 64 f.

Freitag/Paal/Dolch/Reiniger/Ruby/Kamradt/Werner, Qualität in der Anwaltskanzlei, 1999

Kerstin Friedrich/Lothar J. Seiwert, Das 1x1 der Erfolgsstrategie, 2. Aufl. 1998

Hartung/Römermann, Marketing und Management, Handbuch für Rechtsanwälte, 1999

Heinz/Ritter (Hrsg.), Beck'sches Formularbuch für die Anwaltskanzlei, 1. Auflage, München, 2014; darin insb.: Christoph H. Vaagt, Kapitel N

Benno Heussen, Anwaltsunternehmen führen, 2009

Dr. Christoph Hommerich, Die Anwaltschaft unter Expansionsdruck, 1988

Bruno Jahn, Überlebensstrategien für Einzelanwälte, 2013

Kapellmann, Juristisches Projektmanagement, 1997

Kilian, Die Anwaltschaft und die angestellten Anwälte und Anwältinnen, AnwBl. 12/2015, S. 939 ff.

Matthias Kilian, Wirksamkeit anwaltlicher Werbemaßnahmen, Band 6, 2011

Mathias Kilian/Rene Dreske, Statistisches Jahrbuch der Anwaltschaft 2013/2014.

Krämer/Mauer/Kilian, Vergütungsvereinbarung und -management, Band 5, 2005

Thomas Lünendonk/Jörg Hossenfelder (Hrsg.), Dienstleistungen Vision 2020, Frankfurt/a. M., 2009.

Bruno Mascello, Anwalt 2020: Megatrends, Auswirkungen und Reaktionen, Anwaltsrevue de L'avocat 9/2012 S. 403, 407.

Mauer/Krämer, Marketingstrategien für Rechtsanwälte, 1. Aufl. 1996

Mauer/Krämer/Becker, Kanzleiführung für rechts- und wirtschaftsberatende Berufe, 2. Aufl. 2000

Mauer/Krämer/Becker, Unternehmensführung für rechts- und wirtschaftsberatende Berufe, 1. Aufl. 1997

Ina Pick, Die Kunst, Schwieriges einfach zu sagen, AnwBl. 2/2013, S. 201 ff.

Michael E. Porter, Competitive Strategy, Techniques for Analyzing Industries and Competitors, Free Press, New York 1980 (und nachfolgende Werke)

Ringlstetter/Bürger/Kaiser, Strategien und Management für Professional Service Firms, 2004

Richard Susskind, Tomorrow's Lawyers, London, März 2013.

Christoph H. Vaagt, Herausforderungen im Anwaltsmarkt, AnwBl. 2007, S. 2004 ff.

Wegerich/Hartung Hg., Der Rechtsmarkt in Deutschland: Überblick, Analyse, Erkenntnisse: Überblick, Analysen, Erkenntnisse, 2014

Winters, Der Rechtsanwaltsmarkt: Chancen, Risiken und zukünftige Entwicklung (Wege zur erfolgreichen Anwaltspraxis) Gebundene Ausgabe – 1989

Studien:

The Law Society, The Legal Services Industry Part 1–3, 2012 (nicht veröffentlicht).

Lünendonk-Studien: Führende Wirtschaftsprüfungs- und Steuerberatungsgesellschaften. Fortlaufend erstellt (hier: Jahr 2013), Kaufbeuren (unveröffentlicht); Zusammenfassungen auf www.luenendonk.de.

STAR, Statistisches Berichtswesen für Rechtsanwälte, fortlaufend sei 1992, Institut für freie Berufe, unter http://www.ifb.uni-erlangen.de/home.html abrufbar.

Statistisches Bundesamt, Strukturerhebung im Dienstleistungsbereich 2008–2013, Wirtschaftszweig Rechtsberatung 69.1, abrufbar via Webseite

Statistisches Bundesamt, Strukturerhebung im Dienstleistungsbereich 2008–2013, Wirtschaftszweig Rechtsberatung 69.1, abrufbar via Webseite

Studie der Prognos AG im Auftrag des DAV, Der Rechtsdienstleistungsmarkt, 1987, veröffentlicht im Anwaltsblatt (Sonderveröffentlichung).

Studie der Prognos AG im Auftrag des DAV, Der Rechtsdienstleistungsmarkt 2030.

US: Future of the Legal Profession: New York Bar (https://www.nysba.org/futurereport/)

UK: Future of the Legal Profession: Law Society of England and Wales (http://www.lawsociety.org.uk/news/stories/future-of-legal-services/)

Christoph H. Vaagt, Erfolgreiche Strategien von Wirtschaftskanzleien, Benchmarkstudie 2011, Frankfurt

Christoph H. Vaagt, Thorsten Zulauf, Erfolgreiche Strategien von Wirtschaftskanzleien, 2. Benchmarkstudie 2016, München

11 Abbildungsverzeichnis

Alle Abbildungen ohne eigene Quellenangabe haben folgende Quelle: Statistisches Bundesamt, Strukturerhebung im Dienstleistungsbereich 2008–2013, Wirtschaftszweig Rechtsberatung 69.1, eigene Berechnungen

Abbildung (1):	Wachstum des BIP im Vergleich zum Rechtsmarkt	3
Abbildung (2):	GDP & Legal Sector Value Added in den USA 1977 bis 2011	4
Abbildung (3):	Entwicklung der Anwaltszulassungen und Umsätze	5
Abbildung (4):	Anwaltszulassungen und Fachanwaltsanteil	6
Abbildung (5):	Anwaltszulassungen und Anteil Anwältinnen	6
Abbildung (6):	Struktur der Fachanwaltschaften 2015	7
Abbildung (7):	Berufsträger je Segment nach Vollzeitäquivalenten und zugelassene Anwälte nach BRAK	8
Abbildung (8):	Unterschied zwischen wirtschaftlich tätigen Anwälten und sog. „Syndizi" von allen zugelassenen Anwälten in Deutschland 2013	9
Abbildung (9):	Struktur der Anwaltschaft 2013	10
Abbildung (10):	Anwälte gesamt zu Institutionen	11
Abbildung (11):	Kanzleien nach Rechtsform 2013	12
Abbildung (12):	Anwälte, Kanzleien und Kennzahlen im Markt	13
Abbildung (13):	Entwicklung der Einkommen der Kanzleiarten gegenüber dem Index von 1996	13
Abbildung (14):	Struktur des Marktes für Rechtsberatung: Anzahl Steuerpflichtige je Klasse	21
Abbildung (15):	Umsatz je Notariat und Anzahl der Notariate	23
Abbildung (16):	Annahmen zur Berechnung der Berufsträger und Partner je Umsatzgrößenklasse	25
Abbildung (17):	Umsatzgrößenklassen und Zuordnung zu Kanzleisegmenten	26
Abbildung (18):	Gesamtmarkt anwaltlicher Dienstleister 2013	27
Abbildung (19):	Honorarverteilung 2012	29
Abbildung (20):	Mandanten, Marktsegmente und wirtschaftliche Rahmenbedingungen	30
Abbildung (21):	Marktsegmente im Detail zwischen 2006 und 2012	30
Abbildung (22):	Marktsegmentierung nach Umsatz 1994–2012	31
Abbildung (23):	Wachstumsraten nach Umsatz in den Segmenten 2000–2012	32
Abbildung (24):	Umsatz pro Kanzlei/pro Jahr (in EUR 000) und Wachstumsrate p.a. in %	32
Abbildung (25):	Wachstumsraten nach Anzahl an Steuerpflichtigen 2000–2012	33
Abbildung (26):	UBT 2008–2013 je Segment	34
Abbildung (27):	UBT 2008–2013 als Kursverlauf	35
Abbildung (28):	Gewinn je (Equity) Partner 2008–2013 je Segment	35
Abbildung (29):	Gewinn je (Equity) Partner 2008–2013 als Kursverlauf	36
Abbildung (30):	Umsatzklassen und Anzahl Kanzleien Privatmandanten in 2013	39
Abbildung (31):	Personalstruktur je Kanzlei im Segment Privatmandanten in 2013	40
Abbildung (32):	Entwicklung des Segmentes bis 50.000 EUR	41

Abbildung (33): Umsatz und Gewinn je Partner im Segment bis 50.000 EUR 42

Abbildung (34): Gewinn und Aufwand je Kanzlei im Segment bis 50.000 EUR 43

Abbildung (35): Entwicklung des Segmentes bis 100.000 EUR 44

Abbildung (36): Umsatz und Gewinn je Partner im Segment bis 100.000 EUR 44

Abbildung (37): Gewinn und Aufwand je Kanzlei im Segment bis 100.000 EUR 45

Abbildung (38): Entwicklung des Segmentes 100.000 bis 250.000 EUR 46

Abbildung (39): Umsatz und Gewinn je Partner im Segment bis 250.000 EUR 47

Abbildung (40): Gewinn und Aufwand je Kanzlei im Segment 100.00 bis 250.000 EUR 48

Abbildung (41): Entwicklung Umsatz und Jahresüberschuss Einzelanwälte (West) 49

Abbildung (42): Umsatzklassen und Anzahl Kanzleien KMU in 2013 53

Abbildung (43): Personalstruktur je Kanzlei im Segment KMU in 2013 54

Abbildung (44): Entwicklung des Segmentes bis 500.000 EUR 55

Abbildung (45): UBT und UEP im Segment bis 500.000 EUR 56

Abbildung (46): Umsatz und Gewinn je Partner im Segment bis 500.000 EUR 56

Abbildung (47): Gewinn und Aufwand je Kanzlei im Segment bis 500.000 EUR 57

Abbildung (48): Entwicklung des Segmentes bis 1 Mio. EUR 58

Abbildung (49): UBT und UEP im Segment bis 1 Mio. EUR 59

Abbildung (50): Umsatz und Gewinn je Partner im Segment bis 1 Mio. EUR 59

Abbildung (51): Gewinn und Aufwand je Kanzlei im Segment bis 1 Mio. EUR 60

Abbildung (52): Entwicklung Umsatz und Jahresüberschuss Partner lokale Sozietät (West) g. STAR 61

Abbildung (53): Umsatzklassen und Anzahl Kanzleien Mittelstand in 2013 65

Abbildung (54): Personalstruktur je Kanzlei im Segment Mittelstand in 2013 66

Abbildung (55): Entwicklung des Segmentes bis 2 Mio. EUR 68

Abbildung (56): UBT und UEP im Segment bis 2 Mio. EUR 69

Abbildung (57): Umsatz und Gewinn je Partner im Segment bis 2 Mio. EUR 69

Abbildung (58): Gewinn und Aufwand je Kanzlei im Segment bis 2 Mio. EUR 70

Abbildung (59): Entwicklung des Segmentes bis 5 Mio. EUR 71

Abbildung (60): UBT und UEP im Segment bis 5 Mio. EUR 72

Abbildung (61): Umsatz und Gewinn je Partner im Segment bis 5 Mio. EUR 73

Abbildung (62): Gewinn und Aufwand je Kanzlei im Segment bis 5 Mio. EUR 73

Abbildung (63): Entwicklung des Segmentes bis 10 Mio. EUR 74

Abbildung (64): UBT und UEP im Segment bis 10 Mio. EUR 75

Abbildung (65): Umsatz und Gewinn je Partner im Segment bis 10 Mio. EUR 76

Abbildung (66): Gewinn und Aufwand je Kanzlei im Segment bis 10 Mio. EUR 76

Abbildung (67): Umsatzklassen und Anzahl Kanzleien Konzern in 2013 85

Abbildung (68): Personalstruktur je Kanzlei im Segment Konzern in 2013 86

Abbildung (69): Entwicklung des Segmentes bis 25 Mio. EUR 87

Abbildung (70): UBT und UEP im Segment bis 25 Mio. EUR 88

11 Abbildungsverzeichnis

Abbildung (71): Umsatz und Gewinn je Partner im Segment bis 25 Mio. EUR 89

Abbildung (72): Gewinn und Aufwand je Kanzlei im Segment bis 25 Mio. EUR 89

Abbildung (73): Entwicklung des Segmentes über 25 Mio. EUR 90

Abbildung (74): UBT und UEP im Segment über 25 Mio. EUR 91

Abbildung (75): Umsatz und Gewinn je Partner im Segment über 25 Mio. EUR 92

Abbildung (76): Gewinn und Aufwand je Kanzlei im Segment über 25 Mio. EUR 92

Abbildung (77): Anzahl der Berufsträger 2004–2013 98

Abbildung (78): Umsatz pro Berufsträger 2004–2013 99

Abbildung (79): Transaktionen in Deutschland M&A 2009–2013 (alle Segmente) 101

Abbildung (80): Durchschnittliches Deal Volumen nach Segment 2009–2013 101

Abbildung (81): Entwicklung der Anzahl an Berufsträgern je Gruppe 2009–2013 102

Abbildung (82): Entwicklung der Equity Partner je Gruppe 2009–2013 103

Abbildung (83): Durchschnittliche Anzahl Standorte und Länder je Gruppe 105

Abbildung (84): Entwicklung des UBT je Gruppe 2009–2013 106

Abbildung (85): Entwicklung des UEP je Gruppe 2009–2013 107

Abbildung (86): Annahmen zu den abrechenbaren Stunden je Gruppe 108

Abbildung (87): Entwicklung der Stundensätze je Gruppe 2009–2013 108

Abbildung (88): Annahmen für die Berechnung des PEP 109

Abbildung (89): Entwicklung des Profit per Equity Partner je Gruppe 2009–2013 110

12 Zu den Autoren

Christoph H. Vaagt

Christoph H. Vaagt ist Geschäftsführer von Law Firm Change Consultants, einer in München domizilierten, europaweit tätigen Kanzleiberatung. Er berät Partnerschaften bei allen wichtigen Herausforderungen in den Bereichen Strategie, Führung, Konflikte in der Partnerschaft und Management. Christoph H. Vaagt studierte Rechts- und Kunstwissenschaften in Kiel, Aix-en-Provence und München. Er begann seine Karriere als Unternehmensberater in Paris und München, bevor er 1995 als Anwalt zugelassen wurde. Christoph H. Vaagt ist Mentor im Global Managing Partner Mentoring Programme der International Bar Association sowie der Chairman des „Partnership Question Comittee" des Knowledge Sharing Projects der IBA, welches sich um Gewinnverteilungssysteme und Governancefragen in Partnerschaften kümmert. Er war von 2002 bis 2012 Vorsitzender des geschäftsführenden Ausschußes der AG Kanzleimanagement im DAV. Christoph Vaagt veröffentlicht laufend zu Themen des Kanzleimanagements, u. a. als Autor im C. H Beck'schen Formularbuch für die Anwaltskanzlei (Kapitel: Kanzleimanagement, Kanzleigründung), ist Herausgeber des im gleichen Verlag in 2016 erscheinenden Formularbuches für die Rechtsabteilung sowie der ersten Benchmarkstudie für Wirtschaftskanzleien, welche 2011 erschien.

Thorsten Zulauf

Thorsten Zulauf berät Kanzleien in allen wirtschaftlichen Fragestellungen, der Strategieentwicklung, dem Business Development und dem Management.

Thorsten Zulauf ist von der Ausbildung Diplom Kaufmann an der Universität Bamberg und begann seine Karriere als Controller/Berater bei Accenture, zuletzt war er als Leiter Finanzen & Controlling bei der internationalen Kanzlei Linklaters in Frankfurt tätig.

Sein Fokus liegt auf dem richtigen und angemessenen finanziellen Management von Kanzleien und der Implementierung von Business Development Prozessen.

Sachregister

Die Zahlen beziehen sich auf die jeweiligen Seiten

Anwältinnen 5 f.
anwaltliche Dienstleistungen
– Markt 3 f.
Anwaltskanzleien mit Notariat 24 ff.
Anwaltskanzleien ohne Notariat 24 ff.
Anwaltszahlen
– Wachstum 4 f.
ARGE
– Anwälte in 10 f.
Benchmarking der Anbieter 93 ff.
Branchentrends 120
Branding 114
Bruttoinlandsprodukt
– Verhältnis zur Entwicklung des Rechtsmarktes 3
Bürogemeinschaften 26, 45
– Anwälte in 43 ff.
CCBE Richtlinien 15
DAV
– Anwälte im 10 f.
deutscher Kanzleimarkt 4 f.
deutschlandspezifische Trends 119
Einkommen der Anwälte (West) 13
Einzelanwälte 11
– auf dem Land 43 ff.
Equity Partner 103 f.
Existenzgründer 43 ff.
Fachanwälte 5 f.
Finanzdaten lt. JUVE 2008-2013 97 f.
Finanzierung anwaltlicher Dienstleistungen 28 f.
Fokussierte
– strategische Gruppe 95
Frauen
– Anteil an der Anwaltschaft 5 f.
freie Mitarbeiter in anderen Kanzleien 41, 43 ff.
Generalisten
– strategische Gruppe 95 f.
Global Player
– strategische Gruppe 93 f.
globale Trends (STEP) 117 ff.
– Gesellschaft 117
– Politik 118
– Technologie 117 f.
– Wirtschaft 118 f.
Glossar 121
Hypothesen zur Marktentwicklung von Winters 14 ff.
Insolvenzverwaltungskanzleien 23 f.
Kleinunternehmer 4
Integrierte
– strategische Gruppe 97
Internationalisierer
– strategische Gruppe 94
KMU-Segment 26 f., 30, 53 ff.

– Entwicklungen in diesem Segment 60 ff.
– generische Strategien für dieses Segment 61 f.
– Herausforderungen der Zukunft 61
– Klassifizierung der Anbieter 53 ff.
– lokale Sozietäten mit drei bis fünf Anwälten 58 ff.
– lokale Sozietäten mit zwei bis drei Anwälten 55 ff.
– Optimierungsmöglichkeiten in diesem Segment 62 f.
Konzernsegment 27, 30, 85 ff.
– Anzahl Berufsträger in diesem Teil-Segment 98 f.
– Art der Mandanten und Mandate 101 f.
– Benchmarking der Anbieter 93 ff.
– Berufsträger, Zahl 102 f.
– Branding 114
– Entwicklungen in diesem Segment 111 ff.
– Equity Partner 103 f.
– Finanzdaten lt. JUVE 2008-2013 97 f.
– Fokussierte, strategische Gruppe 95
– Generalisten, strategische Gruppe 95 f.
– Global Player, strategische Gruppe 93 f.
– Grenzen des Geschäftsmodells 115
– Herausforderungen der Zukunft 114 f.
– Integrierte, strategische Gruppe 97
– internationale Sozietäten mit 30 bis 75 Anwälten 87 ff.
– internationale Sozietäten mit 60 bis 500 Anwälten 90 ff.
– Internationalisierer, strategische Gruppe 94
– Klassifizierung der Anbieter 87 ff.
– Konsolidierung des Rechtsmarktes 112
– Länder, Anzahl 105 f.
– Legal Project Management (LPM) 112
– Leverage 104
– nationale Marktführer, strategische Gruppe 94 f.
– Optimierungsmöglichkeiten in diesem Segment 115 f.
– Professionalisierung der Business Services 113
– Profit pro Equity Partner (PEP) 109 ff.
– regionales Angebot 86
– regionales Wachstum 114
– Regionalisten, strategische Gruppe 96 f.
– Standorte, Anzahl 105 f.
– strategische Gruppen im Konzernsegment 93 ff.
– Stundensätze je Gruppe, durchschnittlich realisierte 108 f.
– Substitution der Dienstleistung 113 f.
– Talentmanagement 113
– Transaktionen, Anzahl und Wert der durchgeführten 100 f.
– Überblick über das Segment 85 ff.
– überörtliches Angebot 86
– überregionale Sozietäten mit 30 bis 75 Anwälten 87 ff.
– überregionale Sozietäten mit 60 bis 500 Anwälten 90 ff.
– Umsatz pro Berufsträger (UBT) 106 f.
– Umsatz pro Equity Partner (UEP) 107
– Veränderungen auf der Seite der Mandanten 112

- Wachstum der Kanzleien 99 f.
- weitere Kriterien zur Differenzierung des Segments 111

Law Society Of England And Wales
- Studie zum Anwaltsmarkt (2012) 18 f.

Leverage 104
Marktsättigung 3
Marktsegmente 3, 21 ff.
- historische Entwicklung 31 ff.

Mittelstandssegment 27, 30, 65 ff.
- Ausdifferenzierung 67 f.
- ausländische Kanzleien, Büros 78
- Beratungsqualität Mittelstand 81 f.
- „Boutique" 77
- Entwicklungen in diesem Segment 78 ff.
- „Fokussierte" 77
- „Generalisten" 77
- Geschäftsmodell 82
- Hauptproblem Mitarbeiter 66 f.
- Herausforderungen für mittelständische Kanzleien 79 f.
- innere Struktur 83
- Klassifizierung der Anbieter 68 ff.
- lokale Sozietäten mit 4-10 Anwälten 68 ff.
- Mandatsbasis 68
- Optimierungsmöglichkeiten in diesem Segment 83 f.
- regionale Sozietäten mit 8-15 Anwälten 71 ff.
- Spin offs 78
- Trends generell und deren Auswirkungen für diesen Kanzleityp 82
- Überblick über das Segment 65 ff.
- überregionale Sozietäten mit 15 bis 30 Anwälten 74 ff.
- weitere Ausprägungen in diesem Segment 77 ff.

nationale Marktführer
- strategische Gruppe 94 f.

Nebenerwerbsanwälte 26
Nur-Notariate 22 f.
ökonomische Kennzahlen 12 f., 34 ff.
Patentanwaltskanzleien 22
Personengesellschaften 11
Privatmandanten-Segment 26, 30, 39 ff.
- Bürogemeinschaften, Anwälte in 43 ff., 45
- Entwicklungen in diesem Segment 48 ff.
- Existenzgründer 43 ff.
- freie Mitarbeiter in anderen Kanzleien 41
- generische Strategien für dieses Segment 50
- Herausforderungen für die Zukunft 50
- Klassifizierung der Anbieter 39 f.
- Optimierungsmöglichkeiten in diesem Segment 50 f.
- STAR, Einkommensentwicklung nach 49
- Vollzeit-Einzel-Rechtsanwälte in eigener Kanzlei 46 ff.

Prognos Studien
- 1997 16 ff.
- 2012 16 ff.

Prozessfinanzierer 28
Rechtsformen 11 f.
Rechtsmarkt 3 f.
- deutscher Kanzleimarkt 4 f.
- gesamtwirtschaftlicher Kontext 3 f.

Rechtsschutzversicherung 28
Regionalisten
- strategische Gruppe 96 f.

Sozietäten 11
STAR
- Einkommensentwicklung nach 49

strategische Gruppen
- Konzept 29 f.

Struktur der Anwaltschaft 2013 10
Syndizi 8 f.
Tätigkeitsprofile 7 f.
Teilzeitanwälte 7 ff.
Titularanwälte 7 ff.
Trends der Marktsegmente 34 ff., 117 ff.
Umsatzsteuerstatistik 21 f., 26 f.
Untersuchung „Der Rechtsanwaltsmarkt"
- Hypothesen 14 f.

Vollzeit-Einzel-Rechtsanwälte in eigener Kanzlei 46 ff.
wirtschaftliche Rahmenbedingungen
- Zuordnung der Kanzleitypen nach 29 ff.

Wirtschaftsprüferkanzleien
- Rechtsarme von 22

Zielgruppen
- Zuordnung der Kanzleitypen nach 29 ff.